백범 김구
암살자와 추적자

백범 김구. 1876-1949. 사진제공 백범기념관.

백범 김구
암살자와 추적자

박도 지음

눈빛

서문
역사를 위하여

"탕! 탕! 탕! 탕!"

서울 한복판 경교장(京橋莊)에서 한낮 정적을 깨뜨리는 네 발의 총성이 잇따라 울렸다. 그날은 1949년 6월 26일 일요일로 초여름치고는 무더웠고, 경교장 일대는 도심답지 않게 고즈넉했다. 그날 정오가 조금 지난 12시 34분 무렵, 육군 정복 차림의 안두희 소위는 경교장 2층 집무실에서 대한민국임시정부 김구 주석을 향하여 미제 45구경 권총 방아쇠를 네 차례나 당겼다. 네 발의 총알은 김구의 얼굴과 목·가슴, 그리고 아랫배를 관통했고, 그 가운데 두 발은 집무실 유리창도 꿰뚫었다. 또한 그 총알은 백성들의 간장을 찢었을 뿐 아니라 이 나라 민족정기에 움푹한 생채기를 남겼다.

그날부터 60여 년의 세월이 흘렀다. 그날 사건에 연루된 사람은 이제 대부분 세상을 떠났다. 하지만 암살범 안두희를 둘러싼 백범 시해사건 배후는 아직도 명쾌하게 규명되지 않았다. 그동안 시계 제로의 컴컴한 암흑 속에서도 암살범을 끈질기게 추적 응징하고, 그 진상을 밝히고자 고군분투한 의인들이 있었다. 이분들은 김용희·곽태영·권중희·박기서 씨 등이다. 이미 고인이 된 분도 있지만 나는 기록자로 곽태영·권중희·박기서 씨를 만나는 행운을 가졌다. 그리고 마지막까지 김구 선생 곁을 지킨 선우진 비서도. 그뿐 아니라 여러 독자의 성원으로 백범 암살배후 진상규명을 위하여 2004년 1월 31일부터 그해 3월 17일까지 미 국립문서기록관리청에 40여 일간 다녀오기도 했다.

  나는 이 책에서 김구 선생의 마지막 발자취를 더듬으며 암살자와 추적자들의 고래 힘줄 같은 끈질긴 이야기, 그리고 미국 국립문서기록관리청에 다녀온 이야기를 오롯이 담고자 한다. 이 이야기도 언젠가 역사가 되리라는 신념으로 옷깃을 여미며 붓을 든다.

2013년 정초
지은이

차례

1. 네 발의 총소리 9

2. 해임된 헌병사령관 33

3. 각본대로 진술하다 57

4. 암살범 추적자들 81

5. 정의봉을 휘두르다 107

6. 안두희 마침내 굴복하다 135

7. 임시정부 주석 백범 159

8. 백범의 환국 189

9. 38선을 넘다 213

10. 마지막 독립운동 235

11. 국립문서기록관리청 255

12. 마지막 추적자 277

서문 5
후기 297
주 301
참고문헌 305

백범 김구 국민장 행렬이 소공동 한국은행 본점 앞을 지나고 있다. 1949. 7. 5.
사진 NARA.

1. 네 발의 총소리

> Kim Koo, former President of the Korean Provisional Government in China – whose reputation as a patriot had been won partly through his success at exterminating unpopular Japanese – died from four shots of Korean army officer's American pistol at about 12:30 p.m. on June 26th. The whole country was stunned and horrified at the news.
>
> 6월 26일 오후 12시 30분경, 중국에 있었던 대한민국임시정부 김구 주석이 한국 육군 장교(소위)가 쏜 미제 권총 네 발을 맞고 사망했다. 김구가 애국자로서 명성을 얻은 것은 일본인 요인 암살에 성공함으로써 얻어진 것이다. 그의 저격 소식에 전국은 경악과 공포에 휩싸였다. - 미육군 정보문서(Army Intelligence Documents) 1949년 7월 11일자 전문 427호(문서번호 895.00/7-1149)

〈해방된 역마차〉

1949년 6월 26일 12시 34분 무렵, 서울 종로구 평동 소재 경교장 2층 김구의 집무실에서 네 발의 총소리가 연속으로 울렸다. 하지만 '등잔 밑이 어둡다'는 말처럼 정작 아래층 비서실(대기실)에서는 그 총소리를 미처 듣지 못했다. 그것은 라디오에서 흘러나온 음악 때문이었다. 그날 서울 중앙방송은 12시 정오 뉴스가 끝나자 '정오의 가요' 시간으로, 그 무렵 한창 인기를 누리던 장세정의 〈해방된 역마차〉를 방송했다.

해방된 역마차에 태극기를 날리며
누구를 싣고 가는 서울 거리냐
울어라 은방울아 세종로가 여기다
삼각산 돌아보니 별들이 떴네
자유의 종이 울어 8·15는 왔건만

독립의 종소리는 언제 우느냐
...

그 시각 1층 비서실에는 이국태와 이풍식 비서, 그리고 방문객 박동엽[1]은 이런저런 한담을 나누고 있었다. 그날 점심 메뉴는 김구가 좋아하는 만둣국으로 선우진 비서는 지하 부엌을 오르내리며 점심 준비를 채근했다. 총소리가 울리기 바로 직전 선우진이 부엌으로 내려갔다. 그때 부엌 아주머니가 막 만둣국을 다 끓인 뒤 국자로 대접에 옮겨 담고 있었다. 선우진은 가장 먼저 담은 만둣국 대접을 김구 진짓상 소반에 옮겼다.
"탕! 탕! 탕! 탕!"
"쨍그랑~"
바로 그때 네 발의 총소리와 함께 경교장 2층 집무실 유리창이 깨지는 소리가 났다. 하지만 부엌에서는 그 소리를 미처 듣지 못하였다. 천만다행으로 경교장 정문 경호실에서는 그 소리를 들었다. 경호순경 조기행과 유원선은 난데없는 총소리에 화들짝 놀랐다. 그들은 후다닥 카빈총에 실탄을 장전한 탄창을 꽂아 들고 총소리가 울린 본관으로 잽싸게 달려왔다.
"방금 2층에서 총소리가 났습니다."
"유리창 깨지는 소리도 났습니다."
두 경호순경은 1층 비서실 문을 후딱 열어젖히며 다급하게 외쳤다.
"뭐라고요?"
"뭐요, 총소리가!"
그 순간 비서들의 얼굴은 금세 백지장처럼 변했다. 부엌에 있던 선우진은 그 웅성거리는 소리에 깜짝 놀라 후다닥 1층으로 뛰어올라 갔다. 이국태는 쏜살같이 2층으로 올라갔다. 선우진도 잽싸게 그 뒤를 따랐다.

경호순경들은 군화를 신은 채 비서실로 뛰어들어 와 총소리가 난 2층 계단을 향해 카빈총을 겨누었다. 그때 안두희가 시뻘겋게 상기된 얼굴로 허겁지겁 2층 계단을 내려왔다. 그는 군모도 벗어 던지고, 어깨의 견장도 뜯어 버린 채 얼이 빠진 몰골이었다. 경호순경들은 직감으로 그가 총을 쏜 사람으로 알아차리고 카빈총을 겨누며 소리쳤다.

"야, 손들어!"

"총 버려!"

안두희는 그제야 손을 든 채 성큼성큼 계단을 내려온 뒤 소지한 권총을 의자에 던지고 중얼거렸다.

"내레(내가) 금방 선생님을 쐈시오."

그 말이 떨어지자마자 경호순경들은 안두희에게 다가가 카빈총 개머리판으로 가슴을 쳤다.

"뭐야, 네놈이!"

"이 원수 놈아!"

이풍식과 박동엽도 경호순경과 합세하여 안두희를 마구 두들겨 팼다. 박동엽은 비서실 의자를 집어 안두희를 내려쳤다.

선우진과 이국태가 2층으로 뛰어올라 가자 한복 차림의 김구는 의자에서 고개를 숙인 채 얼굴과 가슴에서 피를 마구 쏟고 있었다. 두 비서는 떨리는 손으로 의자에 앉아 있던 김구를 들어 방바닥에 눕혔다. 그런 뒤 선우진은 이국태에게 소리쳤다.

"이 비서, 어서 의사를!"

"네, 알겠습니다."

이국태는 후다닥 경교장에서 가장 가까운 서대문 적십자병원으로 달려갔다. 이풍식 비서는 매우 위급한 상황임을 알고 곧장 성모병원 주치의와 서대문경찰서에 전화를 건 뒤 2층으로 뛰어올라 갔다. 박동엽도 안두희 두들겨 패는 일을 경호순경에게 미루고 2층으로 올라갔다.

"선생님! 선생님!"

비서들과 박동엽이 부르짖었건만 김구는 온몸이 피투성이가 된 채 아무런 반응이 없었다. 곧 이국태가 적십자병원 이기섭 외과과장을 데리고 왔다. 이기섭 의사는 김구의 피격 상태를 살핀 뒤 응급처치로 우선 강심제를 팔에 꽂았다. 뒤이어 성모병원 박병래 주치의도 헐레벌떡 달려왔다. 두 의사는 총탄 부분의 피를 거즈로 닦으며 상처를 살피고는 가슴을 누르며 인공호흡을 시도했다. 하지만 김구는 이미 의식을 잃은 채 마지막 긴 숨을 "푸~" 뱉었다.

안두희가 쏜 네 발의 총알 가운데 첫 번째 총알은 김구의 코 밑을 뚫고 오른쪽 볼을 빠져나와 유리창을 뚫었고, 두 번째 총알은 김구의 목을 정면으로 뚫은 뒤 유리창에 맞았다. 세 번째 총알은 김구의 오른쪽 가슴을 지나 폐를 뚫었고, 네 번째 총알은 김구의 하복부를 관통했다. 주치의 박병래 박사는 청진기로 김구의 가슴을 검진하고 눈꺼풀을 뒤집어 살폈다. 적십자병원 이기섭 외과과장도 검진을 했다. 두 의사는 서로 고개를 끄덕인 뒤 박병래 주치의는 나직이 말했다.

"선생님께서 급소를 맞아 많은 출혈로 이미 운명하셨습니다."

그때가 1949년 6월 26일 낮 1시를 막 지나고 있었다. 그제야 비서들과 박동엽은 참았던 울음을 터뜨렸다.

평생 동안 숱한 사선을 용케 넘긴 김구는 하필이면 동족의 흉탄으로 파란 많은 생애를 마쳤다. 그때 김구의 나이 일흔넷이었다.

군복 청년

"너 이 새끼!"

"네가 감히 우리 선생님을 쏘아!"

두 경호순경은 그 때까지도 아래층 비서실에서 안두희에게 호통을 치며 두들겨 패고 있었다. 때마침 사건 소식을 듣고 허겁지겁 달려온 서대문경찰서 형사주임 강용주 경위가 두 경호순경을 가로막았다. 그런 뒤 강 경위는 폭행을 당해 쓰러진 안두희를 일으켜 세웠다. 강 경위는 두 경호순경에게 사건 경위를 듣고 수갑을 채워 경찰서로 막 연행하려고 했다.

그때 갑자기 군복 청년 네 명이 대기실로 들이닥쳤다. 그들은 선글라스를 낀 채 군복에는 계급장도 명찰도 없었다.

"야! 네가 뭔데 이분을 연행하려고 해?"

그들은 강 경위에게 위압조로 말했다.

"서대문경찰서 강용주 경위요."

"경찰? 자식, 경찰 좋아하네. 경찰이 무슨 권한으로 군인을 터치하려고 그래? 이분은 군인이니까 우리가 데려가겠어."

그들 가운데 가장 건장해 보이는 한 청년이 두 팔로 강용주 경위를 밀어젖히고는 안두희를 낚아챘다. 그러자 경호순경이 나섰다.

"니들은 뭐야?"

"경호순경이오."

"병신 새끼들! 경호도 제대로 못한 주제에 무슨 낯짝으로 나서!"

군복 청년들이 비호같이 두 경호순경의 카빈총을 뺏은 뒤 군홧발로 정강이를 서너 차례 찼다. 2층에서 내려온 비서들이 분을 참지 못하고 식식거리며 군복 청년이 낚아챈 안두희에게 발길질을 했다.

"이 쌍놈의 새끼들! 너희들이 겁도 없이 육군 장교에게 발길질이야!"
 군복 청년들은 비서들에게 삿대질을 하며 욕설을 퍼붓고는 안두희를 부축하여 후딱 스리쿼터 뒷자리에 태웠다. 헌병사령부 순찰과장 김병삼 대위는 스리쿼터에 선임 탑승한 채 백미러로 줄곧 사건 진행 과정을 지켜보다가 그제야 차에서 내려 소리쳤다.
 "야, 빨리 가자!"
 "네, 알겠습니다."
 군복 청년들은 큰소리로 대답하고는 그들이 타고 온 스리쿼터 뒷자리에 모두 잽싸게 탔다. 거기에는 정복을 입은 헌병들도 타고 있었다. 스리쿼터 운전병은 백미러로 그들이 모두 승차한 것을 확인한 뒤 잽싸게 가속 페달을 밟고 경교장 뜰을 벗어났다. 경교장 마당에는 푸르스레한 자동차 배기가스만 자욱이 남았다.
 경교장에 군복 청년들이 난데없이 출현하여 범인 안두희를 데려갈 때까지는 잠깐 사이였다. 범인 안두희를 태운 스리쿼터가 쏜살같이 사라지자 경교장에 남은 사람들은 심한 공황상태에 빠졌다. 모두들 마치 허깨비에 홀린 기분이었다.
 훤한 대낮 수도 서울 한복판에서 대한민국임시정부 김구 주석은 잠깐 새 저세상 사람이 되었다. 마치 군사작전처럼 현역 육군 장교가 쏜 총에 김구는 피격되고, 범인은 잠깐 새 군복 청년에게 탈취 당했다. 그야말로 마른하늘에 날벼락이요, 귀신이 곡할 노릇이었다. 경교장에 남은 사람들은 모두 얼이 빠진 채 말도 울음도 잃고 있는데 언저리 숲 매미들만 요란하게 김구의 횡사를 조상했다.

이승만의 경고 메세지

사건 전날인 6월 25일 밤, 김구는 잠을 쉬 이루지 못했다. 그 며칠 사이에 일어난 일들이 마음에 걸렸기 때문이다. 먼저 그날 김구는 공주에서 열릴 건국실천원양성소² 10기 개교식에 참석할 예정이었다. 이미 경찰에서 집회 허가도 났다. 그런데 행사 전날인 24일 경찰에서 갑자기 집회 허가가 취소되었다고 경교장으로 연락이 왔다. 김구는 그 일에 몹시 불쾌해 했다.

'이제는 우남³이 내 발마저도 묶어 놓으려는 것인가…'.

그날 밤 김구는 늦도록 불도 켜지 않은 채 책상에 앉아 캄캄한 밤하늘을 바라보며 혼잣말처럼 읊조렸다. 김구는 그 얼마 전부터 측근들이 경교장 주변에 떠도는 괴이한 풍문을 전하며 몸조심하라고 이르는 말을 대수롭지 않게 매번 웃어넘겼다. 하지만 마냥 속마음은 편치 않았다. 그런 풍문을 전한 측근들의 얼굴이 한 사람 한 사람 떠올랐다.

그 얼마 전 조소앙⁴이 일부로 경교장으로 찾아왔다. 2층 집무실에서 단둘이 마주 앉자 조소앙은 김구에게 신변을 조심하라고 각별히 당부했다. 그러면서 그는 얼마 전에 이승만 대통령의 호출을 받아 경무대에서 주고받은 얘기를 전했다.

"소앙, 백범이 공산당과 내통을 하고 있다는 소문이 사실인가?"

"각하, 그럴 리는 없습니다."

"그렇지 않아. 내가 알기로는 그 소문이 틀림없는 것 같아. 우리들이 어떻게 하면 나라가 잘되어 가나 연구를 해야 할 텐데…. 백범이 공산당과 내통을 한다면 나라를 걱정하는 젊은이들이 가만히 두고만 있지 않을 게야."

"…."

1. 네 발의 총소리

"아무래도 그들이 무슨 일을 저지를 것 같으니 이참에 백범이 조심해야 할 거야."

노회한 이승만은 조소앙을 통해 김구에게 경고 메시지를 전했다.

김구는 조소앙에게 그 말을 전해 듣고 크게 웃으며 말했다.

"여보 소앙 아우님, 내가 무슨 일을 한다고 우남이 해치겠소. 나는 이제 은퇴한 정객이나 다름이 없는데."

"백범장, 하지만 믿을 수 없는 게 사람의 마음입니다. 우남은 꺼진 불도 다시 밟을지 모르지요. 예로부터 권력욕에 빠지면 부자도 없다고 하지 않습니까."

"나야 이제 죽어도 한이 없는 사람이오. 중국에서도 몇 번은 죽은 목숨 아니오."

"백범장, 우리가 한가하게 이런 농담할 때가 아닙니다. 언제 우리 한 몸 잘되자고 독립운동을 하였습니까? 백범장은 혼자 몸이 아니라는 것을 아셔야 합니다."

"나는 조국을 위해 왜놈들에게는 맞아 죽을 일을 했어도, 내 동포가 나를 죽일 일은 하지 않았소. 소앙 아우님이 걱정하지 않아도 될 거요."

"아닙니다, 백범장! 그런 말씀 마세요. 우남은 보통 단수가 높지 않습니다. 번번이 당하시고도."

조소앙은 백범이 자기 말을 귀담아 듣지 않자 다소 역정이 났다. 하지만 이런 경고의 말에도 백범 특유의 태연자약한 풍모에 새삼 존경심이 저절로 우러났다.

'어쩌면 사람이 저렇게 순수하고 대범할 수 있을까. 하긴 저 담대함으로 대한민국임시정부 주석이 되었지. 그래서 사분오열된 임시정부를 봉합했

고, 중국에서도 사선을 숱하게 넘었을 테지. 역시 백범은 큰 그릇이야.'
"백범장, 아무튼 매사 조심하십시오."
조소앙은 아무래도 시절이 수상한 데다 뭔가 예감이 이상하여 일부로 찾아왔다고 말했다.
"소앙 아우님, 아무튼 고맙소. 자주 경교장에 들러 내게 세상 돌아가는 얘기나 들려주시오."
"네, 그러지요. 백범장, 아무쪼록 부디 옥체 조심하십시오."
"잘 알겠소."
조소앙은 경교장을 떠나면서도 백범 언저리에 드리운 뭔가 불길한 예감을 지울 수 없었다.

불길한 정보

이날(6월 25일) 초저녁에 박동엽과 김승학[5]이 매우 다급하게 경교장으로 찾아왔다. 두 사람 모두 김구의 측근이었다. 그 시간은 해거름 때로 어둑했는데 김구는 불도 켜지 않은 채 집무실 남향 창가에서 숭덕학사 야학생들에게 졸업선물로 보낼 『백범일지』에 서명을 하고 있었다. 박동엽과 김승학은 불을 켜고 그 일을 옆에서 거들어 드린 다음 박승엽은 감정을 삭인 채 조용히 말씀드렸다.
"선생님, 요새 무슨 불길한 얘기를 들으신 일이 없으십니까?"
"뭐, 별로 없는데."
박동엽은 김승학과 함께 그가 들은 백범 암살 계획을 전했다.
장은산 포병사령관은 백범 암살 행동대장으로 오병순 소위를 지명했다. 곧 오 소위는 양심의 가책을 느낀 나머지 친구인 김정진[6]에게 그 음모를 털어놓았다. 그러자 김정진은 은사인 박동엽에게 몰래 그 사실을 전하면서 한독당 홍종만도 행동대와 한통속이라고 귀띔했다.

그가 전한바, 1949년 6월 23일 밤 11시 30분 무렵 서대문 충정로 동양극장 앞 경교장 어귀에서 속도를 줄인 두 대 지프차가 무엇을 노리다가 사라졌다. 그 이튿날 밤 행동대원들은 계동 중앙학교 옆 아지트에 모여 다음날 김구의 공주행 때 실행하기로 했다. 다음날인 6월 25일, 행동대원 일당은 수원의 병점 고갯마루 길목에서 김구 일행을 기다렸다. 그러나 그날 공주에서 열릴 건국실천원양성소 개교식이 갑작스럽게 취소되는 바람에 김구 일행이 나타나지 않자 그들은 헛걸음을 쳤다. 그날 밤 장은산은 행동대원들에게 다음날인 6월 26일은 어떠한 일이 있더라도 김구를 살해하라고 다시 지령했다.

박동엽과 김승학은 이런 음모를 김구에게 전하면서 이참에 아예 며칠 병원에 입원해 있을 것을 권유했다. 하지만 김구는 그 이야기를 듣고도 태연했다.

"내 전부터 유언(流言, 떠도는 말)을 한두 번 듣지 않았네. 나는 일본놈이라면 몰라도 동족에게 해를 당할 일을 하지 않았네. 멀쩡한 사람이 왜 입원을 하나. 괜히 내 걱정은 하지 말고 어서 돌아가 나라 잘될 일이나 연구해 보시게."

박동엽과 김승학은 자기들의 권유에도 초연한 김구의 태도에 섭섭하고 불안했다. 그들은 돌아가는 길에 아들 김신을 별도로 만나 김정진의 제보를 전하면서 아버지의 신변안전을 신신당부했다.

'설마, 우남이 나를….'

'우남이, 그럴 리가 없어.'

김구는 잠을 이루지 못한 채 몸을 뒤척이며 혼잣말을 중얼거렸다.

그날 밤 쉬 잠을 못 이룬 것은 김구만이 아니었다. 아들 김신 소령도 마찬가지였다. 김신은 소속부대인 육군 항공대로부터 이튿날 아침 일찍 옹진전투에 출동하라는 명령을 받고 있었다. 그는 자기가 집을 비우게 되면 아버지 신변이 염려스러웠다. 그즈음 김신의 귀에도 '김구를 죽이려는 음모가 있다' '김구를 해치려는 행동대가 조직되었다'는 등, 결코 한 귀로 흘릴 수 없는 흉측한 풍문이 꼬리를 이었다. 그런데 이날 밤에는 박동엽과 김승학에게 대단히 신빙성 있는 음모를 전해 들었기 때문이다.

김신은 잠자리에서 벌떡 일어나 주섬주섬 옷을 찾아 입고 이미 저녁문안 인사를 드린 아버지 침실로 다시 갔다. 김구는 그때까지도 컴컴한 방안 의자에 우두커니 홀로 앉아 있었다.

"왜 주무시지 않습니까?"

"오늘 따라 잠이 오지 않는구나."

"아버님, 요즘 좋지 않은 소문도 들려오는데, 이참에 요양도 하실 겸 당분간 병원에 입원하는 게 어떻겠습니까?"

"…."

김구는 아들의 권유에 한동안 대답이 없었다.

"쓸데없는 걱정이다. 아비 목숨은 독립운동을 시작할 때부터 이미 나라에 바쳤다. 아비 걱정 말고, 네 군무에나 충실해라. 인명은 재천인 거야."

잠시 후 생각을 가다듬은 김구는 아주 결기에 찬 목소리로 말했다.

"하지만 아버님, 이즈음 소문은 대단히 구체적이고 왠지 불길합니다."

"내 조국 땅에서 누가 나에게 위해를 가하겠느냐."

"하지만 아버님, 매사에 조심하시고, 앞으로는 가능한 바깥출입도 삼가십시오."

"그래, 잘 알았다. 어서 가 자거라. 너 내일 새벽에 옹진으로 떠난다지?"

"네, 아버님. 이제 그만 주무십시오."

"잘 알았다. 너도 그만 자거라."

"네, 아버님. 편히 주무십시오."

김신은 웬일인지 돌아서는 발걸음이 무거웠다.

'설마, 우남이… 그럴 리가 없어. 모두들 잘못 들은 괜한 풍문일 거야. 우남과 나 사이를 갈라놓으려는….'

김구는 불편한 마음을 다독이며 잠을 청했다.

운명의 날

1949년 6월 26일 동이 텄다. 화창한 초여름 6월의 마지막 일요일이었다. 김구는 예삿날보다 일찍 잠에서 깼다. 아들 신이 이른 아침 옹진으로 출전하기 때문이었다. 하지만 아들은 아버지가 간밤 늦게 잠자리에 든 것을 알고 더 주무시게 일부로 아침 문안인사를 드리지 않았다. 하지만 김구는 일찍 일어나 거실에서 아들의 출근을 지켜보고 있었다.

예삿날과는 달리 김신은 정문 경호순경에게 출입자 단속을 잘하라고 이르고는 마당에서 2층 아버지 거실을 바라보았다. 그때 김구는 거실 창을 열고 전선으로 떠나는 아들을 향해 손을 흔들었다.

"잘 다녀온."

"네, 아버님."

김신도 손을 흔든 뒤 지프차에 올랐다. 김구는 아들이 떠나자 곧 책상에 앉아 아침기도를 올렸다. 여느 때처럼 나라의 태평을 먼저 기도한 뒤 이날은 특별히 아들의 무운장구를 빌었다. 기도가 끝나자 예삿날처럼 거실 책상에 앉아 막 배달된 아침신문을 읽고, 뜰로 나와 꽃밭에 물을 주었다.

그날이 일요일이라 김구는 아침을 들고 난 뒤 예사 주일날처럼 남대문교회에 가고자 채비를 차렸다. 그런데 선우진 비서가 좀 전에 며느리가 승용차를 타고 외출했다고 전했다. 그제야 김구는 간밤에 아들이 당분간 교회 가는 일도 삼가란 말이 떠올랐다.

김구는 이제 자식 말도 들어야겠다고 생각하며 2층 거실 책상에 앉아 붓글씨를 썼다. 문득 창암학원 운영이 궁금하여 선우진 비서를 불렀다. 아래층의 선우진이 2층 집무실로 재빨리 올라왔다.

"부르셨습니까?"

"자네 이국태 군에게 일러 창암학원 김 선생 별일이 없다면 좀 모셔 오라고 이르게."

"네, 선생님."

그즈음 김구는 심사가 다소 불편했다. 당신이 세운 마포구 염리동의 창암학원과 성동구 금호동의 백범학교가 심한 경영난을 겪고 있는데도 그 원인이 있었다. 김구는 어머니 곽낙원 여사 유해봉안 때 들어온 조의금과 아들 김신의 결혼축의금으로 두 학교를 세웠다. 이들 학교는 주로 가난한 학생들을 가르쳤다. 하지만 개원 이후 제때에 재정지원을 하지 못해 가슴이 아렸다.

김구는 창암학원 김 선생을 기다리면서 계속 붓글씨를 썼다. 그런데 이날따라 글씨가 잘 써지지 않았다. 아마도 전날 불편했던 심기가 마음에 남아 있었던 모양이다.

그 전날인 6월 25일, 김구는 공주의 건국실천원양성소 10기 개교식에 참석할 예정이었다. 그런데 24일, 경찰로부터 갑자기 집회 허가가 취소되었다는 통보를 받고 매우 화가 났다. 그런 가운데 이병찬 등 몇몇 측근이 찾아왔다. 그들은 김구의 울분을 헤아리고는 한강 뱃놀이를 제의했다. 김구는 별로 마음에 내키지 않았지만 그들 정성이 가상하여 따라나섰다. 출발 전과는 달리 마포나루에서 한강의 푸른 강물을 바라보자 그동안 세파에 찌든 마음이 한결 밝아졌다.

조국 강산은 볼수록 아름다웠다. 그런데 이 아름다운 금수강산이 미·소 두 강대국의 농간으로 분단되었다는 생각을 하면 김구는 눈앞이 캄캄하고 두 귀가 먹먹했다. 삼천리 반도 금수강산이 내 땅인데도 백성들이 마음대로 오갈 수 없다는 생각이 미치면 창자가 찢어지는 듯했다. 김구는 이런저런 시름을 잊고자 측근들과 함께 돛단배 위에서 도시락도 먹고 오랜만에 소주잔도 기울였다.

그날 뱃놀이 화제는 주로 중국의 쑨원(孫文)[8]과 서태후(西太后)[9]의 무덤 이야기였다. 그날 무덤 이야기로 김구는 먼저 세상을 떠난 아내와 어머니, 그리고 장남 인의 얼굴이 떠올랐다. 그 순간 김구는 속으로 눈물을 흘렸다.

'박복한 사람들….'

불청객

그날(6월 26일) 오전 김구가 2층 집무실 책상에서 글씨를 쓰고 있는데 이국태 비서가 창암학원 김 선생을 모시고 왔다. 그때가 오전 11시쯤이었다. 김구는 붓을 벼루 위에 놓은 뒤 김 선생을 반겨 맞았다. 창암학원 김 선생은 김구 앞에서 큰절을 드렸다.

"백범 선생님! 부디 만수무강하옵소서."

"어서 오세요. 김 선생님!"

김구도 자리에서 일어나 고개 숙여 답례를 했다.

"백범 선생님, 지난번에는 풍금을 사서 친히 삯군에게 지어 저희 학원까지 왕림해 주시고, 학생들에게 귀한 말씀까지 들려주셔서 뭐라고 감사의 말씀을 드려야 할지…. 백골난망입니다."

"아니올시다. 내가 앞뒤 깊은 헤아림도 없이 창암학원을 불쑥 세워 놓고 운영비를 제대로 지원하지 못해 여러 선생님께 볼 낯이 없습니다."

"아닙니다. 선생님! 이즈음에는 경교장 살림도 어렵다고 듣고 있습니다."

"설마 내가 굶기야 하겠어요. 무슨 일이 있더라도 창암학원이 문 닫는 일은 없어야 합니다. 내 곧 융통되는 대로 다소나마 학원운영비를 보내드리지요."

"네, 고맙습니다. 저희 선생님들은 모두 헌신적으로 학생들을 잘 가르치고 있습니다."

"고맙습니다. 조금만 더 참고 기다려 봅시다. 옛말에 '유지필성(有志必成)'이라 뜻이 있으면 반드시 이룬다고 하였지요. 지금 우리나라에서 가장 시급한 일은 교육입니다. 돌아가시면 어려운 가운데도 학생들을 열심히 가르치신 여러 선생님께 감사하다는 말씀을 꼭 전해 주십시오."

김 선생은 김구의 말에 감동하여 새로운 힘이 용솟음쳤다.

"네, 선생님. 말씀 꼭 전하겠습니다. 선생님! 창암학원이 결코 문 닫는 일은 없을 겁니다. 선생님의 높고 자애로운 뜻을 어찌 하늘이 돕지 않겠습니까?"

김구는 그 말에 더욱 가슴이 멨다. 그즈음 경교장을 후원하는 이도 훌쩍 줄어들었다. 김구는 새삼 염량세태를 실감했다.

그 시간 아래층 대기실에는 선우진·이국태·이풍식 등 세 비서가 일을 보고 있었다. 오전 11시 30분 무렵 경교장 정문에 육군 장교 정복차림의 한 군인이 성큼 다가섰다. 그는 육군 포병 소위 안두희로 허리에는 미제 45구경 권총띠를 차고 있었다.

"내레 안두희야요. 주석 선생님을 뵈오레(뵙고자) 왔습네다."

"들어오십시오."

그날 아침 경호순경은 김신에게 거동수상자와 낯선 사람은 출입시키지 말라는 지시를 받았다. 그런데 안두희는 그 전에도 여러 번 출입하여 얼굴도 이름도 익은 데다가 육군 정복차림인지라 별다른 의심을 하지 않고 통과시켰다. 안두희는 경교장 1층 대기실 비서들에게 넉살 좋게 인사를 늘어놓으며 들어섰다.

"안녕들 하십네까?"

"누구시지요?"

선우진이 안두희를 얼른 알아보지 못했다.

"내레 안두희입네다. 와 일전에 다녀갓디요."

"그랬던가요. 원체 선생님을 뵙고자 찾아오는 분이 많아서…."

그때 옆자리 이풍식 비서가 안두희를 얼른 알아보았다.

"지난번에 오셨지요?"

"기림, 와 얼마 전에 김학규[10] 장군이랑 항께(함께) 왔디요."

이풍식 비서는 그때 안두희가 포탄껍질로 만든 꽃병을 가져온 것을 상기시켰다.

"아, 네. 이제야 알겠습니다."

선우진 비서도 그제야 생각났다.

"주석 선생님께 안부 여쭐라고 왔습네다."

"지금 손님과 담소중입니다. 여기서 조금만 기다리십시오."

"알갓습네다."

선우진 비서는 안두희를 비서실 빈 의자로 안내했다. 안두희가 의자에 막 앉는데 전화벨이 울렸다. 이풍식 비서가 받았다.

"거기 무슨 일이 있소?"

김덕은[1]한테서 온 전화였다.

"무슨 일이라뇨?"

이 비서가 다소 놀라며 받았다.

"조금 전 내 친구가 그러는데, 지금 경교장 부근에 군복 청년들과 헌병들이 서성거리고 있대요. 혹 선생님 신변에…."

"아무 일 없습니다. 지금 선생님은 집무실에서 창암학원 여선생님과 담소중이십니다."

"그렇다면 다행이오."

"전화 감사합니다."

김덕은은 그날 인쇄소로 출근하는 길에 한 친구를 만났다. 그는 김덕은이 백범 측근인 줄 알고 있었다. 그가 아침에 서대문로터리 적십자병원 앞을 지나오는데 그 일대에 헌병 여러 명이 모여 있어 뭔가 찜찜하여 일부러 경교장 부근까지 갔더니 거기에도 서너 명의 군복 청년들이 서성이더라는 얘기였다. 그 얘기를 전해 듣고 이상 여부를 확인한다고 했다.

안두희는 그 통화 내용을 다 엿듣고서도 의뭉스럽게 비서실 의자에 태

1. 네 발의 총소리 25

연히 앉아 비서들에게 신형 대포 얘기를 신나게 늘어놓았다. 비서들은 안두희의 대포 얘기를 매우 흥미롭게 들었다. 그 무렵 신형 대포는 대단히 신기하고 생소한 무기였기 때문이다.

바람잡이

잠시 후 비서실로 또 전화가 왔다. 박동엽 대광학교 교감선생이었다. 박동엽은 그날따라 정문 경호순경이 출입을 허락하지 않아 경교장 앞 자연장다방에서 전화를 건다고 했다.

"제가 바로 경호실로 연락할 테니 곧바로 오십시오."

이풍식 비서는 곧장 전화를 끊고 경호실로 연락했다.

"경호실, 대광학교 박동엽 선생님이 오시면 곧장 들여보내십시오."

"네, 알겠습니다."

박동엽은 전날 경교장을 찾아와 김구의 신변을 조심하라고 일렀지만 아무래도 불길한 예감에 다시 찾았다. 웬일인지 그날은 정문 경호순경이 면회를 허락치 않았다. 박동엽은 하는 수 없이 가까운 자연장다방에 가서 비서실에 연락한 뒤에야 경교장으로 들어왔다.

박동엽은 세 비서들과 인사를 나누며 실내를 둘러보자 조금 떨어진 곳에 군인이 앉아 있기에 섬뜩한 마음에 이풍식에게 귀엣말로 물었다.

"누구요?"

이풍식이 귀엣말로 대답했다.

"안두희 소위입니다. 이전에 김학규 장군과 여러 번 온 적이 있습니다."

"아, 그래요."

박동엽은 애초 그가 김구 선생을 해칠 군인이라는 불길한 생각이 들었으나 곧 김학규 장군과 여러 번 출입한 군인이라고 하기에 안심했다. 게다가 박동엽이 이미 들은 정보로는 민간인 홍종만을 의심한 데다가 김구에게 위해를 가할 자가 백주 대낮에 단독으로 범행할 줄은 미처 생각지도 못했다. 그날 오전 박동엽이 경교장을 찾은 것은 비서들에게 그날 저녁을 특별히 경계하라고 일러주고자 왔다. 그래서 박동엽은 대낮에 혼자 찾아온 안두희 소위를 더 이상 의심치 않았다.

잠시 후 또 다른 군인이 경교장에 불쑥 찾아왔다. 그는 육군 헌병특별수사대 강홍모[12] 대위였다. 그는 문산에 다녀오는 길에 들렀다고 했다.

"차에 휘발유가 떨어졌습니다. 한 초롱 얻어 갑시다."

"그러시죠."

선우진 비서는 이국태에게 그가 타고 온 지프차에 휘발유를 넣어 주라고 지시했다. 주유가 끝나자 강홍모는 이국태를 따라 비서실로 들어왔다.

"기왕 왔으니 주석 선생님께 잠깐 인사나 하고 가겠습니다."

"그렇게 하십시오."

선우진이 자리에 일어나 영접했다.

"아, 기다리는 손님이 계시는구먼."

그 말에 안두희는 자리에서 벌떡 일어나 거수경례를 했다.

"누구시죠?"

"포병사령부 안두희 소위입네다."

"나, 헌병 특별수사대 강홍모 대위요."

그들 두 사람은 서로 모르는 사람처럼 인사를 주고받았다.

"아, 네. 반갑습네다."

그때 막 김구 선생님과 얘기를 마친 창암학원 여선생님이 2층에서 내려왔다.

"안 소위 바쁘지 않으면 내게 양보 좀 하시오. 나는 주석 선생님께 잠깐 문안인사만 드리고 가지요."

"그러시라요. 내레 바쁘디 않습네다."

강 대위는 2층으로 올라간 뒤 백범 선생에게 인사를 드린 다음 곧장 내려왔다.

"안 소위, 양보해 줘서 고맙소."

"뭘요. 일없습네다."

강 대위는 대기실을 나서며 비서들에게도 인사를 남겼다.

"휘발유 고맙습니다."

"안녕히 가십시오."

비서들이 합창하듯 배웅 인사를 했다.

강홍모 대위가 떠나자마자 안두희가 일어나면서 말했다.

"이제 내 차래디요(차례지요)."

"그럼요, 오래 기다리게 해서 미안합니다."

"아니올시다."

선우진은 앞장서 안두희를 2층으로 안내했다. 그때 김구는 책상에서 다시 붓글씨를 쓰고 있었다.

"선생님, 포병사령부 안두희 소위가 문안드리러 왔습니다."

"그래? 가까이 오라고 해."

안두희는 거수경례를 한 다음 김구 앞으로 한 걸음 다가갔다. 선우진은 안두희를 2층에 둔 채 점심을 채근하고자 지하 부엌으로 내려갔다.

잠시 후 2층 김구 집무실에서 네 발의 총소리가 울렸다.

"탕! 탕! 탕! 탕!"

쫓겨난 경찰서장

김구의 참변 소식을 듣고 가장 먼저 조완구[13]와 엄항섭[14]이 달려왔다.

"어떤 놈이 우리 주석님을 죽였느냐!"

"선생님! 나라의 앞날이 캄캄합니다."

그들은 싸늘한 김구의 시신 앞에 오열했다.

서울시경 국장 김태선은 사건이 나자마자 곧 서울 일원에 초비상경계령을 내리고 통금시간을 한 시간 앞당겼다. 어느 새 경교장 언저리에는 김병삼 헌병 대위가 수십 명의 헌병을 배치한 뒤 김구의 서거 소식을 듣고 달려온 시민들의 출입을 통제하고 있었다.

"왜 못 들어가게 하느냐?"

시민들은 출입문을 가로막는 헌병들에게 아우성을 쳤지만 그들은 막무가내로 경교장 출입을 막았다.

이날 서울지방검사장 최대교는 일요일인데도 검찰청에 잠깐 나왔다가 서대문경찰서로부터 김구 암살 급보를 받았다. 최 검사장은 곧 당직 이원희 부장검사와 함께 지프차로 출발하였다. 그들은 현장에 가기 전에 먼저 서대문경찰서에 들렸다.

"서장은?"

"숙직실에 계십니다."

"뭐야! 이 비상시국에…."

최 검사장이 숙직실로 가자 신발을 신은 채 누워 있던 이하성 서장이 깜짝 놀라 벌떡 일어났다.

"서장! 김구 선생이 저격당했다는데 사실이오?"

"네, 그렇습니다."

"그렇다면 이 비상시국에 현장에 가지 않고 왜 여기 누워 있소?"

이 서장은 겁에 질린 표정으로 손을 저었다.

"검사장님, 말도 마십시오. 제가 급보를 받고 현장에 달려갔다가 헌병들에게 봉변을 당하고 돌아와 하도 속이 상해 이곳에서 분을 삭이고 있는 중입니다. 헌병들이 죽 늘어서서 그 누구도 못 들어가게…."

"도대체 관할서장도 못 들어가고 게다가 봉변까지 당했다니 그게 말이나 되오?"

최 검사장은 이하성 경찰서장을 앞세우고 곧장 경교장으로 갔다. 헌병들의 경비가 삼엄한 정문 앞에 이르자 이 서장의 말대로 일체 출입을 저지했다.

"나 서울지방검사장 최대교인데 현장검증을 하러 왔소."

"못 들어갑니다. 누구든지 출입을 시키지 말라는 상부의 지십니다."

"뭐라고? 나 서울지방검사장이야!"

"안 됩니다."

"야, 너희 대장 불러와!"

곧 키가 자그마한 헌병 대위가 나타났다.

"나 서울지방검사장이오. 살인사건이 나면 검사가 사건현장을 지휘하도록 돼 있소. 그런데 왜 현장 접근을 막소?"

"어쨌든 못 들어갑니다. 누구를 막론하고 보안상 출입금지시키라는 상부 지십니다."

"그럼, 좋소. 나도 상부에 보고할 테니 귀관 관등성명이나 대시오."

"…"

"왜, 내 말이 안 들리오?"

"… 헌병사령부 순찰과장 … 김병삼 대위입니다."

"알았소!"

최 검사장 일행은 끝내 현장에는 접근치 못하고 검찰청으로 돌아왔다. 하지만 육군 법무감실 홍영기 검찰과장과 육군 정보국 직속 특수정보대 SIS[15] 이진용 중위가 이미 현장검증을 다녀간 뒤였다.

그날 오후 늦게 김신은 옹진에서 아버지의 비보를 듣자마자 급히 애기를 몰고 서울로 돌아왔다.

'오늘 내가 아버지 곁을 지키는 게 옳았는데….'

김신은 비보가 사실이 아니기를 마음속으로 빌었다. 그는 여의도비행장으로 가기 전 기수를 낮춰 먼저 경교장 위를 두어 바퀴 돌았다. 이미 경교장 뜰에는 수많은 사람들이 모여 땅을 치며 통곡하고 있었다. 김신은 아버지의 변고가 사실임을 확인하자 다시 한 번 가슴이 덜컹 내려앉았다.

'아버님이 기어이 변을 당하셨구나!'

김신은 눈물을 머금은 채 기수를 여의도로 돌려 비행장에서 내린 뒤 곧장 경교장으로 달려왔다.

"아버님, 불효자식이 이제야 왔습니다."

아들은 아버지의 싸늘한 손을 잡고 흐느꼈다.

아들(김신), 손녀(김효자)와 함께 경교장 앞뜰에서, 1947.
사진제공 백범기념관.

2. 해임된 헌병사령관

> 안두희에 종신 징역! 6일 4회 공판에서 언도
> 나흘째 들어간 고등군법회의는 전일과 같이 8월 6일 오전 10시, 서울지방법원 대법정에서 속개되었는데 이날은 특히 결심 지을 것을 알았는지 방청객이 개정 이래 대만원을 이루었다. … 홍영기 검찰관은 안이 군인 신분으로서 정치에 관여하고 노혁명가를 살해한 것은 국방경비법 제43조에 해당하므로 극형에 처할 것을 요구하는 논고가 있었는데, 안의 특별·일반·민간 세 변호인은 안이 우국지심에서 순간적인 착각으로 인해 발생한 살해이므로 관대한 처분을 요하였다. 이리하여 공판은 일단 휴정에 들어간 후 심판관 무기명 투표로 심사한 결과, 유죄로 결정되어 12시 50분 재판장으로부터 안에게 종신 징역 언도가 내리었다. - 1949. 8. 7. 조선일보

첫 공식 발표

1949년 6월 26일 낮 경교장 사건현장에서 범인 안두희를 태운 스리쿼터는 곧 필동 헌병사령부에 멈췄다. 선임 탑승한 김병삼 대위가 득의만만하게 차에서 내리며 군복 청년들에게 명령했다.

"야, 우선 안 소위를 내 방으로 모셔."

"네, 알겠습니다."

군복 청년들과 헌병들은 안두희를 김병삼 순찰과장 사무실 소파에 앉혔다. 당번병이 김병삼에게로 달려왔다.

"야, 당번병! 빨리 군의관을 불러와!"

"네, 알겠습니다."

당번병이 총알같이 의무실로 달려갔다.

"난 경교장 경비 때문에 다시 가야 돼. 오 중위, 잔류병들을 빨리 집합시켜!"

"네! 알겠습니다."

당직사관 오석만 중위는 곧장 호루라기를 불며 잔류병들을 소집했다. 김 대위는 재빠르게 집합한 잔류병들을 모두 스리쿼터 승차시킨 뒤 경교장으로 떠났다.

안두희는 군의관과 의무병의 부축으로 의무실로 옮겨져 응급치료를 받고자 침대에 누웠다. 그때 전봉덕 헌병부사령관이 만면의 미소를 지으며 당직사관 오 중위와 함께 의무실로 들어왔다. 안두희가 침대에서 벌떡 일어나 거수경례를 했다.

"안 소위! 몸도 불편한데 앉으라. 아무튼 아주 큰일을 차질 없이 잘했어. 이젠 조용히 쉬고 있으면 앞으로 일이 저절로 잘 풀릴 거야. 안 소위, 나 외에는 누가 와서 무엇을 물어도 일체 대답하지 말아야 해."

"네, 알갓습네다."

"그리고 여기 지내면서 먹고 싶은 것이나 하고 싶은 것 있으면 다 말하라구. 내가 죄다 들어줄 테니."

"그러디요."

전봉덕 부사령관은 손수 안두희를 침대 위에 눕혔다.

"군의관과 당직사관은 안 소위를 철저히 잘 보호하라."

"네, 알겠습니다."

군의관과 당직사관이 부동자세로 서서 크게 대답했다.

당시 헌병사령관 장흥은 이날이 마침 일요일이라 파주로 성묘를 갔기에 부사령관 전봉덕이 부대를 지키고 있었다. 전봉덕은 의무실을 나온 뒤 당직사관 오 중위에게 말했다.

"나는 지금 당장 장관 각하께 직접 보고하고 오겠어."

"다녀오십시오. 충성!"

오 중위가 떠나는 부사령관 지프차를 향해 경례를 붙이며 구호를 외쳤다. 한편 장흥 사령관은 뒤늦게 김구 살해 급보를 받고 그날 오후 부랴부랴 귀대했다. 장 사령관은 부대에 도착하자마자 범인 안두희의 소재부터 확인했다. 그때 안두희는 헌병사령부 의무실 침대에 누워 있었다. 그 꼴을 본 장흥 사령관은 화가 몹시 났다.

"네가 김구 선생을 죽인 범인이냐?

"…"

"이 새끼가 간덩이가 부었나! 왜 대답이 없어. 소속과 계급 이름은?"

"… 포병사령부 소속 … 소위 안두희입네다."

"야, 당직사관! 누가 이 자를 여기 두라고 했나?"

"부사령관의 지십니다."

"뭐야! 저 자를 당장 지하 감방에 처넣고 감시병을 배치하라. 자해할지도 모르니까."

"네, 알겠습니다."

오 중위는 즉각 안두희에게 수갑을 채운 뒤 지하 감방으로 옮겼다. 안두희는 지하로 내려가면서 고래고래 소리쳤다.

"사령관을 바꿔라우. 난 장흥한테는 도사(조사)를 못 받갓서."

안두희가 장흥 사령관이 중국군 헌병 출신으로 백범과 가까웠던 사람임을 이미 꿰뚫고 뱉은 소리였다.

"저 새끼 아주 간덩이가 고래 등만큼 부었군. 야, 오 중위! 누구든지 내 명령 없이는 감방 문을 못 열게 하라. 알았나?"

"네, 알겠습니다."

오 중위가 큰소리로 대답했다.

그날 이승만 대통령은 경무대로 사건보고차 찾아온 신성모 국방장관과 신태영 육군참모차장, 전봉덕 헌병부사령관에게 사건의 전말을 전해 듣고 국방장관에게 구두 지시했다.

"전봉덕 부사령관을 사령관으로 승진시켜 그에게 수사를 맡겨."

"네, 알겠습니다. 각하!"

이승만 대통령도 장흥이 백범 측근이라는 점을 이미 알고 있었다.

그날 오후 2시 10분, 헌병사령부 전봉덕 부사령관의 이름으로 김구 살해 사건에 대한 첫 공식 발표가 있었다.

헌병사령부 부사령관 전 중령은 다음과 같이 말하였다. 범인은 현장에서 즉시 체포되어 헌병사령부에 수감되었다. 그러나 현장에서 상당히 폭행당했기 때문에 의식이 회복되기를 기다려 그 소속과 배후를 엄중 조사할 작정이나 현장에서 판명한 것은 1인 단독 행위인 듯하다.[16]

이 발표는 범인을 신문하기도 전에 이미 결론을 은근히 내비치며 그의 의도를 넌지시 드러내고 있었다.

한편 장흥 사령관은 그날 늦게 자기가 면직된 줄도 모른 채 후속 조치를 지시받고자 신성모 국방장관을 찾아갔다. 그때 신 장관은 경무대를 다녀온 뒤 감기로 머리가 아프다고 그의 숙소인 마포장을 피해 딸네 집에 누워 있었다. 장 사령관이 신 장관에게 범인의 수사와 신병 처리 등을 물었다.

"장 사령관, 범인이 사건 현장에서 많이 맞아 의식이 없다고 하니 우선 치료부터 시키시오."

"네, 알겠습니다."

신 국방장관은 면전에서 장 사령관이 면직됐다는 통보는 차마 못하고 퉁명스럽게 지시했다. 장흥 사령관은 귀대하면서 이왕 헌병대에 넘어온 이상 자기 소신껏 사건 배후를 철저히 가려 보아야겠다고 다짐했다.

최대교 서울지방검사장은 사건 현장에서 헌병들에게 현장 출입을 저지당하자 망연자실한 채 검찰청으로 돌아왔다. 잠시 후 김병삼 헌병 대위가 허겁지겁 검찰청으로 달려왔다. 그는 그제야 상부에서 검사장의 현장검증 출입 허락이 떨어졌다고 보고하면서 자기가 현장을 안내하겠다고 했다. 최 검사장은 워낙 중대한 사건이라 일단 지나간 굴욕을 꾹 참고 김병삼 헌병 대위의 안내로 사건 현장으로 갔다.

최 검사장은 사건 현장인 경교장 2층 침실에 반듯이 누워 있는 김구의 시신을 검시했다. 그런 뒤 검찰청으로 돌아와 즉시 김익진 검찰총장에게 전화했으나 외출중이었다. 최 검사장은 하는 수 없이 권승렬 법무장관에게 달려갔다. 권 장관은 사건 보고를 받은 뒤 워낙 중대한 사건인지라 곧장 최 검사장을 대동하고 이범석[17] 국무총리 관저로 갔다. 하지만 관저 대문에 '수렵 출장중'이라는 팻말이 붙어 있어 발길을 돌렸다. 그들은 신성모 국방장관을 찾아갔다. 신 국방장관은 잠옷차림으로 비스듬히 일어나 사건 보고를 받은 뒤 묘한 표정으로 말했다.

"이제 민주주의가 되겠군."

전봉덕 헌병부사령관은 이승만 대통령에게 구두로 헌병사령관 임명을 받은 다음 부대로 돌아와 곧장 의무실에 들렸다. 하지만 범인 안두희가 보이지 않았다. 전봉덕이 화를 벌컥 내며 물었다.

"안 소위를 어디로 보냈나?"

"사령관님의 지시로 지하 감방에…."

당직사관 오 중위가 우물거리며 대답했다.

"당장 의무실로 옮겨!"

"사령관님이 아무도 감방 문을 열지 못하도록 강력하게 지시했습니다."

"야, 아무리 범인이래도 부상당한 사람을 우선 치료부터 해야 되잖아!"

전봉덕 부사령관은 직접 두 헌병과 함께 직접 안두희를 부축하여 1층 의무실로 옮긴 뒤 군의관에게 잘 치료하라고 거듭 당부했다. 그러자 군의관은 안두희가 그날 피를 많이 흘렸다고 한 쪽 팔에는 혈액주사를, 다른 팔에는 링거주사를 꽂았다. 전 부사령관은 그것을 확인한 뒤 퇴근했다.

몇 시간이 지난 그날 밤 장흥 사령관이 당직사관을 앞세우고 의무실로 들어왔다.

"오 중위! 누가 이 자를 여기다 데려다 놨어!"

장 사령관의 노기는 하늘을 찔렀다.

"부사령관님의 지시였습니다."

"뭐야, 원위치시켜!"

사령관의 명령에도 당직사관 오 중위는 계속 꾸물거렸다.

"오 중위! 너 사령관이 높으냐? 부사령관이 높으냐?"

"사령관이 높습니다."

"그러면 당장 원위치시켜!"

장흥은 고함을 질렀다.

"네, 알겠습니다."

부하들이 잽싸게 움직였다. 곧 안두희는 팔뚝의 주사바늘이 뽑히고 다시 수갑이 채인 채 지하 감방으로 내려갔다.

장흥 헌병사령관

이날 밤 옹진에서 밤늦게 돌아온 채병덕 육군참모총장은 다음날인 6월 27일 아침 일찍 전봉덕 헌병사령관에게 전화로 범인 신병과 권총 등 압수품 일체를 육군 정보국 정보처 특별조사과로 넘기라고 지시했다. 전봉덕은 그 지시에 따라 안두희의 신병과 헌병대의 1차 범인조사서와 압수품 일체를 소공동 조선호텔 맞은편에 있는 정보국 특별조사과로 넘겼다.

6월 27일 날이 밝았다. 시민들은 이른 아침부터 김구 살해사건에 대한 새로운 소식이 있을까 라디오와 신문에 귀와 눈을 모았으나 별다른 후속 보도가 없었다. 다만 김태선 서울시경국장의 초비상경계령을 내린 데 대한 짤막한 해명 보도가 있었다.

지난 26일 오후 1시경 백범 김구 선생은 불의의 흉변을 당하여 흉탄에 별세한 것은 기보한 바와 같거니와 … 서울시경 김태선 씨는 다음과 같은 조의와 유감의 뜻을 표하였다. 김구 선생께서 별세하신 것에 대하여 너무 어이가 없는 일이다. 진정으로 유감스러운 일이다. 한편 치안은 염려 없다. 경비상 경계에 돌입한 것은 치안상태에 우려한 것이 아니라 김구 선생이 불의의 흉변을 당하신 데 대해 일반시민은 자숙하고 좀더 조의를 표하는 데 있으며, 통행금지 시간을 한 시간 단축한 것도 자숙을 기함에 본의가 있는 것이다.[18]

다음날 아침, 장흥은 전날 이승만 대통령으로부터 직위해제 명령을 받은 줄도 모른 채 헌병사령부로 출근했다. 곧 장흥은 육군본부 인사국장 최영희 중령으로부터 잠깐 만나자는 전화를 받았다. 장흥이 곧장 육본으로 가자 최 중령이 매우 난처한 표정으로 신성모 국방장관의 명함을 전했다.

"죄송합니다. 이거 신 장관님이 전해 드리라고 해서."

장흥이 그 명함을 받자 '국방장관 신성모'라고 새겨진 명함 뒤에는 "장흥 헌병사령관을 해임하고 전봉덕 부사령관을 사령관으로 임명한다"라고 적혀 있었다. 장흥은 화가 울컥 치밀어 최영희 인사국장에게 항변했다.

"헌병사령관을 정식 인사발령도 없이 이렇게 명함 한 장으로 해임한단 말이오."

"죄송합니다. 장관 각하의 지시로…."

장흥은 더 이상 말없이 돌아섰다. 더 말해 봤자 자기만 더욱 초라해진다는 것을 그는 누구보다 잘 알고 있었기 때문이다.

그날 오전 9시, 국방부는 김구 살해사건에 대한 중간발표를 했다.

국방부 육군본부 보도과에서는 작(昨, 어제) 27일, 김구 선생 살해사건에 대하여 아래와 같이 담화문을 발표하였다.

일생을 조국독립운동에 바치신 김구 선생께서 불의의 흉변을 당하게 된 것은 민족적으로 큰 손실이요, 군으로서는 충심으로 애도의 뜻을 표하는 바이다. 그 진상에 관하여서는 목하 엄중 취조중에 있으나 지금까지 판명된 것은 대략 다음과 같다.

1. 안두희 소위는 한독당 당원으로, 김구 씨가 가장 신뢰하는 측근자인 것.
2. 안두희는 누누이 김구 씨와 상봉하여 직접 지도를 받던 자인 것.
3. 당일은 인사차 김구 씨를 만나러 갔다가 언론쟁투(言論爭鬪, 말다툼)가 되어 격분한 결과 순간적으로 살의(殺意, 죽이려는 생각)를 발생한 것.

그 외 상황은 아직 문초중이므로 상세한 것은 추후 발표 예정.[19]

이 발표문은 국민들에게 대단한 충격을 주었다. 범인이 한독당원으로 김구 측근자라는 데 아연실색했다.

이어 채병덕 육군참모총장이 담화문을 발표했다.

지난 26일, 김구 선생이 불의의 흉변을 당하게 된 것은 천만 이외의 가장 놀라운 사실이다. 일생 조국 광복을 위하여 분투하신 선생께서 조국의 완전한 통일을 보지 못한 채로 동족의 손에 해를 입으신 데 대하여는 실로 통탄을 금치 못하며 흉변에 대하여 한없는 애도의 뜻을 표하는 바이다. 더욱이 범인이 군복을 입은 자였다는 점에 크게 유감을 생각하는 바이며, 방금 헌병사령부에서 엄중 문초중이므로 범행 진상이 불원 판명될 것이라 법에 의하여 엄중 처단할 것이다. … 이번 범행의 동기가 확실히 개인적 행동이었고, 결코 군과는 아무 관련이 없다는 것을 거듭 말하며, 군으로서는 이번 사건을 거울삼아 일층 부하를 단속하여 앞으로 군인이 이러한 탈선적 행위를 하는 자가 없도록 하겠다. 군은 오직 국가와 민족을 위하여 충성으로써 국방의 만전을 기하며, 악질 공산도배들을 하루바삐 완전히 소탕하여 남북이 격리되지 않는 완전한 국토 위에 대한민국의 빛나는 기초를 세우는 데 전력을 다할 뿐이다.[20]

안두희의 한독당 입당

안두희 수사 결과는 국방부나 육군본부 정보과 또는 헌병사령부 이름으로 발표됐다. 사흘 후 국방부는 후속 발표문을 내놓았다.

김구 옹 저격범 안두희가 한독당 비밀당원이라는 점에 있어 동 저격

사건은 아연 주목을 끌었고, 저격 다음날인 27일 피검된 김학규(金學圭) 씨는 이를 부인하여 일반은 의아하고 있던 바, 범인 안(安)은 틀림없는 한독당 비밀당원이라는 것이 그가 소지하고 있는 당원증과 기타 증거품 등으로 판명되었다 한다.

이에 대하여 헌병사령부에서는 다음과 같이 발표하였다.

한독당 위원장 김구 씨를 살해한 안두희가 한독당 비밀당원이라는 점에 있어서 살해 다음날인 27일 한독당 조사부장 김학규 씨는 안두희가 비밀당원이 아니라고 부인하는 담화를 발표하여 안두희의 소속과 배후 등에 대하여 일반은 의아한 듯하나 30일, 안두희가 소지하고 있던 한독당 비밀당원증(대한민국 31년 4월 14일 발행)으로 그가 동당 비밀당원이라는 것이 명확히 되었으며, 김구 씨로부터 받은 직필(直筆, 직접 쓴 글씨) 두 점과 김구 씨에게 보낸 105밀리 탄각(彈殼, 탄피) 두 개 등의 증거품 등으로 김구 씨와 늘 만난 것으로 판명되었다.[21]

한독당에 안두희를 입당하도록 주선한 사람은 홍종만이다. 그는 평북 의주 출신으로 사건 당시 한독당 중구 집행위원이었다. 홍종만은 1948년 2월 1일 독립운동가 문학빈을 통해 한독당 조직부장 김학규에게 소개되어 한독당에 입당했다. 이후 홍종만은 한독당 열성 당원으로 열심히 활동하여 두루 신임을 받았다. 그러자 그는 특히 김학규에게 은밀히 접근하여 수시로 종로 단골주점에서 향응을 베풀었다. 그런 다음 홍종만은 1949년 3월, 갓 임관한 포병 소위 안두희를 김학규에게 소개했다.

"부당(부장)님, 안 소위는 저와 동향으로 지금 포병사령부에 근무하고 있습네다. 어레서부터 백범 선생을 숭배한 청년 장교로 장차 한독당에 크게 이바디(이바지)할 인물입네다."

"하지만 홍 동지, 군인은 현행법으로 정당에 가입시킬 수 없습니다."

김학규는 당시 정당법을 들어 안두희의 한독당 입당을 거부했다.

"기래서 부당님에게 은밀히 부탁드리는 겝니다. 우리 당에도 이런 훌륭(훌륭)하고 믿을 만한 군인이 이시야(있어야) 장차 군 안에서두 크게 영향을 끼틸(끼칠) 것 아닙네까?"

김학규 조직부장은 홍종만의 간청에 불법인 줄 알면서도 1949년 4월 14일 안두희를 한독당원으로 받아들였다. 결국 김학규는 홍종만이 쳐놓은 덫에 걸려들었다. 일단 안두희가 한독당에 가입하자 곧이어 김학규에게 한독당 당원증 발급을 부탁했다.

"군내 동지를 포섭할래문 당원증이 이시야 합니다. 그게 없으니까 동로(동료)들이 믿을라구 하디 않습네다."

김학규는 그들을 믿고 한독당 당원증을 교부했다. 한 번 원칙을 허물면 계속 허물어지기 마련이었다. 그 뒤 안두희는 홍종만을 통해 당원증에 '비(秘)'자를 찍어 달라고 요구했다. 이는 안두희가 동지를 포섭하는 데 더 권위를 세울 수 있다고 하여, 김학규는 별다른 생각 없이 당원증에 '秘' 자 사무용 도장을 찍어 주었다. 이는 한독당 조직부장으로서 돌이킬 수 없는 큰 잘못을 저지른 것이다.

한독당에 입당한 뒤 안두희는 김학규의 안내로 경교장에서 김구를 몇 차례 만났다. 한번은 탄피로 만든 꽃병 두 개를 선물로 김구에게 드리며 환심을 샀다. 어느 날 안두희는 김구에게 친필 휘호를 부탁하여 두 점을 받아가기도 했다. 안두희는 김구의 신임을 받는 한독당원으로 증거를 완벽하게 갖췄다.

안두희는 헌병대로 끌려간 6월 26일, 27일에도 본격적인 취조는 받지 않고 계속 한가하게 상처 치료만 받았다. 안두희가 헌병대에서 육군 정보국으로 이송되자 곧 김창룡 육군 정보국 조사과장이 찾아왔다. 김 조사과장이 안두희를 대하는 태도는 취조관과 피의자의 입장이 아니었다. 두 사람은 화기애애한 분위기 속에 함께 커피를 마시는 동지로 서로 경어를 썼다. 안두희는 이곳에서 특별대우를 받았다. 이처럼 안두희가 육군 정보국에서 환대받으며 신문이 제대로 이루어지지 않았는데도 당국의 사건 수사발표는 큰 진전이 있는 양 헌병사령부와 국방부가 한입처럼 발표했다.

싸늘한 민심

김구의 피격사건은 국민들에게 큰 충격을 주었다. 매일 '남북통일' 등의 혈서가 경교장에 답지했고, 문상객들이 연일 줄을 이었다. 문상객은 신당동이나 해방촌에서 온 거지, 노점 행상인, 스님, 목사 등 각계 각층 사람들로 경교장 빈소를 메웠다.

대부분 국민들은 정부나 군 당국 발표에 코웃음을 쳤다. 이에 이범석 국무총리가 "일반 국민은 억측과 요언(妖言, 민심을 혼란케 하는 말)을 엄금하기 바란다"라는 성명을 발표하였고, 7월 1일에는 전봉덕 헌병사령관과 김태선 서울시경국장의 공동 명의로 포고문을 발표하였다.

대한민국의 주권이 만방에 선포된 이래, 우호 제국(友好諸國, 우방 여러 나라)의 협조와 민주정책의 발전으로 조국을 파괴하려는 공산주의 멸족(滅族) 노선은 최근 다각적으로 노골화하여 감으로 국가 장래와 민족의 행복을 위하여 정당 비판과 애국정신의 앙양·단결을 촉구하고자 군경 당국의 소신을 널리 포고하노라.

미군 철퇴를 계기로 국토방위에 총궐기하는 애국동포 여러분, 38선 일대와 남한 각지에 북한 공산 매국정권의 무장반란의 치열, 반동 남로당 국회의원의 체포, 김구 선생의 급서 등으로 국내는 비상정세에 처하여 있다. …

친애하는 동포 여러분! 국가와 민족을 지키는 군경이 건재함에 신뢰하고, 항간에 유포되는 조언비어(造言蜚語, 아무 근거도 없이 널리 퍼진 소문)와 사실을 왜곡하여 정치적 야욕으로 모략 선동함에 부화뇌동, 경거망동을 말며, 생업에 일층 전력을 다하고 군경에 절대적 협조를 바라노라.[22]

이들은 국민에게 군경을 믿으라고 포고문을 발표했지만 민심은 계속 싸늘했다. 그런 가운데 안두희는 김창룡의 특별 배려로 육군 정보국 감방에서 지냈다. 김창룡은 안두희를 위해 숙직실을 개조하여 특별감방을 만들었다. 안두희는 이 감방에서 좋은 식사는 물론, 목욕도 자주 할 수 있었다. 안두희는 마음대로 신문도 볼 수 있었고, 담배도 피울 수 있었다. 안두희가 이 감방에 있는 동안 가족은 물론 포병사령부 동료 장교도 면회하였으며, 암살배후 인물인 김지웅은 돈까지 주고 갔다. 이러한 특별 대접은 안두희조차도 과분하다고 『시역의 고민』에서 밝혔다.

밤늦게 대장이 찾아와서 앞으로 군법회의에 임할 여러 가지 필요한 지식을 이야기하며 10분 남짓 격려와 위로를 베풀어 주고 갔다. 참으로 인정이 고맙다. 대장이 돌아간 뒤 R하사가 싱글벙글 웃으며 과일한 소반을 내려놓는다. 대장께서 대간첩사건을 적발한 공로로 한턱 쓰는 것인데 특히 이 간첩사건의 적발에 안두희의 간접적인 공이 크다 하여 특별히 내린 상의 과일이라는 것이다. 공이란 무슨 내용인지는 모르겠으나 아닌 게 아니라 감시병 두 사람의 몫이 내 한 사람의 몫보다 적은 사실로 보아 특별한 뜻이 있음이 분명한 것 같다.

입창 이래 죄인으로써 과분하다고 느껴 본 적이 한두 차례가 아니었지만 오늘 같은 우대는 참말로 황송스러운 일이다. 감시병 두 명과 더불어 세 사람 몫을 합쳐 놓고 웃음판이 벌어졌는데 R대위가 나타났다. 갑자기 좌석을 정돈하느라고 당황하는 양을 보고 도리어 R대위는 자기도 한몫 끼워 달라는 듯이 호주머니에서 과자와 사과를 끄집어내면서 웃는다.[23]

이 대통령의 특별성명
1949년 7월 1일 이승만 대통령은 특별성명을 발표한다.

김구 씨의 살해가 순전히 어떠한 행동노선이 조국을 위하여 가장 유리할 것인가에 관한 당내 의견 차이에서 비롯되었다고 본다. 아직 한독당 내의 의견 대립이 외부에 알려진 일이 없는데, 백범 추종자가 그 의견 차이의 논쟁을 결말짓고자 취한 격렬한 수단이 결국 비극을 초래하였다고 말할 수 있을 것이다.[24]

이는 김구 암살을 한독당 내분의 결과로 보는 대통령의 특별성명으로 이후 범인 안두희의 수사 방향 및 재판 과정에 지침서와 같은 역할을 했다. 1949년 7월 20일 육군 정훈감실 보도과에서 이 사건의 최종 수사결과인 '김구 씨 저격사건 전모'를 발표하였다. 그 요지는 다음과 같다.

안두희는 한독당에 입당한 뒤 여섯 번이나 김구를 직접 만나 지도를 받아 오다 점차 한독당과 김구의 사상 및 정치노선에 회의심을 품게 되었다. 특히 한독당의 세포 조직의 의도는 대한민국 정부를 전복하려는 것이었으며, 소련의 주장에 따라 미군의 완전철수를 추진시키는 데 주력하고 있어 그 음모의 위험성이 대한민국 정부에 점차 절박해 옴을 느꼈다. 이에 안두희는 탈당하려 했으나 탈당 후 테러 위험성을 우려, 끝내 김구를 살해했다는 것이다.

군 당국은 안두희를 헌병사령부와 육군 정보대에서 엄중 문초한 결과 범인의 진술과 그밖에 여러 가지 증거에 의해 한독당의 정치노선과 비밀당원에 대한 지시내용이 드러난 바, 한독당 정치노선의 골자는 다음과 같다.

  1) 5·10선거에 의한 대한민국 정부수립 부인

  2) 평화적 통일의 이름 아래 공산당과 제휴를 기도하고 북로당원을 한독당 주요 간부에 포섭

  3) 남북정치협상에 의한 연립정부 수립 기도

  4) 미군 철수를 주장하고, 철수 후 군사고문단 설치 반대

  5) 미국의 대한 경제원조 반대

  6) 북한정책 찬양

  7) 독립투사 등 혁명가에 대한 정부의 박대를 공격

  8) 남한의 쿠데타 발생 예언 등을 들었다.

또 한독당 비밀당원의 진로에 대한 지시 내용은

  첫째 당생활은 비밀제일주의로 하라.

  둘째 세포 조직에 있어서는 정신적으로 결합하라.

  셋째 횡적 조직을 피하고 종직인 조직과 연락망을 취하라.

넷째 일단 당의 지령이 있으면 통일적으로 움직일 수 있게 조직하라.

다섯째 만일 당적을 이탈하면 생명이 위험하다.

이상 5개항 등을 군 당국은 발표했다.[25]

'배후 없는 단독범행'

군 당국의 수사발표에 한독당 인사와 김구 측근들의 분노는 하늘을 찔렀다. 하지만 김구가 쓰러진 한독당은 장수를 잃은 졸개처럼 나약했다. 그들은 하늘을 향해 주먹을 휘두르고 땅을 쳐도 아무 소용이 없었다.

김창룡은 계속 안두희를 극진하게 보호했다. 안두희의 취조는 형식적이고 정치적일 수밖에 없었다. 김창룡은 안두희 취조관으로 노엽 대위와 이진용 중위를 배정했다. 이들은 피의자 안두희에게 '안 소위님'이란 경어를 쓰면서 취조 도중 담배를 권하며 "하기 싫은 말은 안 해도 된다"라는 묵비권까지 가르쳐 주기도 했다.

이곳에서 안두희는 자신의 배후로 홍종만·김지웅·장은산 등을 거명했다. 하지만 취조관들이 그 윗선을 차단하고 안두희 단독범으로 유도하며 사건을 의도적으로 축소 은폐했다.

수감 일 개월여 취조 담당의 인연으로 R 대위, R 중위 두 사람과 나 사이는 흉금을 헤치는 벗이 되어 버렸다. 감정이 통할 뿐만 아니라 생활환경도 비슷한 점이 많이 발견되었다. R 중위는 이번 나의 형을 무기징역 정도 예언하면서, 복역중 후견인이 되어 주마 하며, 만약 사형이 되면 "후일 저승에서 다시 만나자"는 농담 아닌 웃음을 웃는 것이었다. 참으로 고맙다. 나는 감격의 눈물을 금치 못했다.

밤이 깊었는데 "안 소위 자는가?" 하며 R 중위가 또 왔다. 들고 온 종잇조각을 내민다. '애국자 안두희를 석방하라' '안두희 만세!' '무죄 석방 만세!'라고 쓴 아직도 풀이 마르지 않은 벽보였다.

"감상이 어때?"

R 중위는 웃는 얼굴을 하면서도 약간 긴장한 태도로 이 벽보사건을 이야기한다. 지금 막 정보원들이 뜯어 가지고 온 것인데 아직 누구의 소행인지는 알 수 없으나 통행금지 시간 직전을 틈타서 법원 부근인 정동 골목 덕수궁 담벼락과 광화문 뒷거리 일대에 붙인 것으로서 문면은 이 이외에도 무슨 애국청년동지회니 무슨 구락부니 하는 명의로, 안두희는 애국자이니 무죄 석방해야 된다는 장문의 성명서도 있다고 한다. 이에 대한 조치 명령을 기다리는 중이라고 하면서 R 중위는 곧 돌아갔다. 신통치 않은 장난이기는 하나 지난날 동지들의 우정이라고 생각하니 그 변함없는 우의가 고맙다.[26]

수감생활중 안두희와 취조관들은 호제호형하는 친구나 동지관계나 다름이 없었다. 육군 정보국의 안두희에 대한 수사결과는 '배후가 없는 단독범행'으로 마무리되었다.

1949년 7월 25일 육군 정보국 정보처 특별조사과 노엽과 이진용 수사관은 "단독범행이라 할지라도 살인죄는 면할 수 없다"는 의견서를 달아 이 사건을 육군 법무감실 검찰과에 송치했다. 사건의 중대성에 비추어 검찰과장 홍영기 소령이 직접 이 사건을 맡았다. 홍영기는 안두희를 살인 및 정치관여 혐의로 기소한 뒤 육군참모총장 채병덕의 호출을 받았다.

"홍 소령, 안두희에게 얼마나 구형할 생각인가?"

"글쎄요. 아직 구체적으로 생각해 보지 않았지만 살인자는 마땅히 사형을 받아야겠지요."

홍영기는 소신껏 대답했다.

"홍 소령, 사형은 너무 심해. 내 생각으로는 징역 10년만 구형하는 게 좋겠어."

"안 됩니다. 살인자는 사형이라는 게 우리나라에서는 불문율인데 하물며 현역군인이 전투에 쓰는 무기를 남용하여 애국자를 살해했습니다. 그런 범인에게 구형 10년이라면 국민들이 납득하지 않을 겁니다."

"그건 귀관 생각이야. 내 생각에는 10년이면 적당해. 검찰관은 총참모장의 지휘를 받는 거야!"

홍영기는 이런 고위층의 직접적인 압력뿐 아니라 정체불명의 애국청년이라는 사람들의 협박도 잇따라 받았다. 법무감실 검찰과장의 관사에까지 "애국자 안두희를 학대하는 자는 반역자다"라는 협박 삐라가 뿌려지기도 했다.

1949년 8월 3일, 안두희가 육군중앙고등군법회의 법정에 섰다. 이날 군법회의 법정은 서소문동 대법원의 대법정으로 재판장 원용덕[27] 준장, 검찰관 홍영기 소령, 변호인 김종만 소령 등이 맡았다. 법정 주변에는 헌병과 경찰이 경비를 담당하고 있었지만 법원 근처 담과 전신주에는 "대한민국의 초석이며 애국자인 안두희를 석방하라"는 삐라가 곳곳에 붙어 있었다. 연일 방청객으로 붐비는 대법정 언저리에 당국은 만일의 사태에 대비하여 기마경찰대를 배치하고 기관총까지 설치했다.

4회에 걸친 안두희에 대한 공판은 속결로 진행됐다.

안두희 공판기 초(抄)

다음은 1949년 8월 3일부터 1949년 8월 6일까지 대법원 대법정에서 열린 중앙고등군법회의의 살인범 안두희의 공판기 가운데 일부를 뽑은 것이다.

기소문 요지

1. 육군 소위 안두희는 국방경비법 제43조 위반으로 단기 4282(1949)년 3월 중순경 한국독립당에 입당하였다.

2. 육군 소위 안두희는 단기 4282(1949)년 6월 26일 경교장에서 혁명투사 김구 선생을 권총으로 불법 살해하였음. 즉 6월 26일 피고가 김구 선생을 방문하기 전 경교장 곁에 있는 다방 자연장에서 약 20분간 두뇌를 정리하였다. 그리고 전부터 마음에 품고 있었던 한독당과 김구 선생의 반정부적인 노선에 대하여 김구 선생의 본심을 타진하고 피고의 거취를 결정할 목적으로 김구 선생을 만났다. 피고는 김구 선생을 향하여 공산주의 이적행위에 가담하지 말고 본심으로 돌아가서 간신배들의 말을 듣지 말라고 권하자 선생은 "네가 내게 반동하느냐, 나에게 반동하면 국가 민족에 대한 반동이다"라고 노하기에 그 순간 정신이 혼란하고 흥분하여, 김구 선생이 있음으로써 대한민국에 지장을 주며 그것이 곧 민주정부 육성에 걸림돌이 된다고 하고 여순사건[28], 강·표 소령 월북사건[29], 장덕수[30]사건, 공산당과의 합작 등을 생각하고 미제 권총으로 약 1미터 거리에서 제1탄을 발사하고 계속해 2, 3, 4탄을 쏘았다.

[제1일 공판]
판사 : 한독당 입당 동기는?

안두희 : 홍종만의 열렬한 권고와 묘한 방책에 이끌려 입당하게 되었다. 한독당을 위해서가 아니라 김구 선생을 친히 모실 수 있는 가장 가까운 방법으로 생각하고 입당했다.

검사 : 군인으로서 가장 중요한 것이 무엇인가?

안두희 : 국가의 방해물을 타도하는 것이다.

검사 : 그것 말고 중한 것이 있지?

안두희 : 상관의 명령에 절대 복종하는 것이다.

검사 : 그래, 명령에는 복종했나?

안두희 : ….

[제2일 공판] 주로 증인들에 관한 심문(생략)

[제3일 공판]

변호인 : 살해 경위를 상세히 말하라.

안두희 : 그날 아침 조반을 먹고 예사로이 포병대에 나가려고 동화백화점 앞까지 와서 자동차를 타려다 문득 어제밤에 아내가 낙태한 것을 생각하고 돈을 주려고 다시 집으로 돌아갔다. 집에서 나오며 비로소 그날이 공일인 줄 알고 영천 친구네 집에 놀러 가려던 마음으로 자동차를 집어탔다. 자동차가 대한문을 거쳐 이화여중 앞을 지나 서대문로터리에 다다랐을 때 갑자기 경교장 주석을 만나겠다는 충동이 일어나 그만 차에서 내려 자연장다방으로 발걸음을 옮겼다. 차를 마시다가 가정적인 것, 정치적인 것을 생각하며 번민했다. 오늘은 꼭 선생님을 만나 최후의 본심을 알아야겠다는 결심을 하고 30분 후 자연장다방을 나왔다. … 선우진 비서의 안내로 2층 계단을 디딜 때 마침 내

가 가장 싫어하는 〈해방된 역마차〉라는 노래가 라디오에서 들렸다. 내가 선생 앞에 나가 거수하자 선생은 2미터 앞에 있는 의자에 앉으라고 권했다. 그때 선생은 매우 불편한 기색이 역력했다. 선생은 38선 사태 및 포병의 편성 상태는 어떠냐고 묻기에 흐지부지 대답한 후에 나는 선생에게 일부러 꾸며 거짓말을 하여 본심을 알아보려 하였다. … "지금 이때가 바로 선생님이 개심할 때입니다. 지금도 늦지 않으니 본심으로 돌아가서 회개하십시오!"라고 말하였다. 그랬더니 선생은 크게 노하시며 "에이 고약한 놈, 나에게 반동하는 놈은 국가와 민족의 반역이다" 하고 말하였다. 나는 이 순간 틀림없이 선생을 국가의 반동이라고 생각했다. 국가를 위하여 선생을 죽이는 것이 좋겠다고 나는 단정했다. 국가 장래를 위하여 선생을 죽이고 나도 죽겠다고 결심했다. 나는 선생에게 여순사건, 강·표 소령 월북사건, 장덕수사건 등을 반박하며 고조로 흥분하여 나도 모르게 의자에서 몸을 반쯤 일으키고 권총을 꺼내어 눈을 감고 제1탄을 발사했다. …

[제4일 공판]
안두희는 최후진술에서 "빨리 사형을 내려 달라. 만일 사형을 나에게 내리지 않고 미온적인 형벌이 있다면 나는 내 자신이 목숨을 끊어 버리겠다"는 등, 눈물을 흘리는 연기도 연출하였다.
안두희 변호인단은 "피고인의 범행 목적과 동기는 정당하다. 국가가 중요한가, 법이 중요한가? 피고인의 행위는 대한민국에서 표창할 일이다. 또 피고인은 의식적으로 범행을 하지 않았고 자수까지 했으니 처벌하더라도 2년 집행유예 정도가 적당하다"고 변호했다.
하지만 검찰관 홍영기 소령은 여러 외압에도 소신을 굽히지 않고 안두희 피고에게 국방경비법 제43조(정치관여)와 제48조(살인)를 적용하여 총살형을 구형하자 법정이 소란해졌다. 잠시 후 원용덕 재판장의 판결이 내렸다.

"피고 안두희에게 종신형을 판결한다."[31]

잔형집행 정지처분

안두희는 복역 3개월만인 1949년 11월, 채병덕 육군참모총장의 상신으로 신성모 국방장관은 종신형에서 징역 15년으로 감형조치를 내렸다. 그 이듬해인 1950년 6월 25일 한국전쟁이 터지자 이틀 뒤인 6월 27일 대전 육군형무소에 육군 정보국 김창룡 소령이 찾아왔다. 김창룡은 육군형무소장에게 국방부장관의 안두희 잔형집행 정지처분 명령서를 전했다. 이날 안두희가 석방되자 즉시 김창룡은 부산으로 데려가 육군 정보국 문관으로 채용했다.

이어 그해 7월 10일 국무총리서리 겸 국방장관 신성모는 국방부 특명 제4호에 의거하여 안두희를 육군 소위로 복직시켰다. 한국전쟁의 소용돌이 속에 안두희에 대한 특혜조치는 몇 사람 외에는 아무도 몰랐다.

안두희는 그해 9월 15일에 육군 중위로 진급됐고, 1952년 2월 15일에는 육군중앙고등군법회의 명령 제56호로 형이 면제되었다. 그 무렵 국민방위군사건으로 신성모 국방부장관이 물러나고 이기붕이 발탁되었다. 그는 여론이 좋지 않다고 판단한 뒤 이 대통령에게 건의하여 그해 12월 25일, 안두희를 국방부 특명 제229호로 예편과 동시에 1계급 특진시켜 육군 소령으로 군복을 벗게 했다.

안두희는 예편한 뒤에도 헌병사령부 문관으로 매월 봉급과 지프까지 제공받았고, 권력의 실세 김창룡 육군특무대장과도 자주 접촉했다. 이후 안두희는 권력 실세의 비호로 강원도 양구에다 군납공장을 차려 강원도에서 두 번째로 세금을 많이 낼 정도였다.

  그 무렵 안두희는 자유당 고위층들과 폭넓게 교유했다. 그는 사단장, 군단장 관사를 무시로 출입할 만큼 권력 실세였다. 그 시절 안두희를 찾던 고관으로 이상철[32]·인태식[33]·김진만[34]·이재학[35] 등 당대를 주름잡았던 쟁쟁한 인사들이었다. 하지만 1960년 4·19혁명으로 무소불위의 이승만 자유당 정권이 하루아침에 몰락하자 하늘 높은 줄 모르게 기세등등하던 안두희도 그때부터는 쫓기는 신세로 숨어 다니기에 바빴다.

아내 최준례와 큰아들 인과 함께 임정 시절 중국 상하이에서.
사진제공 백범기념관.

3. 각본대로 진술하다

> A confidential report from the Seoul police chief on June 27th stated that Second Lieutenant An Doo Hi killed Kim in the reception room of Kim's residence after a twenty-minute conversely over politics. The report identified An as a secret member of the Korea Independence Party, Kim's own group.
>
> 6월 27일 서울경찰청장의 기밀보고서에 따르면, 육군 소위 안두희는 김구의 자택 접견실에서 김구와 정치문제에 관하여 약 20여 분간에 걸친 논쟁 후 김구를 살해했다. 또한 그 기밀보고서는 안두희를 김구가 이끌던 한독당의 비밀당원이라고 밝혔다.
> - 미육군 정보문서(Army Intelligence Documents) 1949년 7월 11일자 전문 427호 (문서번호 895.00/7-1149)

4·19혁명

대한민국 건국 이후 이승만 정권은 온갖 무리수로 정권 연장을 꾀하다가 마침내 1960년 4·19혁명으로 하루아침에 무너졌다. 그러자 이승만 정권 아래서 자행된 각종 의혹사건의 진상규명운동이 봇물처럼 터졌다. 그 가운데 백범 암살 진상규명운동은 가장 큰 이슈로 마침내 수면 위로 떠올랐다.

4·19 이후 곧 백범살해진상규명투쟁위원회가 설립되어 종로2가 영보빌딩에서 활발하게 움직였다. 각 언론사에서도 앞다투어 백범 암살 진상을 파헤쳤다. 1960년 5월 24일, 고정훈[36] 씨가 깜짝 놀랄 사실을 폭로했다.

김구 씨 살해사건은 임병직 외무장관과 신성모 국방장관의 흉계로서 이들은 당시의 포병사령관인 장은산 중령에게 살해할 것을 시켰으며, 장은산 중령은 문봉제[37]의 부하이던 안두희로 하여금 살해케 했다. 이후 장은산 중령은 6·25사변 때 밀항하다가 체포되어 사형집행을 기다

리던 중 옥사했다.[38]

　고정훈 씨의 폭로가 있은 다음날 신성모가 뇌일혈로 쓰러져 이대부속병원에 입원한 지 나흘 만에 사망했다. 그 며칠 후 이승만 전 대통령도 하와이로 비밀리에 망명했다.

　김구 암살배후가 잇따른 폭로로 점차 드러나기 시작했다. 언론은 안두희에게 김구 암살을 지령한 바로 윗선으로 장은산을 지목했다.

　장은산은 만주군관학교 출신으로 군사영어학교를 졸업한 뒤 건군 초기에는 육군 소령으로 초대 육군 포병단장이 되었다. 1948년 12월에 장은산은 신설된 육군 포병사령부의 초대사령관으로 부임했다. 그는 1949년 4월 1일, 경기도 광주사격장에서 이승만 대통령이 임석한 가운데 포병사격훈련을 실시했다. 이 훈련이 성과가 좋았다고 하여 포병사령부는 그해 4월 30일 건군 후 대통령 부대표창을 제1호로 받았다. 이후 장은산은 이 대통령을 비롯한 군 고위층의 신임을 한껏 받았다. 이 무렵 장은산은 안두희에게 암살을 직접 지령했다.

　군은 김구 암살이 성공하자 곧 장은산 포병사령관을 1949년 7월에 미국 육군 포병학교로 유학을 보냈다. 여기에는 사건의 배후를 차단키 위한 음모가 숨어 있었다. 장은산은 미 포병학교 유학중 한국전쟁 발발 소식을 듣고 육군의 귀국 명령도 없이 돌아왔다. 하지만 그 사이 육군에 독립적인 포병사령부가 없어지고, 각 군단 단위로 포병부대가 배속 개편되었다. 그러자 대한민국 육군에서 '포병의 아버지'라고 불린 그의 자리가 그만 사라져 마땅한 보직을 받지 못했다.

　장은산은 채병덕 육군참모총장과 같은 황해도 출신으로 그의 총애를 받았는데, 채 총장이 한국전쟁중 전사하자 그만 끈 떨어진 연 신세가 되었다. 그런데다 전선이 북한군에 밀리자 그는 일본으로 밀항하려다가 발각되는 등 계속 불운이 이어졌다. 그런 가운데 김창룡이 특무대장으로 천하를 좌지우지하자 그의 눈에 몹시 거슬렸다.

장은산은 술기운이 오르면 "안두희의 진짜 보스는 나다"라는 말을 함부로 내뱉었다. 그 말이 김창룡 특무대장의 귀에 들어갔다. 김창룡은 장은산의 입을 막고자 술에 취해 귀가하는 그를 연행하여 육군형무소 특별감방에 수감했다. 그때 장은산에게 드리운 죄목은 군무이탈죄, 명령도 받지 않고 제멋대로 귀국한 죄, 일본으로 도망가려던 죄 등이었다.

장은산이 육군형무소 특별감방에 수감된 이후 아무도 그를 보지 못했다. 얼마 후 그의 가족들은 장은산이 수감중 자살했다는 사망통지서와 함께 유골이 전해졌다. 그 무렵 군내부에서는 장은산은 자살한 게 아니라 총살되었다는 풍문이 떠돌았다. 주변사람들은 그의 죽음을 그의 가벼운 입놀림 탓으로 돌렸다.

김창룡

언론이 안두희의 배후인물로 집중보도한 또 다른 인물은 김창룡 육군특무대장이었다. 안두희는 그를 만난 뒤부터 마음을 굳혔다고 고백할 정도로 김창룡은 김구 암살사건의 중심 배후인물이었다. 또한 그는 사건 후 안두희를 끝까지 돌봐준 사나이였다.

김창룡은 1920년 함남 영흥 태생이다. 그는 영흥농잠실습학교를 졸업한 뒤 제사공장에서 일하다가 일본인의 눈에 띄어 관동군 헌병대 보조헌병이 되었다. 그 무렵 그는 소만 국경지대에서 암약하던 중국 간첩단을 일망타진하는 데 큰 공로를 세워 헌병 오장으로 특진할 수 있었다. 해방 후 그는 전력이 드러나 북한에 진주한 소련군에게 체포되었다. 그는 원산으로 압송 도중 열차에서 뛰어내린 다음 목숨을 부지하고자 월남했다.

김창룡은 월남 후 박기병 소위의 주선으로 국방경비대 제5연대에 입대했다. 그는 곧 제3연대로 전출한 뒤 주특기인 정보업무를 담당했다. 이후 1947년 경비사관학교에 3기생으로 입교하여 장교로 임관한 뒤 육군 정보부대 창설에 앞장섰다. 이때부터 김창룡은 철저한 반공주의자로 좌익세력 척결에 선봉장으로 군 내부의 숙군을 주도하여 이 대통령의 절대 신임을 받았다.

그 무렵 김창룡은 안두희를 여러 차례 접촉하여 김구를 살해하도록 사주한 인물로 알려졌다. 김구 암살 이후 김창룡은 이승만 대통령의 더욱 신임을 받아 육군 정보국 특별조사과장에서 일약 신설된 육군 방첩대(CIC, 후 특무대로 개칭) 대장으로 취임했다. 김창룡은 1949년에는 소령, 1951년에는 특무대장, 1953년에는 준장, 1955년에는 소장으로 초고속 진급을 하며 군내 최고실력자로 떠올랐다. 하지만 하늘 높은 줄 모르게 치솟던 그도 1956년 11월 서울 청파동에서 허태영 대령의 하수인에게 저격당해 36세로 저세상 사람이 되었다.

언론들은 이밖에도 김구 살해사건의 배후인물로 원용덕·문봉제·김지웅·홍종만 등을 등장시켰고, 김성주(金聖柱)가 살해된 원인도 그가 김구 암살의 진상을 알고 있었기 때문이라고 보도했다.

김성주는 김구 암살 당시 서북청년단 부단장으로 사건 후 안두희가 수감돼 있을 때 "애국자 안두희를 석방하라"는 시위를 벌인 인물이다. 그는 자기 수하 두 사람을 김구 암살 행동대원으로 추천까지 한 인물로 사건의 전모를 알고 있었다. 그는 이후 국가변란을 기도했다는 죄명으로 구금되어 고문 끝에 죽었다고 한다.

김성주는 주위 사람들에게 "헌병들이 나를 미행하는데 정히 그러면 김구 암살의 진상을 폭로하겠다"는 말을 이따금 했다. 그래서 주변사람들은 그도 장은산 포병사령관처럼 입이 가벼운 탓으로 자기 목숨을 단축시켰다고 입방아를 찧었다.

세상이 바뀌자 연일 제보자가 각 언론기관에 잇달아 찾아왔다. 사건 당시의 포병 하사 신복철 씨는 그때의 목격담을 증언했다.

김구 살해 현장책임자는 김지웅이며, 행동대원 오병순 등 6명을 지휘한 사람은 당시 포병사령부 정보처장 김천근 중위였다. 이들은 안두희가 범행 후 체포되자 이들 행동대원은 즉시 해산했다. 김천근 중위는 사건 전에 '김구는 빨갱이다'라는 내용의 삐라 160장을 정보처 유서철 하사에게 뿌리게 한 일도 있었다."[39]

4·19혁명 이후 검찰은 김구 암살사건에 많은 제보자의 증언을 수집할 수 있었지만 이러한 제보만으로 사건의 핵심을 파악하기가 어려웠다. 그것은 사건 자체가 이미 10여 년 전의 일인데다가 사건 관련혐의를 받고 있는 신성모·채병덕·신태영·김창룡·장은산·김성주 등은 이미 사망했고, 사건의 열쇠를 쥐고 있는 안두희·홍종만·김지웅·오병순·한국상[40] 등의 핵심 관련자는 행방을 알 수가 없었기 때문이다.

이렇게 검찰 수사가 큰 진전을 보지 못하자 백범살해진상규명투쟁위원회 김용희 간사가 안두희를 잡는 데 직접 발 벗고 나섰다. 이 두 사람은 일제강점기 때에 중국 서주에서 광복군 지하공작원(김용희)과 냉면집 주인(안두희)으로 만난 구연이 있었다. 그래서 김용희는 오래전부터 안두희의

3. 각본대로 진술하다

얼굴을 잘 알고 있었다.

　김용희 간사는 1961년 4월 19일, 안두희가 어린 아들과 함께 종로2가에 모종을 사러 나온 것을 확인하고 거기서부터 신설동까지 지프차와 택시로 쫓기고 쫓는 추격전을 벌였다. 마침내 김용희 간사는 동묘 앞에서 안두희를 붙잡아 사건의 전말을 녹취했다.

김용희의 녹취록

다음은 김용희가 안두희로부터 녹취한 기록을 요약 발췌한 것이다.[41]

김용희(이하 '김') : 당일 선우 비서의 안내로 2층 거실에 올라간 뒤 선우 비서가 백범 선생님께 "안 소위 인사차 왔습니다"라고 소개하고 아래층으로 내려간 뒤부터 말해 보아라.

안두희(이하 '안') : 나는 선우 비서가 내려간 것을 확인한 다음 백범 선생님 앞으로 다가가 "이 안 소위, 선생님을 다시 뵙지 못할 것 같습니다"라고 말했다. 그러자 백범 선생이 "왜 어디 외국에라도 가는가?" 하고 물었다.

김 : 그때 선생님은 무엇을 하고 계셨는가?

안 : 창가 책상에서 붓글씨를 쓰고 계시며 나를 보지 않고 내 말을 듣기만 하셨다.

김 : 그 다음은?

안 : "북괴군이 서부전선에 침투해 왔는데 오늘 저녁에 국사봉전투에 차출명령을 받아 전투에 참가하게 되었습니다"라고 답했다. 그러자 백범 선생이 "요즘 그놈들이 왜 자주 집적거리는지…. 같은 형제끼리 피를 보려고 하는지…" 하고 혼잣말처럼 말씀하시며 계속 글씨를 쓰

셨다. 그래서 내가 "제가 먹을 갈아 드릴까요?" 하고 말씀드리자 백범 선생은 "갈아 놓은 먹물이 많아"라고 말씀하셨다.

김 : 그래서?

안 : 허리에 찼던 권총을 뽑아 들고 슬금슬금 백범 선생 곁으로 다가 가며 "무엇을 그리 많이 쓰십니까?"라고 말한 뒤 약 일 미터 가까이 접근하여 선생님 옆머리를 겨냥하고 방아쇠를 당겨 첫 발을 쏘았다. 그러자 선생님이 순간적으로 두 손을 번쩍 들며 의자에서 벌떡 일어나 나에게 달려들기에 엉겁결에 세 방을 정신없이 쏘았다.

김 : 그 다음은?

안 : 권총 네 방을 맞은 뒤 선생이 그제야 폭 구부려 쓰러진 것을 보면서 문을 열고 아래층 계단으로 내려오면서 모자와 어깨의 계급장을 떼어 던지며 "내가 선생을 죽였다"라고 외쳤다. 그때 보니 현관에서 순경 둘이 나에게 총을 겨누고 있었다. 비서들이 2층으로 뛰어올라갔다가 내려오더니 나를 붙잡고 닥치는 대로 때리는데 그때 갑자기 군복 청년들이 현관으로 들어오면서 "군인을 왜 때려!"라고 하면서 나를 구출하여 차에 실었다.

김 : 그 다음은?

안 : 내 얼굴은 피투성이가 되었지만 정신은 말짱했다. 나를 태운 차는 필동 헌병사령부에 멈췄다. 그때 지휘자는 김병삼 헌병 대위였다.

김 : 헌병사령부에 도착한 이후의 일들을 말해 보아라.

안 : 나를 데리고온 군인들이 큰 방 푹신한 소파에다 앉혔다. 그러자 김병삼 대위가 "빨리 의무감 불러와!"라고 고래고래 소리쳤다. 그런 뒤 김 대위는 "경교장을 경비해야 돼!"라고 소리치면서 당직사관에게

빨리빨리 헌병들을 긴급 소집하라고 명령했다. 잠시 후 당직사관이 긴급히 헌병들을 소집했다고 보고하자 김 대위는 그들을 승차시킨 뒤 경교장으로 떠나는 것을 보았다.

김 : 그 다음은?

안 : 나는 의무병과 의무장교의 응급치료를 받고 의무대 침대에 누워 있는데 전봉덕 부사령관이 들어오면서 "안 소위! 큰일했어. 이제 안심하고 조용히 쉬고 있으면 앞으로 일이 잘될 거야. 나 외에는 누가 와서 무엇을 물어도 일체 대답하지 말아야 해. 그리고 여기에 지내며 먹고 싶은 것이나 하고 싶은 것은 다해 줄 테니 말해"라고 하고는 당직사관을 불러 잘 보호하라고 이른 뒤 나갔다.

김 : 그 다음은?

안 : 그 뒤 나는 잠이 들었는데 바깥이 시끄러워 잠에서 깼다. 대령 계급장을 단 헌병사령관이 당직사관과 함께 의무실로 들어온 뒤 "네가 김구 선생을 죽인 범이냐? 소속과 이름은?" 등을 물었다. 네가 사실대로 대답하자 수첩에 적은 뒤 당직사관에게 명령했다. "이 자를 지하 감방에 처넣고 헌병들을 배치하여 외부 침입자나 범인이 스스로 자해할지 모르니 철저히 감시해!"라고 명령하자 나는 곧 지하 감방으로 옮겨진 뒤 수갑을 차고 독방에 유치됐다.

김 : 그 다음은?

안 : 두 시간쯤 지난 뒤 전봉덕 부사령관이 헌병 둘을 데리고 지하 감방으로 와서 나를 부축시켜 다시 1층 침대가 있는 방으로 데려다가 눕힌 뒤 아무 불편 없이 잘 돌보라 지시하고는 떠났다. 곧이어 군의관이 온 뒤 나에게 피를 많이 흘렸다고 하면서 한쪽 팔에는 혈액주사를, 다

른 팔에는 링거주사를 꽂아 주었다. 그렇게 또 몇 시간이 흘렀는데 사령관이 또 당직사관과 헌병을 데리고 방으로 들어와서는 "이 자를 누가 여기다 데려다 놨어"라고 노발대발하면서 당직사관을 추궁했다. 오석만 당직사관이 "부사령관님의 지시였습니다"라고 답했다. 그러자 사령관이 "오 중위, 너 사령관이 높으냐? 부사령관이 높으냐? 응, 대답해 봐!"라고 윽박질렀다. "네, 사령관이 높습니다" "그러면 원위치 시켜! 지하 감방에 가둬 놓고 누구든지 손 못 대게 해. 이건 사령관의 명령이야. 알았지?" 하는 등의 소리와 함께 나는 팔뚝의 주사바늘이 뽑히고 다시 지하 감방으로 내려가 수갑을 차고 꿇어앉았다. (이튿날 전봉덕 부사령관이 사령관으로 승진 전격 교체됐다.)

각본대로 진술하다

김 : 헌병사령부에서 언제 방첩대로 이감되었는가?

안 : 그 이튿날(6월 27일) 이송되었다.

김 : 김창룡은 언제 찾아왔는가?

안 : 이감된 지 한 시간 후에 찾아왔다.

김 : 그때 무슨 말을 하든가?

안 : 노엽 중위와 이진용 소위가 배정되었는데 그들이 물으면 "지금 심신이 매우 피곤하니 며칠 후에 합시다"라 하고 일절 조사에 응하지 말라고 했다.

김 : 방첩대에서 생활은?

안 : 김창룡이 매일 찾아와서 밖에서 일어나는 소식을 전해 주고 감방 생활이 불편하지 않도록 보살펴 주었다.

김 : 김지웅은 언제 찾아왔나?

안 : 입창 후 닷새쯤 지난 뒤 김창룡과 같이 찾아왔다.

김 : 무슨 말을 하든가?

안 : "다른 애들은 다 안전지대로 보내 놓았으니 안심하고 끝까지 혼자 했다고 버티시오. 내일 다시 올 때 모든 답변 자료를 만들어 올 테니 그리 알고 편안한 마음을 갖고 기다리면 만사가 잘 풀리게 되어 있다"라고 말했다. 다음날 김지웅이 약속한 대로 찾아와서 답변 자료를 넘겨 주었다. "잘 읽어 보고 이 시간 이후 조서 받을 때나 공판 받을 때 이대로 답변하면 잘되게 되어 있다"라고 나를 위로했다.

김 : 답변 자료의 내용은?

안 : 한독당과 김구는 이북 공산당과 노선이 같고, 여러 경로를 통하여 내통하고 있으며, 대한민국 정부의 전복을 꾸미고 있다. (내가) 이를 알아내고 김구를 만나 확인하려고 당일 경교장에서 김구와 면담하는 내용으로 기술돼 있었다. 골자는 다음과 같다.

첫째 국회프락치사건[42]

둘째 여순반란사건

셋째 강·표 소령 월북사건

넷째 장덕수 암살사건

다섯째 한독당은 정부를 사사건건 욕하고 선동하며 반대만 한다.

이상의 것들을 백범이 조종하거나 음모하고 있다고 되어 있었다. 이들 사건을 (내가) 따지니까 백범이 의자에서 일어나면서 책과 붓을 나에게 던지며 "나에게 반동하는 자는 민족에게 반동하는 것이다"라고 큰소리로 외치며 흥분하였으므로 나도 같이 흥분하여 "나라를 살리기 위하여 김구 선생을 죽일 수밖에 없었으며 우발적으로 권총을 쏘았다고 진술하라"라고 되어 있었다.

김 : 그 자료대로 조서도 작성되고 공판정에서도 그 내용대로 진술했지?

안 : 그 답변 자료대로 진술했다.

백범 암살 지침

김 : 백범 선생을 살해하고자 언제부터 누구와 논의했나?

안 : 1949년 2월 초에 포병사령부 정보과장 김천근 중위가 나에게 장은산 포병사령관이 나를 부른다고 하여 같이 사령관실에 갔더니 그 자리에 김지웅이 있었다. 장은산이 "안 소위, 이제부터 이 김 선생이 큰일을 할 터인데, 잘 협의해서 꼭 성공하도록 하시오. 오늘부터 안 소위는 군무를 안 봐도 괜찮으니 자유롭게 행동하시오. 그리고 앞으로 무엇이든지 필요하거나 건의할 일이 생기면 이 김 선생을 통하든가, 나에게 말하면 다 돼"라고 하면서 "이 일은 어디까지나 나라를 구하는 큰일이니 모든 일은 실행 계획을 잘 세워 추진하시오" 하는 명령을 내렸다.

김 : 그때 김지웅은 무슨 말을 하였나?

안 : 김지웅은 "이 일은 안 소위가 꼭 해낼 것으로 믿고 왔네. 지금 홍종만이 김학규 장군의 약점을 잘 이용하여 공작은 이미 진행하고 있네. 헌병사령부 2과장 김정채[43] 소령의 지시대로 한독당 침투공작이 작전대로 이루어져 가고 있으니 안 소위가 앞으로 할 임무는, 절대로 믿을 수 있는 청년 7, 8명 정도로 행동대를 조직하여 훈련시키고 조직

관리를 철저히 하여 유사시 그들을 써먹도록 하시오" 하면서 오늘부터 자기와 행동을 같이 하자고 했다.

김 : 그 뒤 무엇을 하였나?

안 : 거의 매일 김지웅·나·홍종만 셋이서 헌병사령부 김정채 과장의 지시를 받은 뒤, 한독당 조직부장 김학규 장군에게 접근하여 1차로 홍종만이 신임을 얻는 데 성공했다. 나도 홍종만을 통해 1949년 4월 중순경 한독당에 입당하는 데 성공했다. 그리고 고향 후배(평북 용천) 아이들 8명을 선정하여 장은산이 주는 권총을 나눠 준 뒤 우이동 여운형[44] 선생 묘 근처에서 사격연습을 시켰다. 그때 인솔은 당시 국방부 제4국 정보과장 김명욱 대위가 했다. 나는 홍종만과 매일 한독당 사무실로 김학규 장군을 만나 신임을 두텁게 했다. 그로써 우리들의 1차 공작 목표는 달성했다. 다음은 백범 선생을 만나는 일인데, 우리들은 김학규 장군을 졸라 1949년 4월 29일 윤봉길 의사 의거기념일에 드디어 김학규 장군 안내로 경교장에 가서 백범 선생을 만나 인사하는 데 성공했다. 그 자리에서 백범 선생님께 말씀 드려 상면 기념으로 글씨 2폭을 받았다. 2차 백범 선생 면담 때는 포탄껍질로 만든 꽃병 두 개를 가지고 가서 백범 선생님에게 드리면서 나를 믿도록 했다.

김 : 그 공작금은 어디서 나왔으며 누가 조달했나?

안 : 김지웅이 마련해 왔으며, 한독당 침투공작비는 헌병사령부 2과장에게서 나왔고, 행동대원 활동비는 국방부 제4국에서 나왔다. 또 김지웅은 우리에게 서울시경 김태선 국장에게서도 (공작금을) 가져온다고 했다.

김 : 채병덕 참모총장에게서도 큰돈이 나왔다고 하는데?

안 : 채병덕 장군에게서 나왔다는 말은 모르는 일이다. 하지만 그 당시 육군본부 작전참모부장이 일주일에 한 번 정도 김지웅·나·홍종만과 만나 종로2가 우미관 골목 안에 있는 카페에서 맥주를 샀다. 그때 그는 "채 장군께서 여러분들이 하시고자 하는, 나라 살리는 큰 작전이 성공되도록 격려하라고 해서 나왔습니다" 하고서 봉투를 주길래 받아서 썼다.

김 : 6월 23일 경교장을 습격하여 김구 선생을 해치우라고 누가 명령했으며, 왜 실패했나?

안 : 그날(6월 23일) 저녁 김지웅이 (우리가 묵고 있던 계동 아지트로)와 "전 대원에게 긴급소집 명령이 떨어졌다"라고 하면서 우리 일동(행동대원)을 서울대학병원 특별실로 데려갔다. 그 방에는 장은산 포병사령관이 있었는데, 그는 우리에게 "국회부의장 김약수 빨갱이 두목이 지금 경교장에 숨어 있다. 김구가 그를 보호하고 있으니, 김약수는 잡고 그 자리서 김구는 쏴 죽이라"는 명령이 떨어졌다.

김 : 그래서.

안 : 그날 밤 11시 30분경, 우리(행동대원)들은 지프차 두 대에 분승하여 경교장을 두 바퀴 돌면서 정탐을 한 뒤 뒷담 근처에 하차하여 담을 넘었다. 그때 오병순이 "너희들은 여기 엎드려 기다리고 있어. 나 혼자 동정을 살피고 올 테니"라고 한 뒤 벌벌 기어 현관문 쪽으로 갔다가 5, 6분 뒤에 돌아와서 "오늘은 안 되겠다. 2층에서 사람 소리가 많이 나는데, 무슨 문제 때문에 싸우는 것 같아. 그러니 오늘은 그만 돌아가자"라고 하여 우리들은 다시 경교장 담을 넘어 숙소(아지트)로 돌아왔다. 그날 밤 우리들은 다음날 결행하기로 했다.

김 : 그 다음날 얘기를 들려 달라.

안 : 그날(6월 24일) 정오경, 한독당에 갔던 홍종만이 급히 돌아와 하는 말이 아침에 사무실에서 김학규 조직부장을 만났더니 "내일 백범 선생을 모시고 공주 마곡사에 가니 2, 3일간 만날 수 없다"라고 말했다. 그래서 우리들은 서울 한복판에서 다수의 총소리를 내는 것보다 교외 외진 곳에서 차에 탄 사람을 모조리 다 해치우기로 작전을 바꿨다. 그래서 지도를 보며 수원을 지나 병점 고갯마루에서 결행하기로 했다. 다음날인 6월 25일 병점 고개에서 김구 일행이 탄 차를 저녁 5시까지 기다렸으나 끝내 나타나지 않아 허탕을 쳤다. 우리는 서울로 돌아와 서울대학병원에 입원해 있는 장은산을 찾아갔다. 장은산은 대뜸 "야, 이 개새끼들아! 너희들 뭐하는 새끼들이냐?" 하고 크게 화를 내면서 "내일은 너희들이 죽든지, 김구가 죽든지 둘 가운데 하나를 택하라"고 크게 꾸짖었다. 그런 뒤, "새끼들 썩 꺼져 버려. 보기도 싫어" 하기에 우리들은 숙소인 중앙학교 정문 앞 2층으로 돌아온 뒤 기분이 몹시 나빠 술을 잔뜩 먹고 골아떨어져 잤다. 한밤중에 고단히 자고 있는데 누군가 깨우기에 일어나 보니 김지웅이었다. "안 소위, 나하고 빨리 가자"라고 하여, 장은산이 있는 대학병원에 갔더니 "내일 아침 안 소위 너 혼자서 해치워라. 이건 명령이다. 경교장 주변은 내가 안심하고 결행할 수 있도록 만반의 준비는 다 해놓았다. 마음 놓고 큰일을 하라. 김 선생(김지웅)의 지시대로 하면 만사 오케이야. 알았지. 그러면 너는 영웅이 되는 거야. 또 너는 죽지 않고 살아서 큰 영화를 누릴 거야"라고 하고는 가 보라고 하기에 김지웅과 같이 곧장 돌아와 밤이 늦도록 다음날 결행할 작전 계획을 들었다.

김 : 당일의 모든 상황을 자세히 말해 보라.

안 : 26일 아침 10시경, 김지웅과 같이 경교장 앞 자연장다방에 들어가니 군복 입은 사람들이 십여 명 앉아 나에게 목례를 하거나 눈웃음으로 인사를 했다. 한쪽 구석에 가니 그쪽에 헌병사령부 김정채 과장과 김병삼 대위, 강홍모 대위 등이 앉아 있었다. 나는 그 자리에서 그들에게 앞으로 내가 해야 할 지침을 다음과 같이 들었다.

1) 안 소위는 11시 20분경에 경교장에 들어가 응접실에서 대기하면서 2층 거실의 동정을 잘 살피라. 먼저 찾아온 손님이 있는지를 감지할 것이며, 비서들이 "선생님 뵈러 오셨습니까?" 하고 물으면 "오늘은 기분이 울적한 일들이 많아 여기서 좀 놀다 가렵니다"라고 답하고는 2층에 면회 온 사람이 누구이며, 무엇을 하는 사람인가 등을 비서들이 눈치채지 않도록 태연하게 물을 것.

2) 12시 30분에 강홍모 대위가 응접실에 나타나 "선생님께 인사나 하고 가겠다"라고 하면서 안 소위를 보고, "아, 기다리는 손님이 계시는구먼"이라고 하면, 그때 안 소위는 "대위님, 먼저 뵙고 가십시오"라고 답할 것.

3) 강 대위가 선생님을 뵙고 내려오면서 "장교도 올라가 선생님을 뵈십시오" 하면, 2층 거실에는 백범 선생 혼자 계신다는 신호이니, 즉시 안 소위도 일어나 "나도 그럼 선생님을 뵙고 가겠습니다"라고 한 뒤 비서의 안내를 받고 올라간 뒤 즉각 결행하고 내려올 것.

4) 김병삼 대위는 안 소위가 경교장에 들어갈 때에 필동 헌병사령부로 가서 헌병들을 동원하여 적십자병원 마당에서 대기하고 있을 것.

5) 총소리와 동시에 여기 있는 저 사람들과 헌병들이 경교장에 들어가서 안 소위를 구출하여 헌병사령부로 직행할 것.

이상의 작전 지시를 한 뒤, 김지웅은 나에게 "안 소위는 절대로 안심하고 오늘 일을 침착하게 성공하기를 바란다"라고 말했다.

김 : 그 다음은?

안 : 나는 11시 20분 조금 지나 경교장 안으로 들어갔다. 아래층 비서실에서 이국태·이풍식·선우진 비서 등과 이야기하면서도 2층 동정에 신경을 쓰면서 시간이 다가오기를 기다렸다. 응접실 맞은편 소파에 중년신사(박동엽) 한 사람이 와 있었다. 우리의 각본대로 강홍모 대위가 선생님을 뵙고 내려오면서 "장교도 올라가 보시오" 하기에 나는 선우진 비서에게 "선생님께 인사하고 가겠습니다"라고 하니, 선우진 비서가 나를 데리고 2층으로 올라갔다.

김 : 그때 라디오에서 장세정의 〈해방된 역마차〉 노래를 들으며 올라갔다는데 사실인가?

안 : 사실이다.

김 : 선생님께 인사한 뒤, 총 네 발을 쏜 다음 선생님이 쓰러진 것을 보고 내려왔다고 하였는데 소요 시간은 몇 분이 되었다고 생각하는가?

안 : 약 2, 3분 내라고 생각된다.[45]

김용희는 안두희로부터 사건 전모를 녹취한 뒤 그 길로 서울지검 김종수 검사장에게 신병을 넘겼다. 하지만 검찰은 안두희에 대한 처벌이 쉽지 않았다. 검찰은 안두희를 처벌하고 싶으나 일사부재리의 원칙에 따라 한 번 형을 받은 자를 재수감할 수는 없었다. 백범살해진상규명투쟁위원회

측에서는 어이가 없었다. 기껏 범인을 잡아다 주니 검찰이 처벌 불가로 난색을 표명하고 오히려 신변보호에 급급했다. 그래서 백범살해진상규명투쟁위원회에서는 진상규명 규탄대회를 여는 등, 투쟁위원회 대표들이 장면 국무총리를 찾아가 진정했지만 그 일도 허사였다.

곽태영의 응징

1961년 5·16군사정변이 일어나자 김구 살해사건은 또다시 묻혀 버렸다. 그 무렵 안두희는 강원도 양구군 양구면 중리에서 신의산업주식회사라는 군납업체를 운영하고 있었다. 전북 김제군 출신의 청년 곽태영은 독립운동가인 작은아버지로부터 백범 암살사건을 듣고 백범 묘소에 참배했다. 그는 백범 영전에 "내 손으로 백범 선생님의 원한을 갚고 그 진상을 밝히겠습니다"라고 약속한 뒤 그날부터 암살범 안두희 응징과 진상규명 일에 앞장섰다.

1965년 12월 중순, 곽태영은 안두희를 응징하고자 수소문 끝에 강원도 양구로 잠입하였다. 곽씨는 안두희 사진을 품은 채 행상차림으로 찾아 나섰다. 그는 안두희 군납공장이 있는 동네에다 하숙을 얻었다. 그 집에서는 안두희 공장이 훤히 내려다보였다. 그는 동네사람에게 장사꾼이라고 속인 뒤 실제 장사꾼처럼 보이려고 이웃 여러 민가에 양말·장갑 등을 팔기도 했다. 그러면서 안두희 공장에도 들러 군납공장 내부 구조를 힐끔힐끔 살폈다. 그런 가운데 1965년 12월 22일 마침내 안두희가 나타났다. 그날 오전, 곽태영이 하숙집에서 군납공장을 내려다보니까 안두희가 타고 온 지프차가 서 있었다. 곽씨의 가슴은 쿵쾅거리고 온몸이 떨렸다. 즉시 그는 주머니에 칼과 자백 받을 필기도구를 넣고 군납공장으로 갔다.

마침 안두희는 공장 앞마당 우물가에 세수를 하고 있었다.

"백범 선생님을 살해한 민족의 원수야!"

곽씨는 안두희에게 다가가 고함을 치며 발길로 찼다.

"이 쌍노무 새끼! 뒈디고 싶어 환당을 햇디."

안두희의 반격도 만만치 않았다. 두 사람이 격투로 엎치락뒤치락하던 중 마침내 곽씨가 안두희 배 위를 올라탄 뒤 우물 옆에 있던 돌로 안두희의 머리를 내리치고 칼로 옆구리를 찔렀다.

"아악!"

안두희가 비명을 질렀다. 그제야 공장 직공들이 앞마당에서 난 비명소리 듣고 우르르 뛰어나와 곽씨를 떼어 놓고 사정없이 때렸다.

"너희 사장이 누구인지 아느냐! 저 놈은 김구 선생을 살해한 민족의 원수다"

곽씨가 고함쳤다. 그러자 공장 직공들이 한 발 물러섰다. 곽태영 씨는 곧 신고를 받고 달려온 경찰에 연행되고 안두희는 긴급히 서울 성모병원으로 이송되어 두 차례나 뇌수술을 받았다. 곽태영 씨가 안두희를 두들겨 팬 상해죄로 수감이 되자 전국에서 곽태영 석방 서명운동이 일어났다. 곽태영 씨는 각계의 진정으로 사건 후 8개월만인 1966년 7월 30일 서울고등법원에서 징역 3년에 집행유예 5년 선고를 받은 뒤 풀려났다.

[춘천] 20일 오후 춘천지법 2호 법정에서 열린 안두희 살해미수범 곽태영(30) 피고에 대한 3회 공판(재판장 한만춘 부장판사)에서 관여 김현종 검사는 "사회정의에 입각한 보복이란 견지에서 정상을 참작할 여지가 있다"라고 전제하여 피고에게 형법 250조 254항을 적용, 징역 5년을 구형했다.[46]

8·8구락부

안두희가 곽태영에게 피습을 당하자 김구 암살사건에 또 하나의 열쇠를 쥐고 있는 김지웅은 지레 겁을 먹고 자취를 감췄다. 그는 1966년 몰래 일본으로 밀항하여 일본 정부에 정치적 망명을 요청했다. 이에 이강훈 등 독립유공자로 구성된 백범살해진상규명위원회가 일본 당국에 김지웅의 국내 송환을 줄기차게 요청했으나 끝내 관철되지 않았다.

김지웅은 일본 관동군 헌병대 통역 출신이었다. 그는 해방 후 여운형·장덕수·김구 암살사건에 직간접으로 깊숙이 개입한 배후인물로 지목되고 있었다. 그가 이처럼 항일민족지도자들에 대한 테러에 깊이 관계한 데는 당시 친일세력의 기득권 보호라는 측면이 강했다.

고정훈 씨는 백범 암살배후에는 친일세력들로 구성된 이른바 8·8구락부(그룹)라는 거대조직이 있었으며, 김지웅은 이 비밀결사 조직의 정치브로커였다고 폭로했다. 또 김지웅은 장덕수 암살사건 후 "암살범 박광옥(朴光玉)[47]의 배후에는 김석황(金錫黃)[48]이 있고, 그 뒤에 백범이 있다"고 사실상 김구를 장덕수 살해의 배후로 지목하는 영문 진정서를 미군정에 제출한 인물로 알려지고 있었다. 이 때문에 김구가 1948년 3월에 미군정 재판정에 증인으로 서는 수모를 겪기도 했다.

김구 암살의 실질적 배후로 지목하는 8·8구락부의 실체는 당시 군부와 경찰 수뇌부를 중심으로 모인 국내 정치공작의 총본산으로 알려지고 있다. 8·8구락부라는 이름은 이 단체회원들이 서울시 종로구 팔판동 8번지인 허 아무개 씨 집에서 회합을 가졌기 때문에 그 동네 이름과 번지로 유래된 것이다.

8·8구락부의 주요 회원들은 신성모(국방장관)·채병덕(육군참모총장)·

장은산(포병사령관)·김창룡(특무대장)·김태선(수도경찰청장)·김준연(법무장관), 그리고 정치브로커 김지웅 씨 등이다. 이들은 대부분 김구 암살과 크거나 작게 관련된 인물들로 그 당시 군과 경찰의 수뇌부들이다. 이들은 백범 등 민족주의 계열과 대립되면서 자신들의 세력 유지에 불안해 했다. 따라서 이들은 백범의 세력을 견제 또는 제거할 목적으로 군과 경찰이라는 막강한 공권력을 이용하여 정치공작에 손을 댄 것이다. 특히 여운형·장덕수 등 요인 암살 때마다 행동책임자로 떠오른 김지웅의 주요 활동무대는 8·8구락부로 알려지고 있다.[49]

좌절된 안두희의 출국

안두희는 1960년대 초까지도 서울 동대문구 신설동 2층 양옥집에서 가족과 함께 부유하게 살면서 강원도 양구를 오르내리며 군납업을 했다. 하지만 1965년 곽태영 씨 응징사건 이후 세상에 알려지자 사업이 급격히 기울어졌다. 그러자 부도수표 남발 등 경제사범으로 구속되었다가 병보석으로 풀려나는 등 계속 내리막길이었다.

안두희는 4·19혁명으로 자기 방패막이 모두 다 날아가 버린 이후 수난이 거듭되었다. 그는 언제 어디서 의인이나 협객들이 자기를 응징해 올지 모르는 불안감에 수시로 거주지를 옮겨 다녔다.

서울 삼청동·명륜동·숭인동·신설동 등지로 이사를 다니다가 한때는 멀리 부산으로 몸을 숨기기도 했다. 안두희 가족들은 주변사람에게 손가락질을 받자 그의 장남은 일찌감치 미국으로 이민을 떠났다. 남은 부인과 자녀들도 곧 장남의 뒤를 따랐다.

안두희는 세상 사람들이 자기를 빨리 잊어 주기 바랐다. 하지만 언론은 세상 사람들이 잊을 만하면 그를 용케 찾아 끈질기게 추적 보도했다. 1974년 5월 17일자 동아일보는 "안두희 씨, 이민수속 끝내, 보사부 허가받아 금명 여권 발급 예정"이라는 제목으로 안두희가 미국에 있는 가족의 초청으로 출국 준비한 사실을 보도했다. 이 보도로 사회 여론이 악화되자 외무부에서 여권을 발급하지 않아 끝내 안두희 출국은 좌절되었다.

1981년 12월 12일에도 동아일보는 다시 "김구 선생 암살 안두희 씨, 미국 이민 준비"라는 제목의 기사를 보도했다.

안두희는 1981년 6월 30일 보사부로부터 해외이주 허가를 받고, 1981년 7월 4일 국외이주 신고를 마친 후 7월 11일 이민 여권을 받았지만 미국행 비자를 발급받지 못해 출국치 못하고 있다. 1974년에도 안두희는 미국 이민 수속을 한 일이 있으나 외무부로부터 여권을 발급받지 못해 좌절된 바 있었다. 그때는 전 가족이 이민을 시도했으나 이번에는 단신 이민을 추진했는데, 지난 1977년 부인 박 아무개 씨와는 합의이혼을 하여 부인은 1979년에 미국으로 이민한 것으로 밝혀졌다. 안두희는 1978년부터 잠실아파트 내에서 네 차례나 집을 옮기는 등 자신을 숨겨왔는데 그의 자택으로 찾은 기자에게도 "나는 안두희가 아니다. 그 사람은 내가 잘 아는 사람일 뿐"이라고 말하고 "그는 지금 그의 사업장인 강원도에 내려가 있다"며 피곤하고 초췌한 표정을 지었다.[50]

이 보도에 독립유공자협회, 백범기념사업회 등 9개 단체대표들은 긴급 모임을 가지고 안두희 출국정지를 당국에 요청했다. 미국 동포들도 로스앤젤레스 이민국 앞에서 '안두희 미국 이민 반대시위'를 벌였다. 이에 법무부는 악화된 국민감정을 고려하여 안두희 출국정지처분을 내렸다.

한때 막강한 세력을 등에 업고 떵떵거리며 살던 안두희는 마침내 두더지처럼 숨어 사는 신세로 전락했다. 동아일보에 이어 중앙일보도 안두희를 추적 보도했다.

- 공소시효가 지났으니 이제는 모든 진상을 밝힐 때가 아닌가?
"진상은 항간에서 알고 있는 것보다 더욱 복잡한 사연이 있다. 모든 진상을 털어놓게 되면 사회적으로 엄청난 파문이 일어날 것으로 보이고 … 하나 남은 아들아이가 미국에 떠나고 나면 모든 것을 샅샅이 밝히겠다."

- 우선 백범 선생 암살사건 하면 세상에서는 서북청년단, 그리고 공범으로 홍 아무개, 김 아무개 등으로 기억하고 있지 않은가?
"당시 나는 서북청년단 제2인자였다. 내가 서청에 가입하게 된 것은 의지가 강한 주먹단체에 지적 수준을 높이기 위해서였다. 기자가 말한 공범으로 알려진 홍 아무개는 홍종만으로 당시 한독당 태평지구 위원장이었고, 김 아무개는 김지웅을 지칭한 모양인데, 이 두 사람에 대해서는 나중에 얘기하자."

- 국사범이었는데 2년 만에 풀려나 군에 복귀까지 했는데 그 배경은?
"지금은 말할 수 없다. 김창룡 선배가 많은 도움을 줬다."

- 미국 이민은 왜 가려 하나?
"미국 가족들이 함께 살자고 신청한 것일 뿐, 나는 별로 가고 싶은 생각이 없다. 독립유공단체의 출국정지 진정 때문에 미국행은 어려울 것 같다."

- 이민을 가지 않으면 혼자 어떻게 살 것인가?
"미국에 사는 애들이 보내주는 돈으로 유료 양로원이나 설립하여 살아 보려는 게 내 계획이다."

– 그동안 생활은 어떻게 하였나?

"6·25가 터지면서 석방돼 군에 복귀했다. 소령으로 제대한 뒤 강원도 양구에서 군납업에 손대 꽤 큰돈도 만졌다. 곽태영에게 보복 테러를 당한 뒤 서울로 왔다. 그때 후유증으로 지금도 얼굴 근육에 자주 경련이 일어난다."

– 가족상황은?

"5남매인데 집사람과 4남매는 미국으로 이민을 갔다. 현재는 지난 10월에 결혼한 3남 부부와 잠실주공아파트에서 살고 있다. 집사람과는 이민 때문에 1977년 12월에 서류상 이혼했다."

한 시간 가까이 이야기를 나누는 동안 시종 안두희 씨는 진상의 언저리에서 맴돌 뿐 궁금증과 의문의 여운만을 남겼다.[51]

환국 직전 장제스 총통이 주최한 임정요인 환송 만찬회에 참석한 김구 주석, 중국 상하이, 1945. 11. 사진 눈빛아카이브.

4. 암살범 추적자들

> Government officials quickly issued statements. President Rhee made a radio broadcast on the evening of June 26th, expressing great sorrow and regret both personally and because of the damage to Korea's reputation. He promised a 'strict and thorough investigation'.
>
> 정부 관계자들은 신속하게 성명서를 발표했다. 이승만 대통령은 6월 26일 저녁 라디오방송을 통해 (김구 암살에 대한) 개인적인 애도와 유감뿐만 아니라, 한국의 위신이 손상된 데 대해서도 슬픔과 안타까움을 전했다. 이승만 대통령은 '(김구 암살 진상규명을 위한) 철저한 정밀조사를 약속했다. - 미육군 정보문서(Army Intelligence Documents) 1949년 7월 11일 자 전문 427호 (문서번호 895.00/7-1149)

해외동포의 전화

2003년 7월 초순 어느 날, 한밤중에 전화벨이 울렸다. 밤 11시가 막 넘고 있었다.

"박도 기자님이십니까?"

"네에?"

"박도 선생님이십니까?"

"네, 그렇습니다."

"제게는 박도 기자로 각인돼서 그랬습니다. 거기는 몇 시입니까?"

"밤 11시 5분입니다."

"제가 큰 실례를 했구먼요. 조금 전에야 어렵게 선생의 전화번호를 알고 반가운 마음에 곧장 전화를 한다는 게 한밤중으로 실례를 했습니다."

"괜찮습니다. 아직 잠자리에 들기 전입니다."

"양해해 주시니 고맙습니다. 먼저 저부터 소개하지요. 저는 1943년생으로 스웨덴에 사는 동포입니다."

"스웨덴에 사신다고요."

"네, 그렇습니다."

"그런데 어쩐 일로?"

"저, 선생님 기사 광팬입니다."

"네? 거기서도 제 기사를 볼 수 있습니까?"

"그럼요. 요즘은 인터넷 세상이라 선생님 기사가 온라인상에 오르면 여기서도 곧장 볼 수가 있습니다."

그는 1960년대 말 파월한 이후로 계속 해외에 드나들다가 1990년부터는 스웨덴에서 아예 정착했다고 하였다.

"같은 세대인 탓인지 선생님 기사는 향수를 자극케 하여 날마다 기다려집니다."

"감사합니다."

"제가 감사하지요."

그는 빈말로 하는 인사가 아니었다. 그는 내가 쓴 기사 가운데 '움딸 이야기'와 '몽당 빗자루'까지도 되뇌고 있었다.

"연재기사 「의를 좇는 사람」 후속편은 언제 나올 예정입니까?"

"아직 마땅한 인물을 찾지 못하고 있습니다."

"그럼 제가 한 분 추천해 볼까요?"

"그러십시오. 참고하겠습니다."

"혹 지난날 백범 암살범 안두희를 끈질기게 뒤쫓던 권중희 씨라는 분을 아십니까?"

"네, 잘 알고 있습니다. 한때 세상을 떠들썩하게 한 분이었지요."

"그랬습니다. 참 그분이 한창 정의봉을 휘두를 때 아주 통쾌했지요. 십년 묵은 체증이 뻥 뚫릴 정도로. 그런데 이즈음 그분이 어떻게 지내시는지 궁금합니다. 선생님이 취재하여 기사로 써 주시면 고맙겠습니다."

"한 번 알아보지요."

"제가 알기로는 선생님 고향과 가까운 경북 안동 출신일 겁니다."

"알겠습니다. 서울 김 서방도 찾는다고 하는데…."

"그럼 기사 기다리겠습니다."

의를 좇는 사람

나는 그 무렵 쉰세대에 천만 뜻밖에도 시민기자가 되었다. 그 몇 해 전인 1999년 여름, 중국 대륙에 흩어진 항일유적답사 길에 하얼빈 동북열사기념관에서 고향 출신의 동북항일연군 제3군장 겸 제3로군 총참모장 허형식 장군을 만나 몹시 기뻤다. 그동안 나는 친구나 직장 동료들로부터 내 고향 구미는 친일파 본고장이라는 얘기를 들을 때마다 몹시 속이 상하거나 주눅이 들었기 때문이다. 예로부터 선산 구미는 야은 길재(吉再), 점필재 김종직(金宗直), 사육신 하위지(河緯地), 생육신 이맹전(李孟專) 등을 배출한 이름난 학문과 충절의 고장이다.

대부분 작가들은 유소년 시절이나 고향 이야기를 배경으로 삼는데 나는 입때껏 그런 작품을 쓰지 못했다. 마땅한 인물을 찾지 못했기 때문이다. 그런데 허형식 장군은 1942년 만주에서 위만군(괴뢰만주군) 총탄에 장렬히 산화한 항일 파르티잔(빨치산, partisan)으로, 13도창의군 군사장 왕산 허위 선생의 집안 조카였다. 그분은 금오산 기슭 구미 임은동 태생으로 충절의 맥을 잇는 인물 같기에 나는 태평양을 처음 발견한 탐험가 발보아처럼 흥분했다. 국내에 처음 〈허형식 연구〉를 발표한 동북아재단의 장세윤 박사가 이분을 주목했던 점은 다음과 같았다.

첫째, 항일연군 지도자들이 대부분 북한 출신인 데 견주어 남한 출신이다.

둘째, 구한말 의병장 왕산 허위 선생의 당질이다.

셋째, 항일연군에서 정치이론과 사상, 대원 교육과 전략전술 분야에서 핵심 역할을 했다.

넷째, 1940년대 초 최용권·김책·김일성 등과 거의 대등한 고위 간부로 활동했다.

다섯째, 1942년 8월 북만주에서 전사할 때까지 항쟁할 만큼 철저한 적극 무장투쟁론자였다.

장세윤 박사는 1940년대 초 다른 항일연군 지도자들이 일제의 극심한 토벌을 피해 소련으로 넘어갔으나, 허형식 장군은 단 한 번도 소만 국경을 넘나들지 않고 끝까지 만주의 백성들을 지킨 순결한 항일지도자라고 칭송했다.

1942년 8월 초 허형식은 경호원 진운상과 부하 왕조경과 함께 경안현 일대의 소부대를 순시하고 돌아오는 길에 아침밥을 지었다. 그런데 그 연기로 일제 토벌대 위만군에게 발각, 기습 공격으로 진운상은 가슴에 총을 맞고 쓰러지고 당신은 다리에 관통상을 입었다. 그러자 허 장군은 부하 왕조경에게 문건 배낭을 넘겨주면서 즉각 퇴각하라고 엄하게 명령했다. 왕조경은 할 수 없이 그의 곁을 떠났다. 허 장군은 피를 흘리면서도 왕조경의 무사 탈출을 위해 큰 나무둥치에 기대어 돌격해 오는 위만군 토벌대들을 계속 총으로 쏴 눕히며 엄호했다. 하지만 허 장군은 중과부적으로 토벌대의 총탄을 벌집처럼 맞고 쓰러졌다. 그때 허 장군의 나이 서른셋이었다.

나는 그 장면이 영화 〈누구를 위하여 좋은 울리나〉의 로버트 조던이 사랑하는 여인 마리아를 떠나보낸 뒤 기관총을 난사하며 엄호하다가 장렬하게 산화하는 라스트신과 같아 한동안 눈을 감았다.

나는 허 장군이 부하를 위해 자신을 희생한 그 감동의 여운으로 그 이듬해 여름방학에는 월급의 반을 떼어 혼자 중국 동북으로 날아갔다. 하얼빈에서 동포 사학자 서명훈·김우종 두 분의 안내로 헤이룽장성 경성현 외딴 산골을 찾아 허형식 장군의 희생기념비에 들꽃다발을 바치고 돌아왔다.

그 답사기가 월간 『독립기념관』 2002년 7월호에 '영웅을 찾아서'라는 제목으로 실렸다. 그러자 허형식 장군을 처음으로 국내에 보도한 대한매일의 정운현 기자가 한 인터넷신문 편집장으로 자리를 옮기고는 내 글을 싣겠다고 양해를 구하였다. 사실 나는 쉰세대 컴맹으로 그때까지 인터넷에는 까막눈이었다.

그 며칠 후 학교에서 한 후배 교사가 내 자리로 찾아와 지금 오마이뉴스 메인 톱에 뜬 '허형식 장군' 기사를 내가 쓴 거냐고 물었다. 나는 그렇다고 답했다. 그 무렵 학교생활기록부 전산화로 모든 교사의 책상에는 컴퓨터가 모두 설치되어 있었다. 그는 내 책상 컴퓨터에서 인터넷까지 연결시켜 주기에 나는 난생 처음 온라인에서 내 기사를 보았다. 그 기사에는 무려 일백여 개의 댓글이 달려 있었다. 나는 이 기사로 미처 경험치 못한 새로운 세계에 빠져들었다.

그 뒤 정 국장은 또 다른 기사를 주문하기에 조선족자치주 용정 명동촌의 윤동주 생가와 무덤, 그리고 경북 안동의 이육사 생가를 답사한 글을 보내자 "항일은 같은데 생가 보존은 딴판"이라는 제목으로 또 메인 기사로 떴다. 그때 나는 자판도 제대로 두드리지 못해 원고지에 쓴 원고와 필름 카메라로 찍은 사진을 정 국장에게 보내면 그쪽에서 기사로 올린 뒤 원고와 사진을 돌려 주었다.

그 뒤 두어 기사가 더 나가자 어느 날 정 국장은 "박 선생님, 아예 우리 신문사 시민기자로 등록하시지요?"라고 제의하여 나는 마침내 시민기자로 등록했다. 나는 고교시절 신문배달을 하면서, 때때로 광화문 네거리 동아일보 본사 윤전기에서 막 나온 신문뭉치를 세종로보급소로 어깨로 져다 나르며 장차 신문기자가 되겠다는 꿈도 한때 가졌다. 그 시절 막연한 꿈을 쉰세대에 이룬 셈이었다.

그 뒤 나는 "늦바람이 용마름을 벗긴다"는 속담처럼 이삼 일에 한 꼭지 꼴로 기사를 송고했다. 컴맹이 인터넷에 기사를 올리고, 필름 카메라로 찍은 사진을 스캔하여 올리거나 곧 디지털 카메라로 촬영한 사진을 기사로 올리기까지 아들에게 아버지의 자존심도 잃고 배웠다. 아들은 중·고등학교 때 컴퓨터만 하지 말라고 잔소리한 아비에게 일렀다.

"아버지, 저에게 자꾸 물어 배우지 마시고 책을 보고 혼자 배우세요. 그래야 까먹지 않아요."

아들에게 교육원론 이야기를 묵묵히 들으며 아비로서의 체통도 접고 배웠다. 그런 가운데 기왕이면 나는 좀더 의미 있는 기사를 쓴다고 '의를 좇는 사람'이라는 연재를 기획했다. 마침 그 무렵 한 원로 시인의 출판기념회에서 만난 박종철 열사의 아버지 박정기 유가협회장과 인사를 나눈 뒤 그분을 첫 인물로 선정하여 인터뷰했다.

2003년 6월항쟁 기념일을 이틀 앞두고 나간 "종철아, 내 니 몫까지 하마"라는 기사는 조회수도, 댓글도 엄청 많았다. 첫 기사에 너무 큰 인물이 나간 탓인지 다음 인물이 마땅치 않아 그즈음은 중국 대륙 '항일유적답사기' 연재에 골몰하고 있었다.

공문 좋아하네

스웨덴 동포의 전화를 받은 뒤 안동 출신의 임정 초대 국무령 석주 이상룡 선생 증손 이항증 씨에게 권중희 씨의 연락처를 물었다. 그랬더니 그분은 권중희 씨와 같은 고향으로 오래전부터 아주 잘 아는 사이라고 했다. 내가 그분을 찾는 까닭을 말하자 이번 일도 당신이 가교 역할을 자청해 주셨다. 이항증 씨는 그 몇 해 전 나의 중국 대륙 항일유적 답사에 길 안내를 해주신 적이 있었다.

그런 뒤 나는 이대 중앙도서관에서 권중희의 『역사의 심판에는 시효가 없다』, 안두희의 『시역의 고민』 등을 대출하여 읽으면서 취재 계획을 머릿속으로 그렸다. 이항증 씨가 중계한바, 권중희 씨는 인터뷰 날을 주말이 좋다고 하여, 2003년 10월 25일 토요일 12시 독립공원 삼일기념탑 앞에서 만나기로 했다. 그곳은 내가 재직한 이대부고와 터널 하나 사이로 권중희 씨가 한때 수감된 서대문형무소 자리이기도 하다. 나는 그날 거기서 만난 뒤 다음은 강북삼성병원 응급실이 된 전 종로구 평동 경교장을 둘러보고, 이어 효창원의 백범 묘소에 참배하는 것으로 일정을 잡았다. 현장답사 취재가 끝나면 효창공원 부근 밥집에서 점심을 먹으며 인터뷰하기로 스케줄을 잡았다.

그날 처음 만난 권 씨는 가죽점퍼 차림으로, 얼굴의 주름이나 나이답지 않는 거친 첫 말투에 행동거지가 다부져 보였으며, 인상도 아주 날카롭고 매서웠다. 왕년의 스타 트위스트 김과 비슷했다.

"박 선생, 나를 만나면 손해 봅니다."

어딘가 권중희 씨의 차림에서도, 말투에서도 찬바람이 나고 몹시 곤궁해 보이는 느낌을 받았다. 권 씨에게 취재 계획을 설명 드리자 당신이 미처 생각지 못한 아주 좋은 착상이라고 취재에 적극으로 협조했다. 우리 일행은 권중희 씨가 수감된 적이 있는 서대문형무소 감방을 둘러보며 사진을 찍은 뒤 거기서 택시를 타고 옛 경교장인 강북삼성병원으로 갔다.

경교장 본관은 그새 병원 응급실로 변해 있었다. 우리가 2층 백범 선생의 집무실로 올라가고자 수위에게 부탁하니까 그는 올라갈 수 없다고 앞을 가로막았다. 그러자 권 씨가 나서 수위에게 호통을 쳤다.

"사유재산을 제 맘대로 할 수 있는 나라라지만 대한민국 제일의 재벌이 역사 현장을 병원 응급실로 만들고 일반인의 출입을 못하게 하다니…. 이 봐 수위, 나 당신한테 이야기하고 싶지 않으니 가서 병원장을 데리고 와!"

권 씨의 목소리가 워낙 컸고 인상이 날카로웠던 탓인지 수위는 지레 겁을 먹고 원무과로 들어가더니 직원 한 사람을 데리고 나왔다. 내가 그에게 조용히 취재협조를 부탁했다. 그는 나에게 자기네 병원으로 사전 협조공문을 보냈느냐고 물었다. 내가 그런 적이 없다고 말하자 그는 규정상 허락할 수 없다고 난색을 표했다.

"이 봐, 나 권중희야. 여기는 병원이기 이전에 지난날 백범 선생이 거처하시던 경교장으로 대한민국 역사의 현장이야."

"알고 있습니다. 하지만 지금은 저희 병원 응급실로…."

"야! 대재벌 병원이라면 최소한 이곳만은 보존하면서 일반인에게 공개하는 게 우리나라 역사와 사회정의를 위하는 길이 아냐! 너희들이 이 따위

짓을 하니까 재벌들이 국민들한테 욕먹는 거야. 아무리 돈이 좋기로 이게 뭐야! 뭐 사전 협조공문, 자식들, 협조공문 좋아하네. 그 잘난 공문 하나로 암살범도 현역에 복귀시키고…. 내가 이 일로 꼭 이건희를 찾아가야 되겠어!"

권 씨는 울분을 참지 못하고 주머니 속에서 가죽장갑을 꺼내 끼면서 곧 책상이라도 뒤집을 시늉을 하자 그제서야 원무과 직원은 수위에게 우리 일행을 2층으로 안내하라고 이르고는 슬그머니 사라졌다.

"대한민국에서는 조용히 신사적으로 말하면 듣지를 않아. 아직도 이 나라에서는 목소리를 높이거나 가께목(각목)을 휘둘러야 통한단 말이야."

수위는 그제야 상황 판단을 한 듯 앞장서서 우리 일행을 안내했다. 우리는 그의 안내로 경교장 2층을 둘러보았다. 수위 말로는 그즈음 한창 경교장을 복원공사중(2013. 3월 일반에게 개방)이라고 하였다. 그래서인지 2층 전체가 썰렁하고 어수선하여 내부 촬영은 하지 못했다.

조롱받는 야당

나는 병원 마당에서 셔터를 두어 번 누른 뒤 옛 경교장 취재를 끝냈다. 곧 우리 일행은 병원 주차장에서 다시 택시를 타고 효창공원으로 달렸다. 택시 뒷자리에 나란히 앉은 이항증 씨가 권중희 씨에게 근황을 물었다.

"권 선생, 요즘 어떻게 지내십니까?"

"가방끈이 짧은지라 늘 수족이 고달프지요."

권 씨는 안두희 응징사건으로 크게 소문이 난 탓인지 다행히 주먹계에서는 대부로 알아준다고 했다. 이제는 나이도 있고 하여, 이즈음에는 큼직한 건만 봐준다고 하는데 애초 내가 평일에 만나자고 한 걸 주말로 미룬 것은 한 지방 사립대학의 교주에게 공사대금을 받고자 출장 다녀온 때문이라고 했다. 모리배나 지방 토호들이 공사를 한 뒤 공사대금을 주지 않는 일이 많다고 했다. 중소하청 건설업자들이 수금을 하다하다 딱히 안 되면 주먹들에게 의뢰를 해 오는데, 당신은 이따금 그 가운데 큰 것만 해결해 주고 용돈 몇 푼을 받아 쓴다고 했다.

"정말 그자들은 나빠요. 우리 사회에 정의는커녕 상식이 통하지 않으니까 아직도 주먹들이 업자들과 공생하는 겁니다. 그저 죽어나는 건 힘없는 서민들이지요. 하긴 백범 선생을 시해한 암살범이 잘 먹고 잘살며 활보했던 우리 사회에 무슨 정의와 양심이 있었습니까?"

권 씨는 앞자리의 나에게 물었다.

"박 선생, 야당이 뭔지 아십니까?"

"현재 정권을 잡지 못한, 장차 정권을 잡으려고 여당을 비판하는 정당이 아닙니까?"

"역시 학교 선생다운 순진한 모범답안이군요. 우리나라 요즘 야당들은 박쥐들이에요. 그 말이 뭔고 하니, 낮에는 여당을 비판하는 척하다가 밤이 되면 요정에 가서 권력자나 기관원들에게 검은돈이나 챙기는 그런 자들입니다. 그래서 요즘 야당 한다는 말은 '쇼 한다' '꼼수 부린다'는 뜻의 유행어가 되었지요. 야당 중진의원이 애송이 여당 의원보다 더 끗발이 좋고 더 잘 먹고 잘살지요. 그래서 어느 야당 대표 집의 개는 도둑을 보고도 짖지 않는다고 하잖아요. 아, 주인이 도둑인데 누굴 보고 짖느냐고 개가 그런다지요. 개란 놈은 원래부터 눈치 하나로 살잖아요."

권 씨의 말을 듣고 보니 전혀 틀린 말은 아닌 듯했다. 그 얼마 전, 나는 학교에서 교무부장으로 대입 진학지도를 총괄했는데 그때 한 야당 의원

자제가 고3 수험생이었다. 그 학생은 당시 대입학력고사 성적으로 수도권 4년제 대학에 진학하기 힘들었는데도 부모가 담임선생을 찾아와 막무가내로 원서를 써간 뒤 당당히 수도권 4년제 대학에 합격하여 주위를 놀라게 했다. 그때 그 야당의원은 공교롭게도 교육부 소관 상임위원회 의원이었다.

"나는 부패한 여당 의원들도 나쁘지만 야당 의원들이 더 나쁘다고 생각해요. 그들이 제구실만 했어도 나라가 이처럼 엉망이 되지 않았을 겁니다. 정부나 여당을 비판해야 할 야당 의원들이 뒷구멍에서 검은돈이나 받으니 모두가 한통속으로 이 나라에 큰 도둑들이 없어지겠어요. 큰 도둑이 설치니까 좀도둑들은 우리가 무슨 도둑이냐고 큰소리치는 세상 아닙니까. 시중에는 큰 도둑은 여의도에 다 모여 있다지요."

그러자 동석한 이항증 씨가 나와 함께 항일유적답사 길에 베이징에서 만난 독립운동가 이명준 선생의 말씀을 이야기했다.

"이완용 후손이 제 할아비가 나라를 팔아먹은 뒤 왜왕에게 받은 은사금으로 산 토지를 재판으로 찾아갔다는데, 그게 무슨 법치국가인가. 말도 안 되는 일이다. 그런 법은 법이 아니다. 민족반역이 죄가 되지 않는 나라는 기타 범죄는 범죄가 아닌 세상이다. 나라 팔아먹은 놈도, 왜놈 앞잡이 노릇하던 놈도, 높은 벼슬하며 떵떵거리고 사는 세상에 배고파서 도둑질한 사람이 무슨 죄가 되겠느냐? 그런 나라는 부패하기 마련이고 도의와 양심은 땅에 떨어져 버린다."

"참 그 어른 말씀이 백번 옳고 시원합니다. 사실 나 같은 놈이 안두희에게 정의봉으로 두들겨 팬 것은 제대로 된 나라가 아니지요. 암살사건 후 즉시 국법으로 처형했어야 할 안두희 그놈을 그동안 떵떵거리며 살게 하

4. 암살범 추적자들 91

니까 나라에 기강이 서질 않고 나 같은 사람까지도 하는 수 없이 몽둥이 들고 나섰던 거지요."

핸들을 잡은 택시기사가 백미러로 뒤를 힐끔 돌아보며 참견했다.

"혹 권중희 선생이십니까?"

"그렇소."

"왕년에 세상을 살맛나게 하신 권 선생님을 손님으로 모시니 영광입니다. 이제는 안두희가 없으니까 정의봉을 휘두를 일이 없겠습니다."

"더 많습니다."

"하긴 그렇습니다. 정권이 바뀌도 별수 없더군요. 요정마담 얘기로는 손님만 바뀌었을 뿐 돈 내는 물주들은 늘 그 얼굴이라고 하더군요."

"백년하청이지요. 내가 안두희에게 확실한 자백을 받은 뒤 그자를 처단하려 했는데 박기서 그 동지가 그만…. 그 동지도 택시기사지요."

"경기도 부천에서 일한답니다."

"아직도 우리 사회에 '정의봉' 몽둥이맛을 보여줄 놈들은 많아요. 우선 여기서 가까운 연희동에도 두 놈이나 있지요. 그런데 역대 정권마다 그놈들을 비호해 주니까 내가 손봐 주기가 아주 힘드네요. 그냥 그놈들 대갈통에 정의봉을 한 방만 내리치면 베개 속에 꼬불쳐 놓은 돈까지 모조리 다 게워 놓을 겁니다. 그런데 다음 대통령들도 모두 그놈들과 한통속이니까 받아내지 못한 거지요. 내 죽기 전에는 꼭 손봐 줄 겁니다. 그놈과 그 후손들이 계속 잘 먹고 잘사는 한 이 나라의 도덕과 양심은 물 건너간 겁니다."

"꼭 성공하십시오. 제발 시원한 소식 기다리겠습니다."

그새 효창원에 이르렀다. 우리 세 사람은 효창원 맨 위에 모신 백범 묘에 절을 드린 뒤 가까운 공원 들머리 설렁탕집으로 갔다. 미리 주인에게 식사 후 얘기 좀 하겠다고 양해를 구했다. 주인은 점심시간이 지나면 저녁 시간까지 손님들이 거의 없기에 조용할 거라고 얼마든지 머물다가 가라고 선심을 썼다. 하지만 막상 인터뷰를 하려고 하자 그날따라 손님이 계속 들락거려 도저히 대담을 진행할 수가 없었다.

나는 하는 수 없이 다시 두 분을 내 집으로 모셨다. 마침 그날 아내는 천연염색을 한다고 지방에 내려갔고, 주말로 아이들 역시 외출중이라 대담하기 좋았다.

"박 선생, 서울 시내 고등학교 국어선생 맞소? 차도 닿지 않는 이 산동네에 대문도 없는 좁은 집에서 살고 있으니 도무지 믿어지지 않소. 주말이 황금시간에 과외나 할 것이지 괜히 차비 써 가며 나 같은 사람 만나러 다니는 당신도 참 한심하오."

"이 집에서 30년 넘게 살아도 아직 숟가락 하나 도둑맞은 적이 없습니다."

"아, 도둑이 미쳤다고 대문도 없는 이런 집에 들어오겠소. 도둑도 철조망에, 경비원에, 셰퍼드가 득실거리는 집을 털어야 스릴도 있고 털 게 많지요. 범털(큰 도둑)들은 누구네 집에 훔칠 게 많다는 걸 더 잘 알아요. 괜히 없는 집에 들어갔다가 이름만 더럽히지요. 주먹들도 그래요. 잔챙이들은 건들지 않아요. 솔직히 나도 시시한 건 손보지 않습니다."

권 씨는 안두희 응징으로 교도소 수감중 범털과 많이 사귀었다면서 그들에게 들은 이야기를 했다.

"도둑이 도둑을 더 잘 압니다. 범털들은 일부로 우리 사회 진짜 큰 도둑 집만 골라 터는데, 한 범털이 한밤중에 어느 검사장 집을 털다가 주인에게 걸린 모양입니다. 주인이 '도둑이야'라고 소리치자 범털이 점잖게 그랬다고 하더군요. '네 놈이 나를 보고 도둑이라고 소리칠 수 있느냐'고. '너는 낮에 일하고 나는 밤에 일하는 동업자'로 우리 같이 장물을 나눠 먹자고. 그 검사장이 그 말에 뭔가 느낀 게 있었는지 꽤 많은 보석과 현찰이 털렸는데도 경찰에 신고하지 않아 범털은 뒤탈이 없었답니다."

권중희 씨는 도둑 이야기에서 마침내 안두희 추적사로 옮아갔다. 내 방이 좁아 하는 수 없이 거실에다가 상을 편 뒤 녹음기를 켜 놓고 세 사람이 둘러앉았다.

끈질긴 추적자

박도(이하 '박'): 조금 전에 효창원 백범 묘소에서 절을 드릴 때 뭐라고 말씀하시던데 무슨 말씀을 하셨습니까?

권중희(이하 '권'): "백범 선생님, 불초 권중희 정말 면목 없습니다. 만고역적 안두희 그놈의 입을 열어 시원한 진상도 밝히지도 못하고 괜스레 세상만 떠들썩하게 했습니다. 안두희 그놈을 제 손으로 처치하지 못한 점도 두고두고 천추의 한입니다. 아직도 구차한 목숨을 부지하고 있는 몽매한 저에게 채찍을 주십시오. 미력하나마 안두희 배후 진상을 밝히는 데 남은 생을 바치겠습니다"라고 말씀 드렸습니다.

박: 자신을 간략히 소개해 주십시오.

권: 1936년 경북 안동에서 농사꾼의 자식으로 태어났습니다. 안동 경덕중학교에 다닐 때에 『백범일지』를 읽고, 그 어린 나이에도 어찌나 감동을 받았던지 친구들에게 그 책을 읽어 보라고 권하며 여러 친구에게 빌려 주었습니다. 나중에는 책이 너덜너덜해지더라고요. 『백범일지』 첫 장을 펼치면 저자 근영이라고 하여 선생의 사진이 실려 있었는데, 마치 선생이 살

아 계셔서 말씀하시는 듯, 어린 나에게 그분은 구국의 화신으로 보였습니다. 그런데 어느 날 집안어른으로부터 그 백범 선생이 왜놈도 아닌 현역 육군 소위 안두희라는 놈의 권총을 맞고 돌아가셨다는 날벼락 같은 말씀을 들었습니다. 그때 내 나이 열네 살로, 안두희 그놈을 '만고에 다시없는 흉악무도한 반역자'로 가슴에 새겨 두었습니다.

박: 왜 안두희를 10여 년 끈질기게 추적하셨습니까?

권: 뭐, 나라고 특별하고 남다른 이유는 없습니다. 다만 나라와 민족을 사랑하는 사람이라면 누구나 가질 수 있는 보편적이고 평범한 이유 때문입니다. 안두희, 그놈은 단순살인범이 아니라 민족정기 파괴범으로 우리 민족의 공범입니다. 따라서 그를 심판하고 처단하는 일은 민족성원 모두의 책임이자 의무로 나도 그 책임을 통감했기 때문입니다.

박: 구체적으로 언제부터 추적하였습니까?

권: 열아홉 살 때 서울로 온 뒤 이것저것 안 해 본 일이 없을 정도로 생활에 쫓기며 살았습니다. 그러면서도 늘 그놈을 우리 민족의 원수로 가슴에 품고 살던 중, 1974년 안두희가 미국으로 이민 가려고 한다는 신문 기사를 보았습니다. 나는 그때까지 안두희가 여봐란 듯이 살아왔다는데도 분노의 치를 떨었습니다. 그런데 그놈이 미국으로 이민을 간다고 하니 도대체 이게 말이나 되는 겁니까. 백범 선생님을 암살한 민족의 공범이 버젓이 살아 활개 친 이 세상은 법도 상식도 통하지 않는 사회지요. 이런 사회에는 주먹이 설칠 수밖에 없지요. 그래서 나 혼자 마음속으로 다짐했습니다. '이놈은 다른 사람이 응징을 못하면 언젠가 내가 손볼 놈'이라고요. 1981년 12월에 다시 안두희가 미국으로 이민을 가기 위해 여권까지 발급받았다는 신문 보도를 보고 그때 나는 심각한 고민을 했습니다. '내 가

족 호구지책을 핑계 삼아 차일피일 미루다 언제 이놈을 처단한다는 말인가. 따지고 보면 생활에 쫓기지 않는 사람이 이 세상에 몇이나 되는가. 일제 때 독립투사들은 부모 처자식은 물론 자신의 생명까지 내던져 조국 독립을 위해 싸우지 않았던가.' 이런저런 생각이 떠오르자 나 자신이 한없이 부끄러웠습니다. 나는 마침내 결단을 내렸습니다. '안두희 그놈을 잡아 암살 진상을 낱낱이 밝혀 내고, 그놈을 백범 묘소로 데려가 그 앞에서 사죄시키자.' 그런 각오랄까 맹세를 한 뒤 1982년 초부터 본격적으로 안두희 추적에 나섰습니다.

암살자의 말로

이 세상에서 가장 어리석은 사람은 암살자다. 그는 역사에 더러운 이름을 남길 뿐만 아니라 제명대로 살지 못하는 경우가 대부분이다. 암살배후자가 거사 전에는 온갖 감언이설로 꾀어 평생을 책임진다고 하면서 자기 간이라도 떼 줄 듯 호의를 베풀지만, 일단 일이 끝나면 태도가 돌변하기 일쑤다. 왜냐하면 암살자가 살아 있는 한 배후자는 그놈이 입을 열까 늘 불안하기 때문이다.

암살배후자나 지령하는 자는 자기들의 정체가 백일하에 드러날까 늘 전전긍긍한다. 그래서 자기들의 정체를 완벽하게 숨기기 위해, 또 다른 하수인을 구한다. 그에게 암살자를 현장에서 곧장 사살케 하여 사건을 미궁에 빠뜨리기도 한다. 케네디를 암살한 오즈월드가 암살 후 곧장 사살되었고, 필리핀 지도자 아키노를 암살한 괴한들도 그 자리에서 총살당했다.

암살자는 끝내 배후자에게 이용만 당하다가 비참하게 최후를 마치는 경우가 대부분이다. 그게 암살자의 비극적 말로다. 예사사람도 그 세력의 하수인으로 점 찍힌 날부터 불행의 그림자에 드리운다. 그 음모를 거역하면 쥐도 새도 모르게 저승길로 가기 일쑤고, 그 음모대로 실행해도 제명대로 살지 못하고 역사에 '암살자'라는 더러운 이름을 남기는 불쌍한 인생이다.

백범 살해범 '안두희', 그는 우리나라 역사가 남아 있는 한 그 이름 밑에 암살자라는 말이 붙을 것이다. 그야말로 유취만년(遺臭萬年)으로, 그 더러운 이름을 만대에 남길 것이다. 그렇다면 안두희는 이런 역사의식도 전혀 없는 무지몽매한 자인가? 아니면 대한민국을 구한다는 비뚤어진 소영웅주의의 발로인가? 아니면 "시저를 미워한 게 아니라 로마를 더 사랑한 것입니다"라고 시저에게 칼을 뽑은 브루투스인가?

안두희도 할 말이 있을 거다. 그가 왜 백범 선생에게 총부리를 겨누었는가에 대해서. 하지만 그는 이제 이 세상 사람이 아니다. 다행히 안두희 수기 『시역의 고민』이라는 책이 그의 속사정을 대신 전하고 있다. 이 책은 1955년 학예사에서 발간한 바, 서문만 본인이 쓰고 나머지는 다른 사람이 썼다는 소문이 공공연하게 떠돌았지만, 어쨌든 안두희의 이름으로 발간되었다.

『시역의 고민』

1992년 9월 23일, 안두희가 권중희 씨에게 밝힌 바로는 이 책의 원고를 쓴 사람은 자기 고향 출신의 인천 특무대장 김 아무개와 암살배후로 지목되었던 김창룡 밑에 있던 장 아무개 대위라고 했다. 아무튼 이 책은 누가 썼건 간에 암살자와 그 배후세력의 논리를 담고 있다고 할 수 있다.

이 책의 서문은 안두희가 이북에 있는 아버지에게 올리는 편지글 형식으로 썼다.

삼가 이북에 계신 아버님께 올립니다. 부친님을 마지막으로 뵈온 지도 어언 10년이란 세월이 흘렀습니다. 10년이면 강산도 변한다고 하는데 강산만 변하였겠습니까. 말씀 드리기 망극하오나 지금 앉아 계시기나 하온지요. 아버님의 생존 여부조차 모르고 이 붓을 들었습니다. 참으로 기구한 운명의 생이었습니다. 불초자 두희 30 평생을 살았으면서 그래도 따뜻한 효양(孝養, 효성으로 봉양함)의 즐거움을 드릴 날이 있으리라고 믿어 오다가 오늘날 이 글월이 불효의 총결산 보고서가 될 줄이야 어찌 예측할 수가 있겠습니까.

아버님! 5년 전 6월 26일 그날, 두희가, 꿈 아닌 생시의 두희가 제 총을 가지고 제 손으로 분명히 김구 선생님을 쏘았습니다. 일찍이 아버님께서도 경모하시고 숭배하시던 백범 선생님을 아버님의 자식인 두희가 제정신으로 살해하였습니다.

이 시역의 굉보(轟報, 요란하게 울리는 큰 소식)! 마치 청천의 벽력같이 들렸사오리니 두희 낳으신 한탄 얼마나 하였겠습니까. 땅을 치며 통곡하시며 하늘을 우러러 울부짖으셨겠지요. 이 글월이 활자화되기 전에 친필 신서(信書, 편지)로 아버님 앞에 놓였던들 읽으시기나 하셨겠습니까?[52]

본문은 백범 선생을 살해한 다음날인 1949년 6월 27일부터 8월 2일까지 일기체 형식으로 썼다. 그중 6월 30일 일기에서 살해 당일(1949년 6월 26일) 거사 직전을 회상한 부분이다.

그날 11시 20분 무렵 안두희는 경교장에 갔다. 그는 옹진 국사봉전투에 제1진으로 떠난다면서 백범 선생님에게 출진 인사차 왔다고 했다. 하지만 먼저 온 손님이 있어서 아래 층 대기실에서 기다리다가 12시 30분 무렵 2

층 집무실로 올라갔다. 안두희는 그때부터 백범 선생에게 국회소장파, 김약수, 남북협상, 미군 철퇴, 5·10선거, 여순반란, 송진우[53] · 장덕수 암살 등 여러 정치 현안을 질문하거나 논쟁을 벌였다고 했다. 그런 가운데 마침내 백범 선생이 크게 노하셨다는 것이다.

붓이 날아오고, 책이 날아오고, 종이뭉치가 날아오고…. 나는 고개를 수그리고 잠깐 생각의 여유를 포착하려 했다. 무슨 말씀인지 기억은 없으나 선생님께서는 노후(怒吼, 성내어 으르렁거림)를 계속하시는 것이었다.

안 됐다. 선생의 심기는 도저히 바꿀 수 없는 것이 되고 말았구나. 저 그늘 밑에 칩복(蟄伏, 집안에만 틀어박히어 있음)한 것들을 제(除)하려고 노력하는 것이 오히려 도로(徒勞, 헛된 수고)일 것이다. 그들의 주체인 대목(大木)을 찍어 버리자. 그것이 비상시에 봉착한 국가민족을 위하는 길이요, 백범 선생 장본인의 오명(汚名)을 막는 길인 것이다.

…

나의 오른편 손에는 어느새 권총이 뽑혔다. 반사적으로 움직인 왼손은 날쌔게 총신을 감아쥐었다. 제그덕! 장탄을 하면서 얼굴을 들었다. 앗! 선생께서는 그 거구(巨軀)를 일으켜 두 팔을 벌리고 성낸 사자같이 엄습하여 오는 것이 아니냐. 눈을 감으며 방아쇠를 당겼다.
"영감과 나라와 바꿉시다." 고성인지 신음인지 나도 모르는 소리를 지르며…. 빵! 빵! 빵! 유리 깨지는 소리, "으응" 하는 비명, 코를 찌르는 화약 냄새, 겨우 눈을 들었다. 선생님의 커다란 몸집은 사지가 늘어지고 두부(頭部, 머리), 흉부(胸部, 가슴)로 피를 쏟으며 의자와 함께 옆으로 쓰러졌다.

무서웠다. 나는 발을 옮기어 옆 마루 미닫이 뒤로 돌아섰다. 아현동 쪽으로 향한 들창에 기대섰다. 광활한 푸른 하늘 저편에는 하얀 구름이 뭉게뭉게 솟아오르고 있었다.

하늘도 고요하고, 땅도 고요하고, 내 마음도 고요했다. 공허한 내 마음에는 '사람을 죽였다'는 쇼크도 좀처럼 일어나지 않았다. … 총구를 오른편 이마에 댔다.

'아니다. 죽을 때가 아니다. 지금 죽어서는 안 된다. 내가 말없이 이대로 죽으면 영원히 역적이 되고 말 것이다. 첫째 겨레의 안녕과 국가의 질서를 위하여 이 가공할 복마전의 정체를 폭로하여야 할 것이고, 후대 자손을 위하여 참된 단심(丹心, 정성스러운 마음)을 밝혀 두어야 할 것이다. …'[54]

안두희가 2층으로 올라간 지 2, 3분 만에 총소리가 났는데도 그는 백범 선생과 20, 30분 정도의 논쟁을 하였다고 날조했다. 이어 그는 국가와 민족을 위해 김구 선생을 살해했다고 잔뜩 자기변명을 늘어놓았다.

1949년 7월 8일 금

… 건드리려야 건드릴 수 없는 불가침의 거목(巨木). 이 백범이라는 우거진 나무를 베어 넘김으로써 한독당이라는 울타리를 허물어 버리고, 그 나무 그늘 아래서 준동하는 요마(妖魔)들을 없애 버릴 수 있었기 때문이다.

…

이리하여 국보인 거목 한 그루는 아깝게도 없어졌지만 벌목한 죄인,

이 미천한 초부(樵夫, 나무꾼)의 결사적인 작업에 의하여 요마들의 음모에서 양성중이던 국가민족의 위해를 사전에 제거했고, 또 비밀당원이라는 요술망에 걸려서 역적이 될 뻔한 수많은 청년들을 사지(死地)에서 건진 것이 아닌가.

법(法)에 사(私)가 없으니 초부(樵夫, 나무꾼 여기선 보통사람)는 죽을 것이다. 애당초 죽기로 했다. 그러나 그저 죽어서는 안 된다. "요마(妖魔)들아!" 소리를 지르면서 그놈들과 인가면(人假面, 사람의 탈)을 벗기고 나서야 죽을 것이다. … [55]

양대(兩大, 민주주의와 공산주의) 조류의 알력(軋轢, 충돌) 하에 국토는 양단되고 해방의 신기운에 해외 망명파와 국내 유수파(留守派, 잔류파)가 동상(同床, 같은 잠자리)에 들면서부터 각각 꿈을 달리하게 되었고, 또 남한과 북한이 38도선으로 완전히 갈렸으니 장차 남파(南派) 북파(北派) 또한 없을 것인가. 식자(識者)치고 이조의 쇠망한 역사 알지 못하는 사람이 몇 사람 있으랴. 구두탄(口頭彈)을 일삼는 그이들에게 묻고 싶다. 이 당파가 타협 없이 그대로 자라야 할 것인가? 사색당쟁의 생생한 교훈을 저버려서는 안 될 것이다.

국사를 경륜하는 데 있어서 갑론(甲論)에 대한 을론(乙論)도 있어야 할 것이요, 더욱이 민주주의 정체하에서는 여당이 있으면 반드시 야당이 있어야 할 것이다. 그러나 이 논의와 주장의 대립은 오로지 국민의 총의인 국시(國是, 국가이념)라는 궤도 위에서만 움직일 수 있는 것이어야 할 것이다.

한국독립당을 보라! 이 당은 여당은 물론 아니고, 야당인지 모르나 우리의 소견에는 우리나라의 합법정당인 것 같지 않다. 정부를 부인하고 국책을 방해하는 것이 이 나라 정당일 수 있을 것일까. 이런 당이라면 공산당보다 미운 당이며 무서운 당이다. 공산당은 당당히 명분을 밝히고 나선 정면의 적이 아닌가. 그렇다면 이 당은 이 나라의 혜택을 입을 수 없을 것이며, 이 나라 국법의 보호를 받을 자격을 가질 수 없을 것이다.

나는 국부이신 김구 선생을 시역(弑逆, 부모나 임금을 죽임)한 살인죄로 죽거니와 한독당은 대한민국 법의 보호권 내에서 추방되어야 할 것이며, 백일하에 요마(妖魔)들의 얼굴에서 인가면(人假面)을 박탈당해야 할 것이다.[56]

다시 『시역의 고민』 끝부분인 8월 2일자 일기의 한 부분이다.

R 중위는 이번 나의 형을 무기징역 정도 예언하면서, 복역중 후견인이 되어 주마하며 만약 사형이 되면 '후일 저승에서 다시 만나자'는 농담 아닌 웃음을 웃는 것이었다. 나는 감격의 눈물을 금치 못했다. 밤이 깊었는데 "안 소위 자는가?" 하며 R 중위가 또 왔다. 들고 온 종잇조각을 내민다. "애국자 안두희를 석방하라" "안두희 만세!" "무죄석방 만세!"라고 쓴 아직도 풀이 마르지 않은 벽보였다.[57]

안두희, 그는 누구인가

안두희는 1917년 평안북도 용천에서 태어났다. 아버지는 일제강점 초기에 토지측량기사로 큰돈을 번 졸부였다. 그는 신의주 기생집을 무상으로 출입한 한량이었다. 안두희가 다섯 살 때 어머니가 돌아가셨는데 마을 사람들은 남편의 외도로 일찍 죽었다고 쑥덕거렸다. 어머니 장례를 치른 뒤 곧 계모가 들어왔는데 그때부터 안두희는 늘 찬밥 신세였다.

안두희는 양시보통학교(현, 초등학교)를 졸업한 뒤 신의주상업학교에 입학했다. 학창시절 친구에게 맞은 뒤 이에 분발하여 검도와 권투를 배워 주먹으로 이름을 날리기도 했다. 그 무렵 안두희는 아버지 금고의 돈을 훔쳐 한때 가출하기도 했고, 그 뒤에는 친지 집에서 하숙하며 학교를 다녔다. 신의주상업학교 졸업반 때 일본인 아까마쓰라는 급우와 주먹으로 패권을 다투기도 했다.

안두희는 신의주상업학교 졸업 후 금융조합 서기로 발령받았다. 그 시절 신의주 기생과 눈이 맞아 정신없이 놀았다. 곧 안두희는 금융조합 서기에서 쫓겨나 고향으로 돌아갔다.

안두희는 스무 살 때 동갑인 장씨와 결혼했다. 하지만 부부 사이가 원만치 못했다. 안두희는 다시 기생집을 드나들며 박씨를 만났는데 그가 나중에 후처가 되었다.

1939년 안두희는 도쿄로 갔다. 그는 일본 메이지대(明治大) 전문부 법과에 입학하였으나 공부는 뒷전이었다. 그는 한때 댄서와 사랑에 빠지기도 하고, 일본 주먹들과 결투를 벌이기도 했다.

안두희는 고향 아버지에게 도쿄에다 아파트를 산다고 큰돈을 송금 받아 주머니에 넣고 다니면서 댄서와 북해도 스키 여행을 하고 도쿄로 돌아왔다. 천만 뜻밖에도 그때 아버지가 도쿄로 찾아와 모든 게 들통이 났다. 아버지는 어이가 없어 한동안 말을 하지 않다가 불쑥 물었다.

"학도병 니애기(얘기) 들어봤네?"

"네, 드덧습네다(들었습니다)."

"신의주에선 내레 친일 유디(유지)인데 너를 학도병으로 보내야갓다."

"가디 않갓습네다."

"메라구? 기럼 도망가갓다는 말이디."

"네, 기럴 생각입네다."

"고럼 넌 내 자식이 아니다."

"아바지 마음대루 하시라우."

"메라구? 너 이노무 자식!"

아버지는 아들의 뺨을 두 대 갈기고는 고향으로 돌아갔다. 그 뒤 안두희는 중국으로 건너가 안휘성 회남(淮南), 강소성 서주(徐州) 등을 전전했다. 회남에서는 일본군 관리기관인 통제품판매조합의 이사로 일했고, 서주에서는 냉면집을 했다. 그 무렵 안두희는 신의주 기생 박씨를 중국으로 불러들여 살림을 차렸다.

1943년 중일전쟁의 전황이 급박해지자 안두희는 신의주로 돌아왔다. 그때 안두희 아버지는 경교장(당시 죽첨장[竹添莊]) 원래 주인인 최창학 씨와 함께 압록강토지개량주식회사를 경영하고 있었다. 아버지는 아들을 너그러이 받아 주며 고향의 일부 땅 문서와 여기서 나온 수익금이 예금된 통장을 주었다. 그래서 안두희는 용암포에서 새 터전을 잡았다.

안두희는 일제 말기 보국대 징용이 극성을 부리자 이를 피하고자 용암포 군청에서 고원(雇員, 임시 직원)으로 근무했다.

1945년 해방이 되자 안두희는 모든 재산을 공산당에게 몰수당했다. 그의 아버지도 공산당에게 반동분자로 몰려 그들 가족은 신의주에서 쫓겨났다. 그들은 청천강 강마을로 피신했으나 거기서도 쫓겨났다. 다시 의주로 갔으나 거기서도 쫓겨났다.

안두희는 공산당에게 세 번이나 쫓겨난 뒤 월남을 결심했다. 그는 금덩

어리를 가지고 남하하려고 준비하다가 보안대에게 붙잡혀 온갖 곤욕을 치렀다. 그때부터 안두희는 공산당이라면 치를 떨었다.

1947년 안두희 가족은 신의주에서 출발하여 38선을 넘어 서울로 내려온 뒤 한동안 처제네 집에서 묵었다. 안두희는 곧 서북청년단에 들어갔다. 처음 안두희는 서북청년단 행동대원 합숙소 사감 겸 총무부장을 지냈다. 그때 문봉제 씨가 서북청년단 위원장, 김성주 씨가 부위원장이었다. 이 무렵 안두희는 미군 방첩대(CIC)의 정보요원으로, 그리고 우익 테러 조직 백의사(白衣社)의 자살특공대원으로 활약했다.

1948년 11월, 안두희는 육군사관학교 8기 특3반에 입교한 뒤 3개월 후 포병 소위로 임관했다.

1949년 4월, 안두희는 홍종만의 주선으로 한독당 조직부장 김학규의 추천을 받아 당원이 되었다. 이는 김구 살해사건의 원인을 한독당 당내 내분으로 조작하려는 치밀한 음모였다.

마침내 안두희는 1949년 6월 26일 한낮 경교장에서 그가 소지한 미제 45구경 권총으로 김구를 향해 방아쇠를 당겼다.

경교장 앞에 선 권중희 씨. 2003. 10.

5. 정의봉을 휘두르다

> 안두희 씨 피습 중상. 어제 낮 마포구청 앞서. "반역자 응징" 각목으로 때려 백범 암살범 83년부터 행방을 추적했다. 한동네로 이사… 계획 폭행한 50대 영장
> 27일 낮 1시 10분경 서울 마포구 성산동 마포구청 앞 버스정류장에서 지난 1949년 백범 김구 선생을 암살했던 안두희(70) 씨가 권중희(51) 씨로부터 몽둥이로 온몸을 두들겨 맞아 머리가 깨지고 갈비뼈가 부러지는 등 중상을 입고, 인근 서부성심병원에 옮겨져 치료를 받고 있다. - 1987. 3. 28. 동아일보

안두희의 거주지를 찾다

대담이 길어져 잠시 쉬기로 했다. 그 사이 두 분은 화장실도 다녀오고 마당에 나가 북한산 일대를 바라보며 바람을 쐤다. 집안 여기저기를 뒤지자 마침 아내가 담아 갈무리해 둔 포도주가 나왔다. 찬장에서 글라스를, 냉장고에서 명태·오징어포 그리고 고추장을 찾아 거실 대담 밥상 위에 올려놓고 세 사람이 건배했다.

권 : 내가 오늘 진짜 훈장 집에 온 기분이 나오. 이 집 마당에서는 산만 보이고…. 좁은 집안에는 온통 책뿐이고 화단에는 꽃도 심어져 있고.

박 : 다시 안두희 추적 이야기나 들려주시지요.

권 : 안두희 그놈은 용의주도하게 언제나 주민등록상 주거지와 실제 살고 있는 주거지를 다르게 했습니다. 주민등록상에는 늘 처 박 아무개나 막내아들 안 아무개를 세대주로 올려놓았더구먼요. 1983년 8월 10일, 드디어 안두희가 실제 살고 있는 잠실주공아파트를 찾았지요. 그때는 안두희가 간덩이가 부었는지 웬일로 자기 이름을 세대주로 올려놓았습니다. 실제 거주지를 찾으니까 그동안 골탕 먹은 게 분하기도 했지만 한편으로는

그리워하던 옛 애인을 만난 양 몹시 기뻤습니다. 그날 나는 먼빛으로 안두희가 운동복 차림으로 산책을 나가는 장면도 훔쳐보았습니다.

권중희 씨의 안두희 추적사가 다시 강물처럼 흘러갔다. 나와 이항증 씨는 다시 그의 이야기에 깊이 빠져들었다.

내가 보기에는 안두희는 체구도 우람했고, 주먹도 보통이 아니었다. 내가 섣불리 덤볐다가는 자백은커녕 오히려 망신만 당할 것 같았다. 그래서 나는 그를 납치하여 자백을 받아 내기로 작정한 뒤 은밀히 주변사람들에게 도움을 요청했다. 하지만 모두가 그래야 한다는 당위성에는 공감하면서도 선뜻 행동에는 동참하려 들지 않았다. 내 계획대로 하자면 구속될 게 분명한 일이라 상대에게 강요할 수는 없었다.
그 무렵 나는 안두희 거처를 찾았지만 혼자 그자를 제압하여 자백을 받기에는 도저히 감당할 수 없는 일이라 동지를 구하는 일에 전념했다. 하지만 별 진전이 없었다. 그런 가운데 어느 날 지하철 광고판에 한 월간지 선전문구가 눈에 번쩍 띄었다.
"본지 독점 인터뷰, 안두희의 고백!"
순간 나는 드디어 '안두희가 입을 열었구나!' 그가 입을 열었으니 '이젠 내 숙제도 끝났구나'라는 생각이 들었다. 나는 지하철에서 내린 뒤 곧장 서점으로 가 그 월간지를 사서 열독했다. 꽤나 긴 그 글은 안두희의 참회록이 아닌 자기변명에다 한 부잣집 탕아의 청춘고백록이었다. 대담 끝부분에 기자가 "참회해 본 적이 있는가?"라고 묻자 안두희는 "참회? 절대 후회한 적은 없다. 내 죄는 국부를 시해한 원죄 같은 것이다. 지금 와서 할 수 없는 일이다. 누가 테러를 하면 맞아 주고 싶다. 그렇다고 내가 약 먹고 자살하기는 싫다"라고 끝맺고 있었다.

나는 그 대목을 읽자 피가 거꾸로 흘렀다. '그래 좋다. 네가 아직 임자를 못 만났구나. 기다려라. 내가 곧 네 임자가 되어 주마.' 나는 마음속으로 그렇게 다짐했다.

나는 안두희를 잡아 응징해야겠다고 결심한 그날부터 날마다 기초체력을 단련하고, 한편으로 합기도를 익혔다. 그래도 부족할 듯하여 봉술과 검도도 연마했다.

나는 그때부터 길이 50센티미터 정도의 박달나무 몽둥이를 준비해 늘 몸에 지니고 다녔다. 그 몽둥이 몸통에다 붓으로 '정의봉'이라는 글자도 새겨 넣었다. 나는 아예 반코트 속에다가 몽둥이를 꽂아 놓을 집을 기다랗게 만들어 달고 다녔다. 그러면서 시위진압 경찰처럼 그 몽둥이 집에서 정의봉을 잽싸게 빼들고 휙 내리치는 연습을 수도 없이 반복했다. 사실 안두희에게 접근하여 정의봉으로 두들겨 실신시키는 일은 나 혼자라도 할 수 있지만, 기골이 장대한 그를 위협하여 자백을 받아 내는 일만은 나 혼자 도저히 감당할 수 없었다.

나는 함께 행동해 줄 동지를 계속 구할 수 없어 답답했다. 그렇다고 신문광고를 낼 수도, 종로 탑골공원에 가서 공개적으로 동지를 모을 수도 없는 일이었다.

그러는 새 차일피일 세월이 흘러 1987년 여름이 되었다. 그 사이 안두희는 주거지를 서울 강동구 잠실주공아파트에서 경기도 김포군 고촌면 신곡리로 옮기고 새로 부인까지 얻어 살고 있었다. 부인은 경남 마산 출신 김 아무개로 상당히 다부져 보였다.

다정한 이웃

마침 손성표·정용호·임지은 씨 등 세 동지가 내 일을 돕겠다고 나섰다. 그래서 나는 그들과 함께 안두희를 납치하려고 거주지 김포군 고촌면 신곡리까지 갔으나 쉽사리 행동에 옮길 수가 없었다. 그 무렵 안두희는 처조카 백 아무개를 경호원처럼 데리고 다녔고, 집 안에는 사나운 개가 두 마리나 있었기에 때문이다. 나는 한밤중에 동지들과 몇 차례 납치 시도를 했지만 그때마다 개가 몹시 짖어 번번이 기회를 놓쳤다.

나는 이 일을 제대로 하기 위해 하는 수 없이 직장까지 그만두고 마침내 장기전으로 작전을 바꿨다. 먼저 안두희가 거처하는 동네인 고촌면 신곡리 성낙순 씨 집 골방을 얻어 홀로 이사했다. 그런 뒤 빚쟁이를 피해 서울에서 도망 왔다고 헛소문을 퍼뜨려 안두희와 접촉을 시도했다. 작전이 그대로 맞아떨어져 나에 대한 소문은 금방 동네에 퍼졌다. 이웃은 나를 보고 늘그막에 사업에 실패한 뒤 빚에 몰려 저렇게 숨어 산다고 동정하기도 했다. 그 소문이 안두희 귀에까지 들어갔는지 이따금 텃밭을 가꾸며 힐끔 쳐다보는 안두희의 표정에는 나를 경계하는 빛이 점차 사라지고 곧 서로 자연스레 인사까지 나누는 사이로 발전했다.

어느 날은 집주인 성낙순 씨가 나에게 안두희가 동네에 먼저 온 어른이라고 정식으로 인사하라고 했다. 말인즉 옳아 나는 성낙순 씨의 의사에 따르기로 했다. 나는 안두희와 악수할 때 내 이름은 말하지 않고 권 씨라고만 말하며 손을 내밀었다.

"나, 안두희요."

그는 솥뚜껑만한 손을 내밀어 내 손을 잡고 아주 당당하게 말했다. 나는 순간 피가 거꾸로 치솟는 분노를 느꼈다. 나는 그가 가명을 대거나 아니면 자기 이름을 우물거릴 줄 알았는데 어찌 그렇게 당당할 수 있다는 말인가. 그 순간 나는 그를 당장이라도 요절내고 싶었지만 이를 꽉 물고 참았다.

나는 이웃사람을 통해 안두희가 커피와 바둑을 몹시 좋아한다는 것을 알았다. 어느 날 안두희가 자기 집 잔디밭을 손질하고 있기에 지나가는 척하다 울안을 넘어다보며 인사를 건넸다.

"안 선생, 안녕하세요. 잔디가 아주 좋습니다. 거기 앉아 바둑 한 판 뒀으면 좋겠습니다."

"권 씨, 바둑 둘 줄 아시우."

"그냥 조금 둡니다. 안 선생은 어느 정돕니까?"

"나말이우. 틸팔(7, 8)급 덩돈(정도인)데, 권 씨는 멧 급이우?"

"저도 그 정돕니다."

나는 2, 3급 실력이지만 너무 급수차가 나면 재미없기에 일부러 그 정도 된다고 말했다.

"이봐 권 씨, 벨일 없으문 당당(당장) 들어오시오. 잔디레 한창 자라고 이시니 여게서는 냉둥(나중)에 두기루 하구 맨제(먼저) 내 집 마루에서 한 판 둡세다."

"좋습니다."

그날 이후 곧 나는 안두희와 바둑까지 두는 다정한(?) 이웃 사이로 발전했다. 나는 안두희와 바둑을 둘 때는 무릎을 꿇고 두었다. 나에게는 그럴 만한 까닭이 있었다. 내 반코트 안에는 늘 안두희를 두들겨 패줄

정의봉 몽둥이가 꽂혀 있었다. 자칫 실수로 몽둥이가 바깥으로 내비칠 염려 때문이었다.

한때 이대앞에서 기원을 경영했던 나는 바둑으로 안두희를 데리고 놀았다. 무슨 경기든 실력이 엇비슷하며 서로 이겼다 졌다 해야 재미가 있다. 안두희는 나와 바둑을 두면 아주 미친듯이 좋아했다. 그도 그럴 것이 나는 일부로 그에게 져 주기도 하고, 바짝 약을 올리며 이기기도 했기 때문이다. 안두희는 그때마다 좋다고 쾌재를 부르거나 애석하다고 비명을 질렀다. 바둑을 신선놀음이라고 하는데 안두희는 그 나름대로 늘그막에 외롭고 심심할 터인데 바둑 호적수를 만났으니 나의 출현이 얼마나 반가웠겠는가. 매번 내가 무릎을 꿇고 바둑을 두자 어느 날 안두희가 정색을 하며 말했다.

"권 씨, 펜히(편히) 앉아요."

"괜찮습니다. 저는 이게 더 편합니다."

"권 씨 본관이 안동이우?"

"그렇습니다. 고향도 본관도 안동입니다."

"역시 낭반(양반) 고당(고장) 안동사람은 멘가 다르구만."

안두희는 나와 바둑 두는 시간이 하루 일과 중 가장 즐거운 시간인 양, 바둑을 둘 때는 부인에게 커피나 인삼차를 연신 내오게 하거나 부침개를 부쳐오게 했다.

어느 날 안두희와 함께 바둑을 두는데 내 귀가 번쩍 뜨이는 말을 했다.

"내레 내일은 서울에 돔(좀) 다녀오가서."

"그럼 나는 하루 종일 심심해서 어떡하나…."

나는 능청스럽게 혼잣말처럼 중얼거리며 내 속마음을 눈치 채지 못하게 했다.

이튿날인 1987년 3월 27일 12시 무렵, 내 집에서 담 너머로 보니까 안두희가 외출 채비를 하고 막 집을 나섰다. 나도 미리 외출 채비를 한 뒤라 잽싸게 내 집을 나서 20-30미터 간격을 두고 계속 그를 뒤따랐다. 나는 버스정류장 못 미친 곳에 이르러 빠른 걸음으로 안두희에게 다가가 우연히 만난 것처럼 말을 건넸다.

"아니, 이제야 나가십니까?"

"어! 웬일이야. 오늘 집에 이갓다구(있겠다고) 하더니."

"바둑 둘 상대도 없고 따분할 것 같아 저도 오늘 집에 잠깐 들러 옷이나 갈아입고 오려고 나갑니다."

"기래? 잘돼서. 기럼 우리 항께(함께) 가자구."

내가 그토록 벼르고 벼르던 안두희와 함께 같은 버스를 타다니. 애당초 계획대로 된 것은 아니지만 나 혼자라도 그를 응징할 수 있는 기회가 주어지다니…. 나는 하늘을 쳐다보며 마음속으로 빌었다.

'백범 선생님, 오늘 제가 저자를 아주 요절내 놓겠습니다.'

안두희는 마포구청 앞에서 버스를 갈아타기 위해 내렸다. 그래서 나도 안두희에게 집이 그 근처라고 둘러대고 따라 내렸다. 나는 우선 다방 같은 데서라도 암살배후를 자백 받고 응징해야겠다는 속셈으로 그에게 차 한 잔하자고 제의했다. 그러나 안두희는 출발 직전 집에서 차를 마셨다고 하면서 내 청에 응하지 않았다. 나는 갑자기 조급해졌다. 우물쭈물하다가는 하늘이 준 기회를 놓칠 것만 같았다. 나는 그제야 왼손으로 안두희의 오른쪽 어깨를 잡고 본론을 꺼냈다.

"꼭 차만 들자는 게 아니라 김구 선생 암살에 대해 물어볼 말도 있고….."
"뭬라구!"
내 말도 끝나기 전에 안두희는 펄쩍 뛰었다. 그는 주머니 속의 손을 빼면서 눈이 휘둥그레진 모습으로 나에게 덤빌 듯한 자세였다. 아주 험상궂은 모습이었다. 나는 그 순간을 놓치지 않고 겨드랑에 숨겨둔 정의봉을 꺼내 젖 먹던 힘까지 한데 모아 전광석화로 안두희 이마를 내리쳤다. 그는 "아악" 하는 비명과 함께 그 자리에서 고꾸라졌다. 그러자 주위사람들이 몰려들었다. 나는 그들에게 소리쳤다.
"이놈이 바로 38년 전, 김구 선생께 총을 쏜 민족반역자 안두희다! 나는 이놈을 찾기 위해 그동안 5년을 찾아 헤맨 사람이다. 내가 이놈을 두들겨 팰 테니 모두 비켜라!"
주위사람들이 놀라 비켰다. 안두희는 이마에서 피를 흘리면서도 내 바짓가랑이라도 잡으려는 듯 허우적거렸다. 순간 나는 백범 선생 머리와 가슴에 방아쇠를 당긴 안두희의 손부터 요절을 내고자 정의봉으로 내리쳤다.

한참 동안 정의봉으로 안두희를 신나게 두들겨 팼다. 수십 년간 쌓인 울분이 싹 가신 듯했다. 그만하면 목숨은 붙어 있을지라도 병신은 되리라는 생각이 들었다. 그래서 나는 안두희를 패던 일을 멈추고 미리 준비하여 주머니에 넣고 다니던 '반역자를 응징하면서'라는 성명서를 안두희가 쓰러진 자리에다 남겼다. 그런 뒤 정의봉을 다시 겨드랑이 주머니에 넣은 다음 택시를 타고 내 집으로 돌아왔다. 그때 내 생각은 순진하게도 그만하면 안두희가 혼쭐이 나서 제 스스로 모든 진상을 털어놓으리라 생각했다. 만일 안두희 입에서 배후가 밝혀지고 아직도 뻔뻔히 살아남은 자가 있다면 나는 그자도 내 정의봉으로 실컷 패 주고자 굳이 그 정의봉을 겨드랑이 주머니에 넣어 온 것이다.

반역자를 응징하면서
독립운동의 화신이며 구국의 상징으로 대한민국임시정부 주석이시던 백범 김구 선생이 가신 지도 어언 38년이나 흘렀다. 그동안 모든 것이 많이 변했지만 그때나 지금이나 변함없이 오히려 더 응어리진 것은 분단으로 인한 민족의 통한이다. 그 당시 백범 선생의 통일 구국이념대로 서로 뭉쳤던들 오늘처럼 국토가 분단되어 동족끼리 서로 싸우게 되지는 않았을 것이다. 오늘날 민족통일이 절실히 요구될수록 일체의 외세 간섭이 없이 민족자주통일만이 고수하시던 백범 선생의 생각이 더욱 간절해지며 그 뜻이 참으로 옳았다는 것을 새삼 느끼게 하고 있다. 그런 불세출의 위대한 민족지도자를 암살한 역적은 아직도 우리와 같이 대기를 호흡하고 있는데도 처형은 고사하고 그 배후조차 규명하려 들지 않는 것은 무엇 때문인가.

반역자 처단을 꼭 정부에만 미룰 일이 아니고 누구나 언제 어디서든 결행할 수 있는 일이지만 내가 이때껏 개인적 응징을 유보하고 정부 차원의 처단을 촉구한 것은 대국민 교훈 면에서 더 나은 효과를 기하고자 하는 의도에서였다. 그러나 역대 정권들은 일사부재의니, 공소시효니 하며 처형을 기피해 오지 않았던가. 독립투사를 죽인 반역자에게 무슨 시효를 따진단 말인가. 이 민족이 살아 있는 한 반역에 대한 시효는 영원할 뿐이다.

한 시대의 사회상이 그 시대 정치의 표현이라면 광복 후 오늘까지 우리 사회상은 마치 뿌리 썩은 나뭇가지에 조화를 달아 놓고 향기와 생명이 약동한다고 우기는 거나 다름이 없다. 민족은 있어도 혼은 없고, 위정자는 많아도 정치가는 볼 수 없고, 학자는 흔해도 선비는 드물고, 깡패는 득실대도 협객은 없다 보니 모두가 불의에 면역되고 악에 중독되어 올바른 가치관이나 사회정의가 모두 파괴돼 버린 폐허 속에서 자아마저 상실한 채 모두가 헤매고만 있다.

우리는 민족혼만 살아 있으면 잃었던 땅도 되찾을 수 있지만, 민족혼이 죽고 나면 이나마 차지한 땅마저도 잃게 되는 것이다. 이에 나는 죽어 가는 민족혼을 일깨우기 위해 오늘 그 암살 역적을 응징하기에 이르렀다.

대한민국 68년 3월
권중희[58]

내가 집으로 돌아온 얼마 뒤 곧 경찰이 내 집으로 달려왔다. 나는 그들에게 연행되어 마포경찰서로 갔다. 그때 안두희가 입원한 병원에 들러 취재를 마친 기자들이 나를 취재하고자 마포경찰서로 들이닥쳤다. 나는 기자들에게 먼저 안두희의 피해 정도부터 물어봤다. 그랬더니 그들은 전치 3주 정도의 부상이라고 했다. 나는 하도 어이가 없어 다시 물어도 3주 진단이 분명하고 했다. 나중에 증거물로 압수된 내 정의봉을 보니까 그날 내가 너무 흥분한 나머지 정의봉 끝부분이 보도블록에 부딪쳐 반쯤 쪼개져 있었다. 안두희에게는 천운이겠지만 나는 그를 병신으로 만들지 못한 게 두고두고 후회스럽고 몹시 분했다.

내가 수감되자 여러 변호사의 무료 변론과 사회 여론, 그리고 각 애국 단체의 석방 요구가 들불처럼 일어났다. 그래서 나는 안두희 폭행죄로 징역 1년에 집행유예 2년을 선고받아 경찰에 연행된 지 35일 만인 1987년 5월 1일 서대문형무소에서 풀려났다. 출감 즉시 나는 안두희가 그새 어떻게 지내는지 궁금하여 고촌면 신곡리로 갔다. 아니나 다를까 벌써 그는 다른 곳으로 숨어 버렸다. 나는 김포 일대 이삿짐센터를 다 뒤지고 트럭 운전사를 일일이 찾아다닌 끝에 마침내 안두희가 새로 이사 간 곳을 알아냈다. 그의 새 둥지는 강동구 둔촌동의 한 아파트였다.

내가 마포구청 앞에서 정의봉으로 안두희를 두들겨 팬 이후 신문들은 연일 사건보도와 사설, 해설 등을 통해 백범 암살배후 진상규명을 촉구하고 나섰다. 당시 민추협 기관지 『민주전선』에는 나의 성명서 '반역자를 응징하면서'를 전재하면서, "백범 암살 진상을 항구적이고 입체적으로 규명하겠다"고 밝혔다. 하지만 그 이후 아무런 후속 조치도 없이 곧 흐지부지되고 말았다. 나는 그제나 이제나 이 나라 언론의 냄비 근성과 입만 뻥긋하면 조국과 민족을 위한다는 여야 정치인들을 믿을 수가 없었다.

그래서 나는 백범 암살배후 규명을 위한 평화적인 방법으로 단식투쟁을 벌였다. 꽤 여러 날이 지났는데도 언론이나 사회에서는 별 다른 반응이 없었다. 우리나라에서는 아직도 평화적 방법이 시기상조임을 깨우쳤다. 그런 가운데 한 젊은이가 찾아왔다. 그는 지난날 안두희에게 나를 자연스럽게 접근시켜 준 고촌면 신곡리 집주인 성낙순 씨의 양아들 노송구 씨였다. 그는 29세의 젊은이로 자기가 내 대를 이어 2차로 응징할 테니 안두희 거처와 응징 요령을 알려달라고 했다. 그는 단식중인 나에게 백만원군으로 반갑고 고마웠다.

나는 노송구 씨의 갸륵한 뜻에 감복하여 함께 2차 응징에 나서기로 했다. 나는 먼저 노씨에게 그 사이 둔촌동으로 이사한 안두희 집을 사전 답사케 했다. 그런 뒤 안두희에게 위압감을 주고자 노씨에게 군복을 사서 입혔다. 백범 암살사건 때나 그제나 대한민국에서 군복은 상대에게 위압감을 주는 복장으로 우리도 이이제이(以夷制夷) 수법을 쓰기로 했다. 그런 뒤 나는 1차 응징 때 미리 여러 개 준비해 둔 '정의봉' 한 개를 노씨에게 건네 줬다.

그 무렵 나는 단식으로 기력이 없기에 노씨가 안두희 집에 침투하여 그를 결박한 뒤 곧장 나에게 연락하기로 했다. 그러면 나는 즉시 녹음기를 들고 달려가 안두희에게 백범 암살배후 진상을 자백받기로 미리 약속했다. 나는 순박한 노씨가 침투에 성공한다고 해도 능구렁이나 여우처럼 교활하고 노회한 안두희에게 회유될 것 같은 예감으로, 절대 값싼 동정이나 어설픈 자비로 대의를 그르치지 말라고 신신당부했다.

우리는 1987년 7월 20일 밤 12시를 결행 시간으로 결정한 뒤 나는 그날부터 단식을 풀었다. 그날 밤, 초조하게 거사 결과를 기다리고 있는데 자정 무렵 노씨한테 전화가 왔다. 그는 무더운 날씨 탓인지 사람들이 바깥에 많이 나돌아 다녀 안두희의 집에 침투하기가 어렵다고 했다. 나는 하는 수 없이 그를 불러 다음날 새벽 1시로 결행 시간을 미뤘다. 다음날 새벽, 조마조마하고 긴장된 마음으로 거사 결과를 기다리고 있는데 새벽 3시 무렵에야 전화벨이 울렸다.

"선생님, 기자들 좀 불러 주세요."

나는 상황이 궁금해서 계획대로 잘되었느냐고 물었으나 아무런 대답도 없이 전화가 끊어졌다. 곧바로 몇몇 신문사와 방송국에 알렸더니 기자들이 안두희 집을 모른다고 같이 가자고 해서, 나는 한 신문사의 차를 타고 둔촌동으로 달려갔다. 내가 예측한 대로 노씨는 침투에는 성공했지만 안두희를 결박하는 데는 실패했다. 노씨 말에 따르면, 1시 무렵 안두희 집에 침투하는 데 성공했다. 담요를 덮고 자는 안두희에게 플래시를 비추면서 발길로 찼다.

"야! 이 역적놈아, 일어나!"

노씨가 소리치자 안두희는 깜짝 놀라 일어났다.

"이보라우. 내레 모다 니애기할 테니."

안두희 모든 걸 다 얘기할 테니 제발 좀 앉으라고 싹싹 빌었다. 그 말에 노씨가 앉으니까 안두희가 그대로 자기 고향 주특기인 평안도 박치기로 공격해 왔다. 노씨는 얼떨결에 그만 정의봉 몽둥이를 빼앗겼다. 정신이 뻔쩍 든 노씨는 기지를 발휘하여 오른손을 뒷주머니 쪽으로 숨겼다.

"쏜다! 손들어!"

노씨는 마치 권총이라도 가진 듯 위협하니까 안두희가 손을 들었다. 노씨는 안에게 달려들어 정의봉 몽둥이를 뺏은 후 다시 후려갈겼다. 그러는 사이 안두희의 처 김 아무개가 노씨의 발목을 꽉 붙잡고 고함을 질렀다.

"불이야!"

그 소리에 동네사람들이 불이 난 줄 알고 후다닥 뛰쳐나오고 119로 신고했다. 그 바람에 불자동차 · 방범대원 · 경비원 · 소방대원 · 경찰 들이 달려와 노씨는 주거침입 및 폭행죄로 연행됐다.

노씨는 그 사건으로 두 달 남짓 교도소 신세를 졌다. 나 때문에 젊은 사람이 생고생한 것 같아 두고두고 노씨에게 미안했다. 그 사건 후 곧 안두희는 둔촌동에서 인천 신흥동의 한 아파트로 이사를 가 버렸다.

진실을 외면하는 정부와 정치권

나는 근원적으로 백범 암살 진상을 규명하고자 사회 여론에 호소하고 아울러 정치인들에게 기대해 보았다. 한독당 동지회를 중심으로 대학로와 탑골공원, 그리고 남산공원 등지에서 '백범 암살 규명 범국민 서명운동'을 벌였다. 몇몇 대학생들이 자원봉사로 서명운동을 거들어 주었다. 하루 종일 수고한 그들에게 라면 한 그릇 사 주지 못하고 그냥 돌려보냈다. 이렇듯 어려운 상황에서 한독당 동지회만 고군분투했다. 마땅히 동참해야 할 광복회를 비롯한 독립유공단체에서는 아무런 지원도 없었다. 어느 하루 탑골공원에서 서명을 받고 있는데 괴청년들이 나타나서 "이미 지난 걸 가지고 뭘 소란을 피우느냐"라고 하며 서명대를 뒤집기도 했다.

나는 더 이상 당할 수만 없어 파출소에 가서 그 괴청년들을 막아달라고 하소연을 했다. 그러자 경찰들은 "이곳은 원래 그런 곳이다"라고 오히려 그들을 두둔했다. 다만 지나가는 몇 시민들은 빵과 음료수를 사다 주기도 하고, 한 시민(황영구 치과의사)은 지나다가 우리를 보고 그날 자기 지갑에 들어 있는 돈을 몽땅 털어 주기도 했다.

마침내 서명자가 2만 명이 넘어 그걸 국회에 제출하고 그 결과를 기다렸으나 줄곧 감감무소식이었다. 여야 정상배들은 검은돈이나 먹을 줄 알았지, 나라나 민족의 장래를 생각하거나 민족정기를 세우는 데는 도무지 마음이 없었다.

나는 그래도 그들을 통해야 일이 될 것 같아 1989년 1월에는 13대 국회의원 전원에게 국회 차원에서 진상규명할 것을 촉구하는 호소문을 보냈다. 이백여 명의 국회의원 가운데 회신을 보내온 의원은 독립운동가 우당 이회영 선생 후손 이종찬 의원뿐이었다. 나는 아주 참담한 심경으로 국회의원을 통한 백범 진상 규명의 뜻을 접었다. 다시 한 번 그들은 나라나 민족을 위한 정치가라기보다 제 뱃속이나 채우는 정상배라는 걸 확인했다. 그러면서도 나 혼자만이라도 기어이 백범 암살 진상을 밝혀야겠다는 결의를 더욱 다졌다.

내 뜻은 변함이 없지만 언제나 함께 행동할 동지가 없었다. 백방으로 사람을 구해 봐도 같이 일할 동지를 구할 수가 없었다. 그러는 사이 인천에 사는 안두희 이웃집 아무개에게서 연락이 왔다. 한동안 자취를 감췄던 안두희가 다시 돌아왔다는 것이다. 그런데 이제는 안두희가 중풍이 들었다는 얘기도 전했다. 나는 이제 그가 자신이 죽을 때가 된 것을 알고 마음이 약해졌을 테니 그의 양심에 호소하면 암살 진상을 털어놓으리라는 순진한 기대를 가졌다. 그래서 나는 그에게 긴 편지를 띄웠다.

반역자는 실토하라!
나는 진작 너를 처단할 수도 있었지만 입때껏 기다려 온 것은 너에게도 한 조각 양심이 남아 있으려니 여겨 암살 진상을 실토하리라 믿었기 때문이다. 그러나 너는 이 순간까지도 입을 다물고 있어 마지막으로 이 편지를 보낸다.
이 세상에는 여러 흉악범도 많지만 너처럼 민족을 배반한 행위보다 더 크고 극악무도한 죄는 없다. 네가 김구 선생을 살해한 것은 선생의 육신만 죽인 단순살인이 아니라 바로 이 나라 민족정기를 죽인 반역범이기에 너야말로 천추에 용서받을 수 없는 민족의 공적이다. …
너의 인생이 가련해 마지막 기회를 주노니 모든 것을 숨김없이 털어놓아라. 그 어떤 흉악범도 죽음이 가까워지면 한없이 착해지고 진실한 마음으로 돌아서게 된다는데 이제는 너도 병들어 네 인생의 막이 내려지고 있는데도 어찌 말이 없느냐. 반역정권의 비호 때문이냐, 배후세력의 협박 때문이냐. 아니면 극악무도한 네 천성 탓이냐. 너에게 한 가닥 양심을 기대해 본다는 것이 더없이 어리석은 일이겠지만 최후의 기회를 줄 때 이제라도 지난 죄를 실토하고 참회한다면 민족의 품속에서 고이 잠들게 내가 앞장설 것이다.[59]

나는 이 편지를 보낸 뒤 안두희가 심경 변화를 일으켜 답장해 주기를 고대했지만 끝내 감감무소식이었다. 나는 정부 차원의 진상규명을 위해 마지막으로 한 번 더 촉구하고자 1991년 7월 24일 노태우 대통령에게 내용증명으로 진정서를 발송했다.

통고서
발신인: 서울 서대문구 북가좌1동 000번지 권중희
수신인: 서울 종로구 세종로1번지 청와대 대통령 노태우
통고 요지: 민족정기 확립에 관한 건

… 민족정기란 이 나라 민족의 일원으로서 누구나 갖춰야 할 정치 이전의 양심이며 대의라고 믿습니다. 그리고 논리 이전의 의식문제라고 생각합니다. 나무로 말하면 뿌리요, 건물에 비하면 기초공사와도 같은 것으로 그 어떤 거목이나 고층건물도 뿌리와 기초공사가 튼튼해야 우뚝 서 제 기능을 다할 수 있는 것처럼 우리 민족이 제대로 발전하려면 때늦긴 했으나 이제라도 무엇보다 민족정기를 확립하는 사업부터 해야 한다고 믿습니다. 통일도 민주도 반드시 민족정기가 확립된 바탕 위에서만 이룩될 수 있고, 민족정기 확립은 반드시 반역배 소탕으로만 실현될 수 있는 일입니다.

그런데도 건국 초기 이승만은 인재 궁핍을 빙자하여 과거의 친일 반역배들을 요직에 중용하여 각계각층에서 군림토록 했을 뿐 아니라 국민 모두가 적극 지지하는 '반민특위'마저 강제 해체하여 당연히 처형되어야 할 친일 수괴들을 석방시킴과 동시에 도리어 민족 양심세력들은 투옥·처형했는가 하면 심지어는 안두희 같은 반역배를 조종하여 독립투사를 암살케 하고 그런 암살자의 부귀영화를 보장해 줬습니다. …

다른 범죄에는 시효가 있어도 민족반역자 처형에 대한 시효가 없다는 것은 세계적인 통례요, 불문율입니다. 이스라엘이나 독일·프랑스 등은 그들 민족에게 해악을 끼친 자들을 수십 년이 지난 지금도 끝까지 추적하여 세계 어느 곳에 숨어 있어도 그들을 체포한 뒤 본국으로 송환하여 기어코 처형하고 있습니다. …

귀하가 1979년 9사단 병력을 이끌고 서울에 진입하여 그 악명 높은 전두환 정권 창출에 결정적 역할을 다했던 그 힘과 정열의 만분지일이라도 민족정기를

소생하는 일에 힘을 썼다면 안두희 같은 반역배는 벌써 처형되었을 것이며, 그로 인한 귀하의 명성은 후세에 길이 빛나게 되리라 생각합니다. …
안두희는 지금 여생을 점치기 어려운 병마에 시달리고 있습니다. 그가 죽기 전 응징은 그만두더라도 진실규명만이라도 꼭 해야 한다는 시대적 책임이 오늘을 살고 있는 우리 모두에게 주어져 있다고 생각합니다. 귀하의 조치를 기대합니다.

1991. 7. 24. 권중희[60]

그 얼마 후 회신이 왔다. 청와대에서는 국방부 소관이라고 거기로 이첩했다고 했다. 다시 얼마 후 국방부에서는 법무부 소관이라며 그곳으로 이첩했다고 통보했다. 다시 얼마 후 법무부에서는 검찰총장으로 하여금 처리하고, 그 결과를 통보하겠다는 회신을 보낸 뒤 내내 감감무소식이었다.

정부 당국은 나의 진정서를 마치 배구에서 공이 날아오면 튀기듯이 다른 부처로 보내거나 아예 묵살해 버렸다. 나는 또 다시 손바닥으로 바위를 쳤다. 만일 이권이 따른 문건이라면 각 부처 간 서로 자기네가 맡겠다고 코피 터지게 싸웠을 것이다. 정말 이런 정부에 세금을 내고 사는 백성들이 불쌍했다.

나는 우리나라 헌법 전문에 "대한민국은 임시정부의 법통을 잇는다"고 해 놓고 임시정부 주석의 암살에 대해 정부가 그 진상조차 밝히지 않는 점에 대하여 도저히 이해할 수가 없었다. 하늘에 계신 김구 선생의 통곡 소리가 들려오는 듯했다. 정말 이 나라가 "왜놈들에게 해방된 나라냐"고, 이제 우리나라가 다른 나라에게 빼앗긴다면 "누가 독립운동을 하겠느냐"고, 김구 선생이 눈도 감지 못하신 채 통곡하신 듯했다. "네 이놈들! 당장 헌법 전문을 뜯어고치라!"고 큰소리로 꾸짖는 것 같았다.

전두환과 노태우, 그들은 자기들 집단을 '민주정의당'이라고 했다. '정의'라는 낱말을 모독하고 훼손한 자다. 나중에서야 그들의 진면목이 속속들이 드러났지만 그들은 만주의 마적보다 더 나쁜 자들이다. 마적도 의협심이 있어 때로는 의적이 되기라도 하는데, 그자들은 청와대 영빈관에다 기업주들을 불러다가 돈을 뜯거나 제 자식 시집 장가보내는 것에 권력을 이용한 국정문란 행위자들이다. 대통령직을 한낱 가문의 영광이나 치부의 수단으로 이용한 파렴치한 자들이다. 그들은 만주국의 푸이(溥儀)나 이란의 팔레비와 같은 자들이다. 이런 자들은 국정파괴범으로 공개처형해야만 그 뒤 후임자들이 정신 바짝 차리고 다시는 그 따위 짓을 하지 않을 것이다. 그런데 더욱 피를 토할 일은 이런 자에게 몰래 돈을 받아먹는 야당의원들이 '민주'니, '정의'를 부르짖는 꼴불견이다. 더욱이 야당 지도자들은 국회의원조차도 당비 헌납이라는 허울 좋은 이름으로 돈다발을 받고 매관매직했다. 그들에게 돈을 주고 국회의원이 된 자들이 그 돈의 몇 배를 뽑을 것은 불을 보듯 분명한 일이다. 그러다 보니 이 나라는 썩지 않은 곳이 없다. 정치 경제계는 말할 것도 없고 사회 문화 교육계는 물론이거니와 종교계조차도 진흙탕이나 다름이 없다. 오늘의 대부분 정치지도자들은 조선의 망국 원인인 매관매직을 답습했던 매국노와 다름이 없다. 이런 도당(徒黨)들에게 내가 무엇을 기대할 수 있다는 말인가.

나라가, 정치인들이, 독립운동가의 암살배후를 밝히는 일에 외면한다면 '민족정기'를 위해 어쩔 수 없이 나 같은 필부가 린치(Lynch, 私刑)를 가해서라도 그 진상을 밝혀야 한다는 결론에 이르렀다. 나는 다시 실정

법에 저촉되는 범법자가 되더라도 안두희 그자를 납치하여 암살배후를 밝히기로 다짐하고 함께 거사할 동지 규합에 나섰다.

정의가 메마른 사회

논어에 "군자는 의로움에 밝고, 소인은 이익에 밝다(君子喩於義, 小人喩於利)"고 했다. 군자와 소인을 아주 명쾌하게 잘 견준 말이다. 그런데 우리 사회는 날이 갈수록 의를 좇는 사람보다 이로움을 좇는 사람이 많아지고 있다. 아니 의를 좇는 사람은 눈을 닦고 찾아도 잘 보이지 않는다. 어쩌다가 의를 좇는 이를 보면 그를 격려하거나 본받으려 하지 않고, "저 사람은 어디가 좀 모자라는 사람이 아니냐?"라고 취급을 하거나, "잘 해 봐. 얼마 가나" "저 혼자 잘난 체 하네" "삐딱한 친구야" "모난 사람이다" 따위의 말로 빈정대거나 야유하는 세태다.

그 반면에 이익이 되는 일에는 쓰레기더미에 쇠파리 끓듯 우글거린다. 자기에게 이익만 된다면 시비선악도 가리지 않고, 마치 불나비가 불을 보고 뛰어드는 꼴과 똑같다. 오히려 많이 배운 사람일수록 더 그런 것 같다. 연일 무슨무슨 비자금으로 신문을 도배질하는 정계, 그러고도 의정 단상에 서면 부정부패 척결을 외치고 나라와 겨레 사랑은 자기들만의 전유물이다. 정치계만 그런 게 아니다. 우리 사회 구석구석 그렇지 않는 곳이 없을 정도다.

이런 세태에 사람들은 불의를 저지르는 무리를 보고도 '오불관언(吾不關焉, 나는 상관치 않음)' 하는 풍토다. 그래서 백주 대낮에 민족지도자에게 총을 쏜 암살범도 그동안 잘 먹고 잘살았다. 이런 세상에 암살범 안두희를 12년 동안 끈질기게 추적한 권중희 씨는 이 시대의 의인이요, 집념의

분이다. 대체로 사람들은 어떤 일에 의분을 느껴도 일회성으로 끝나기 마련이다. 그런데 권중희 씨는 감옥행도 마다않고 직장도 팽개친 채 10여 년 오로지 암살배후 밝히는 일에 매달렸다. 그분은 일제강점기에 독립전사와 같아 보였다.

"외로워요."

권 씨는 대담 도중 이따금 나에게 외롭다고 했다. 당신의 행동을 이해하기보다는 우리 사회는 "당신이 뭔데 그런 일에 나서느냐?"고 힐난하는 사람들이 대부분이라고 했다. 아직도 현실의 벽이 너무 두텁다고 했다.

그 새 두어 시간이 흘렀다. 다시 잠시 휴식시간을 가지는 틈에 나는 커피를 내렸다. 세 사람이 거실 밥상에 앉아 커피를 마신 뒤 권 씨는 다시 이야기를 이어갔다. 한 시간짜리 녹음테이프도 그새 세 번이나 바꿨다. 다시 녹음테이프가 돌아갔다.

나는 2차 응징 실패 후 굳게 닫힌 안두희의 입을 열기 위해 다양한 방법을 모색했다. 아무런 반응이 없어도 계속 정치권에 진정서를 보낸다든지, 벽창호 안두희의 양심에 호소하는 편지도 보낸다든지, 안두희의 집을 찾아가서 좋은 말로 호소도 여러 번 해보았다.

그러나 정치권은 여전히 냉담했고, 안두희도 전과 다름이 없이 암살 배후에는 모르쇠로 완강했다. 어쩌다가 안두희가 입을 열면 암살에 관해서만은 늘 자기 단독으로 했으며, 순간적으로 저지른 우발 행동이었다고 우기면서, 단지 서청(서북청년단) 시절부터 미국 정보기관 사람들과 자주 만났다는 사실만은 덤으로 이야기했다.

1987년 내가 마포구청 앞에서 1차 안두희를 응징한 죄로 재판을 받을 때였다. 증인으로 소환된 안두희는 비가 억수같이 쏟아지는 날에도 선글라스를 끼고 재판정에 들어왔다. 나의 공동변호사 가운데 1949년 안두희의 육군중앙고등군법회의 재판 때 담당 검찰관 홍영기 변호사가 그에게 꼬치꼬치 그때의 범죄 사실을 추궁하자 안두희가 버럭 되받아쳤다.

"너기레(여기가) 권둥희 재판하는 곳이우? 안두희 재판하는 곳이우?"
안두희는 김구 선생에게 방아쇠를 당긴 자다. 김구 같은 거물을 쓰러뜨리는데 그들은 하수인을 아무나 골랐겠는가. 안두희는 뒷골목 예사 깡패나 주먹패거리와 달랐다.

"나 같은 디식(지식)분자가 우(위)에서 시킨 대로 하갓소?"
안두희는 스스로 엘리트라고 자처하는 자로 여간 교활하지 않았다. 나는 그런 자의 자백을 받아낼 수 있는 길은 단 하나뿐이라는 판단이 섰다. 하지만 그래도 한 번 더 호소해 보고자 1992년 2월 28일에는 정용호·김석용 동지와 같이 안두희 집으로 갔다. 나는 그 즈음에는 대낮에 이웃집에 놀러가듯이 그의 집을 찾는 사이로 끈끈한(?) 사이로 발전했다. 그날 나는 동지들과 안두희를 얼러 효창동 백범 묘소에 데리고 갔다. 나는 그가 그곳에 가면 심경의 변화를 일으키리라고 기대했다.

안두희는 백범 묘소에 이르자 '쇼'를 하는지 정말 눈물을 흘렸다. 하지만 내가 보기에는 그 눈물은 참회의 눈물이라기보다 '악어의 눈물'이거나 초라해져 버린 자신의 신세에 대한 자탄(自歎)의 눈물로 여겨졌다. 그가 진정으로 참회의 눈물을 흘렸다면 그때 묘소 앞에서 진상을 다 털어놓았을 것이다. 그는 묘소를 다녀오고도 계속 입을 다물었다. 나는 사생결단의 거사를 기획했다.

마침내 입을 열다

나는 결행의 날을 1992년 4월 12일로 잡았다. 이번 거사는 육철회·원궁재 두 동지와 함께 하기로 했다. 먼저 안두희의 처를 전화로 구슬려 그날 낮 11시 무렵 안두희 집으로 갔다. 밧줄과 정의봉은 가방 속에 숨긴 채 안두희와 마주쳤다. 그때 안두희는 중풍을 앓고 있었다. 나는 안두희에게 간청했다.

"이미 심증으로는 다 아는 일인데 괜히 혼자 십자가를 지고 불안에 떨며 살아갈 필요가 뭐 있소. 당신이 사건 진상을 죄다 털어놓기만 하면 내가 앞장서서 당신 신변을 보호해 주겠소."

"…."

"하늘이, 역사가 두렵지 않소?"

"기 따우(따위) 소리 집어치우라구. 내 집에서 나가라야! 날래 나가라우!"

그는 여전히 모르쇠로 입을 열지 않고 나의 간곡한 설득에도 듣지 않고 고함을 질렀다. 나중에는 이불을 뒤집어쓰고 얼굴조차 내밀지 않았다. 우리 일행은 꼬박 두 시간을 설득했으나 그는 여전히 이불을 뒤집어쓴 채 요지부동이었다. 나는 별수 없이 젊은 동지들과 비상수단을 쓰지 않을 수 없었다. 우리 일행은 가지고 간 밧줄로 안두희를 꽁꽁 묶었다. 그런 뒤 나는 안두희에게 최후통첩을 했다.

"좋다! 이제부터 내가 너를 죽여주겠다. 너를 살려둔 것은 네가 예뻐서가 아니라 진실을 듣기 위해서였다. 그동안 내가 할 수 있는 방법은 다 동원했다. 너를 달래도 보고 때려도 보고 협박도 해 보았다. 백범 선생 묘소에 너의 무릎을 꿇려도 봤다. 그래도 너는 입을 열지 않았다. 오늘 마지막 기회를 줘도 너는 입을 열지 않았다. 그렇다면 나는 너를 살려둘 수 없다. 하지만 나는 너를 단번에 죽이지 않겠다. 오늘부터 네 집에서 문을 잠그고 농성하면서 몇 년 몇 달이고 시들시들 말라 죽이는, 가장 고통스런 방법으로 잔인하게 너를 죽이겠다."

나는 말을 마친 뒤 정의봉으로 안두희의 정강이를 사정없이 후려갈겼다. 그는 결박당한 상태에서도 계속 악을 쓰며 발악했다. 그래서 나는 정말 죽일 것 같은 기세로 몇 차례 더 정의봉으로 갈겼다. 드디어 안두희의 입이 열렸다.

안두희는 거사 전 김창룡과 조선호텔 앞에 있는 '대륙상사'라고 위장한 육군 정보국에서 주로 만났는데, 그는 만날 때마다 이런 요지의 말을 했다.

"백범은 단정 수립을 반대하는 등, 대한민국에 해를 끼칠 사람이므로 제거해야 한다. 백범은 큰 나무로 그 밑에는 수많은 빨갱이들이 숨어 있다. 빨갱이를 일일이 잡아 없앨 수는 없으나 큰 나무를 쓰러뜨리면 그 아래 숨어 있는 빨갱이들은 자연스럽게 없어지게 된다."

그날 안두희가 자백한 내용을 요약하면 자기는 김창룡과 장택상[61]·노덕술[62]·최운하[63] 같은 사람으로부터 '지령이나 다름없는 암시'를 받았다는 것이다. 그는 이와 더불어 대단히 충격적인 자백을 토로했다.

"당시 한국주재 미군 정보책임자인 아무개 중령을 범행 전 몇 차례 만났으며, 그로부터 여순사건, 국회프락치사건 등 모든 좌익사건에 김구가 당수인 한독당이 관련되어 있다는 얘기를 전해 듣고, 한독당을 무너뜨리기 위해서는 김구를 암살하는 게 애국적인 행동으로 확신하게 되었다."

그 미군 중령은 1949년 4월경부터는 김구를 '블랙 타이거'라고 지칭을 하며, 김구는 국론을 분열시키는 '암적 존재'이기에 제거되어야 한다고 말했다는 것이다. 그래서 자기는 그 미 정보기관 중령의 말에도 깊이 공감을 하여 '이심전심'으로 자기 혼자 결행했다는 주장이었다.

안두희는 마침내 입을 열었지만, 그는 여전히 능구렁이처럼 암살 진상의 핵심은 요리조리 피해 갔다. 하지만 철옹성 같던 그의 입이 비로소 열리기 시작한 게 중요했다. 나는 아무리 교활한 그도 언젠가는 제 꾀에 넘어가든지, 제 풀에 지쳐서 사실을 토로할 것으로 믿었다. 그런데 안두희가 나에게 자백한 내용을 곧 부인해 버렸다. 안두희가 나에게 자백한 뒤 동아일보 기자가 확인할 때까지도 그대로 이야기하더니 그 뒤 MBC 기자와 인터뷰할 때는 미국 관련 사실을 전면 부인해 버렸다. 안두희는 미군 아무개 중령을 만나 월남한 이북 인사의 활동이나 서북청년회, 여순사건, 국회프락치 사건에 대해 의견을 교환했지만, 백범 암살에 대해서는 일체 거론한 적이 없었다는 것이다. 안두희의 자백을 둘러싸고 각 언론은 연일 관련 기사를 대서특필했다. 각 언론에서 "진상을 밝혀야 한다"는 여론이 들끓자, 국회에서는 여야 모두 진상규명특위까지 구성했다. 친일파 출신으로 백범 암살 연루자로 지목 받았던 전봉덕 헌병부사령관이 미국에서 귀국해 있다가 이 소식을 듣고 서둘러 출국해 버렸다. 백범 선생의 아들 김신 씨가 1992년 4월 15일 기자회견을 가졌다.

백범 김구 선생의 아들 김신 씨(전교통부장관)는 14일 상오 서울 용산구 효창동 백범기념사업회 사무실에서 안두희 씨의 증언과 관련해 기자회견을 갖고 "당시 계급이 소령에 불과했던 김창룡 씨가 단독으로 선친의 살해를 지시했다고 볼 수 없다"며 "김의 관련은 사건 전모에 비춰 볼 때 빙산의 일각에 불과하다"고 말했다. … 그는 또 미국 정보기관의 관련설에 대해서는 "본인이 43년 동안 배후세력을 추적해 왔지만 금시초문"이라고 부인하면서 "오히려 배후세력을 밝히는 데 혼란을 줄 뿐"이라고 덧붙였다.[64]

김신 씨의 기자회견은 당시 한창 달아오르던 진상규명 열기에 찬물을 끼얹었다. 또 장택상 씨 딸이 자기 아버지는 백범 암살사건에 연루되지 않았다고 한 언론에 투고한 것도 보도되었다.

나는 그동안 안두희가 입을 열지 않고 버텨 올 수 있었던 가장 큰 이유는, 그 배후세력들이 아직도 우리 사회에 건재하기 때문이라는 것을 실감했다. 백범 선생을 살해하는 데 이용했던 매국적 사대주의, 극우 냉전논리가 우리 사회에 여태까지도 버젓이 살아 춤추고 있었다.

강제연행작전

하지만 나는 그대로 물러설 수 없었다. 그래서 뜻이 통하는 김인수 동지와 자주 만나 울분을 토하면서, 이번에는 더 완벽한 자백을 받아내기 위한 계획을 세웠다. 자금이 늘 문제였다. 그동안은 내 호주머니나 동지들의 성금으로 충당했다. 어떤 때는 인천 가는 전철 차비도 없어 안두희를 찾는 일도 포기한 적도, 하루 종일 쫄쫄 굶어 가며 안두희를 기다리거나 수십 리 길을 걸어 다닌 적도 부지기수였다.

이번 거사에는 렌터카도 빌려야 하기에 다소 큰돈이 필요했다. 마침 6·3동지회장을 지낸 김삼연 씨에게 염치없게 30만 원을 부탁했더니 10만 원 보태서 40만 원을 내놓았다. 그분도 어려운 처지에 나의 청을 거절하지 않고 도와줘 눈시울이 뜨거웠다.

1992년 9월 23일을 최종 디데이로 정하고 착착 준비해 갔다. 그때 나를 도와줬던 동지는 김인수·변수환·신현석 씨였다. 거사 전날인 9월 22일, 안두희 집에서 가까운 인천의 한 뒷골목 여관에서 묵었다.

이튿날 새벽 5시에 안두희 연행작전을 시작했다. 우리 일행은 곧장 안두희가 사는 인천 신흥동 아무개 아파트로 갔다. 찻소리가 들리면 안두희 내외가 이상히 여길까 봐 차는 멀찌감치 신광초등학교 옆에 주차시켜 놓고 걸어갔다.

우리는 문밖에서 잠복해 있다가 안두희 처가 운동하러 문을 열고 나오면, 그대로 밀고 들어가기로 했다. 그 일은 나와 신 동지가 맡았다. 변, 김 두 동지는 아래쪽에서 망을 보다가 우리가 아파트로 들어가면 즉각 합세하기로 했다.

새벽 5시 30분부터 아파트 문 앞에서 초조하게 기다렸다. 이윽고 6시 정각 불을 켜는 소리가 나더니, 조금 있다가 화장실 변기에 물 내려가는 소리가 났다. 곧 그들 내외가 밖으로 나오나 바짝 긴장하고 있는데 다시 전기스위치 끄는 소리가 나더니 그 뒤 감감무소식이었다. 목이 타는 10분이 지나갔다. 6시 10분, 드디어 달그락달그락 열쇠 따는 소리가 나고 곧 문이 열리면서 배드민턴 채를 든 안두희의 처가 나왔다. 그 순간 나와 신 동지가 번개처럼 그를 밀치고 들어갔다. 안두희의 처는 깜짝 놀라 소리 한 번 지르지 못하고 끌려 들어왔다. 그는 그런 일을 몇 번이나 당해 단련돼 있는데다가 벌써 나를 알아보고 제발 자기 말 좀 들어보라고 잔꾀를 부렸다. 그러나 곧이어 들어온 두 동지와 함께 우리는 무조건 그의 두 손을 뒤로 돌려 꽁꽁 묶었다. 그는 우리가 떠난 다음 때굴때굴 굴러서라도 밖에 나가 소리쳐 안두희의 납치 사실을 경찰에 알릴 것만 같았다. 그래서 아예 발목까지 재봉틀에다가 연결시켜 꼼짝 못하게 묶어 놓았다.

그런 뒤 안두희 방으로 들어가니 그는 그때까지도 천하태평으로 잠을 자고 있었다. 내가 그를 깨워 옷을 입게 하고 검은 천으로 눈을 가렸다. 그런 다음 부대자루를 뒤집어씌운 뒤 동지들과 함께 그를 데려다 차에 태운 다음 곧장 고속도로를 탔다.

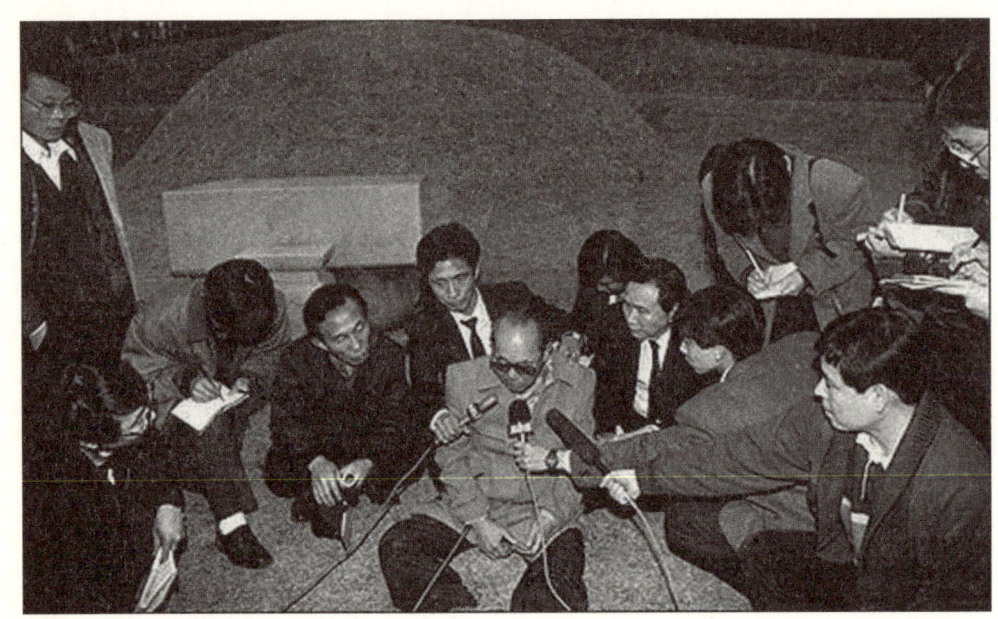
백범 김구의 묘소 앞에서 기자회견중인 안두희, 1992.

6. 안두희, 마침내 굴복하다

> "But one can usually assume that where there is smoke there may be fire."
> "하지만 연기가 있는 곳에는 불이 있을 것이라는 것은 그 누구도 쉽게 가정할 수 있다."
> – 미육군정보문서(Army Intelligence Documents) 1949년 6월 29일자 전문 398호 (문서번호 895.00/6-2949)

이승만 연루설

우리가 미리 정해 놓은 곳은 경기도 가평군 외서면에 있는 한 농장이었다. 그곳에 도착하자 오전 11시 무렵이었다. 우리는 안두희를 방에다 데려간 뒤 곧장 부대자루도 벗기고 결박과 안대도 푼 다음 좋게 타일렀다.

"우리가 여기까지 너를 끌고 온 것은 네 처가 자꾸 방해하기에 조용히 얘기를 나눌 수 없어 그랬다. 이제는 사건 전모를 모두 털어놓아라."

"내레 이제 더 할 말두 없구, 오늘이 내 제삿날로 각오하고 이시니 맘대로 하라우."

안두희의 첫 마디가 내 성질을 건드렸다. 하지만 꾹 참고 계속 설득했다.

"네 가슴 한구석에 털끝만한 양심이라도 있다면 모든 것을 실토하고 민족과 역사 앞에 속죄해야 할 것 아니냐."

"……"

그는 더 이상 묵묵부답이었다. 최후의 방법을 쓰기로 했다. 나는 평소 침술을 공부했기에 생명에는 전혀 지장이 없도록 안두희의 엉덩이에

다가 대침을 8~9차례 찔렀다. 그러자 그렇게 고집 부리던 그가 대침에 금방 굴복하여 술술 털어놓기 시작했다. 그때부터 우리는 그가 조용히 말할 수 있는 분위기를 만들어 주었다. 그날 안두희는 네댓 시간에 걸쳐 이야기했다. 그는 중풍으로 발음이 시원찮고 속도도 느렸다. 하지만 전과는 달리 아주 깊은 얘기를 털어놓았다. 내가 묻지도 않는 얘기까지 술술 쏟아져 나왔다.

막상 안두희가 술술 자백을 하자 나는 그가 더 추하게 보였다. 일제강점기 때 우리 독립지사들은 팔다리가 끊어져 나가는 모진 고문에도 끄떡 하지 않았는데, 고작 대침 몇 대에 지레 겁먹고 줄줄 부는 그가 가엾어 보였다. 비록 궤변일지언정 제 놈이 백범 선생을 우국충정으로 살해했다면 이까짓 대침 정도에 굴복해서야 무슨 대장부인가. 나는 그가 더러운 권력의 주구(走狗, 사냥개)요, 꼭두각시임을 확인하자 새삼 더 비열하게 보였다.

어쨌든 그날 안두희의 자백은 크나큰 수확이었다. 마침내 암살지령 바로 윗선이며 직속상관인 장은산 포병사령관 이름이 튀어나왔고, 내가 묻지도 않은 『시역의 고민』을 대필했다는 얘기, 신성모 국방장관과 채병덕 육군참모총장이 자기를 경무대로 데리고 가서 이승만 대통령의 치하까지 받게 했다는 얘기까지 털어놓았다.

안두희는 월남 후 서청에서 일하다가 1948년 11월 육사8기 특3반으로 입교하여 포병 소위로 임관했다. 1949년 4월 1일 경기도 광주에서 포병 창설 뒤 첫 사격대회가 열렸다. 그 자리에는 이승만 대통령과 신성모 국방장관도 참관했다. 안두희는 그때 관측장교상을 받았다.

백범 암살 1주일 전인 1949년 6월 20일 무렵, 장은산 포병사령관이 안두희 소위를 불렀다. 안 소위가 사령관실로 가자 장은산은 채병덕 육군참모총장 각하께서 안 소위를 부른다고 전했다. 안두희가 육본 지프로 삼각지에 있는 참모총장실로 갔더니 채 참모총장은 신성모 국방장관과 함께 있었다. 두 사람은 이런저런 얘기를 나누다가 채 참모총장이 안두희에게 불쑥 "경무대 구경 갈까?"라고 했다. 그러자 신 국방장관이 "마침 나도 대통령 각하에게 보고할 것이 있는데 같이 가자"고 했다. 일개 육군 소위를 이승만 대통령이 하찮은 일로 접견할 리는 없을 것이다. 나중에야 안두희는 그것은 그들이 사전에 짜놓은 각본임을 알았다고 나에게 말했다.

그들이 경무대로 가니까 미리 전화 연락이 된 듯, 비서가 반갑게 맞아주면서 곧바로 대통령 집무실로 안내했다. 신 국방장관이 "각하, 이번 포사격대회에서 관측상을 받은 안두희 소위입니다"라고 소개했다. 그러자 이 대통령이 안두희의 손을 잡으며 "국방장관한테서 얘기 많이 들었어. 높은 사람 시키는 대로 일 잘하고 말 잘 들어"라고 격려했다.

안두희는 경무대를 나온 뒤 곧장 부대로 직행하여 장은산 포병사령관에게 그 사실을 보고했다. 장 사령관은 이미 알고 있었다는 듯, "거봐, 내 말이 맞지?"라고 하면서 엄지손가락을 치켜세우면서 거사 후 모든 것을 보장할 테니 너는 안심해도 된다고 회유했다.

내가 안두희에게 경무대행 진위를 거듭 확인하고자 물었다.

"경무대에서 20~30분 머물렀다는데 그래 그때 무슨 차를 마셨나?"

"주스를 마셋디(마셨지)."

"네가 어찌 그걸 아직도 기억하나?"

"내레 커피를 좋아하는데, 벨루 좋아하디 않는 주스가 나와 기억하디."

그런 뒤 안두희는 그 당시 높은 사람들은 중요지령을 다 그런 식으로 말한다고 했다. 곧 아랫사람이 '알아서 하라'라는 게 이심전심의 화법이라고 했다. 이승만 대통령은 '높은 사람 시키는 대로 일 잘하고 말 잘 들어'라는 말을 했을 뿐, 분명히 김구를 살해하라고 하지는 않았다. 하지만 그 말은 신성모 국방장관이나 채병덕 육군참모총장, 그리고 장은산 포병사령관에게는 '김구를 살해하라'는 이심전심의 말로 확인시켜 준 것이다.

결국 영웅심에 젖은 안두희는 노회한 정객들의 하수인이 된 셈이다.

"그 말이 그 말이디 뭐. 우리 정보 하는 사람[65]은 척하문 무슨 말인디 다 알아 듣디. 그 덩도(정도) 눈추(눈치)도 없이 정보요원이 될 수가 없디."

안두희는 그게 바로 '이심전심의 화법'이요, 정보요원들은 '눈치로 사는 사람'이라고 말했다.

암살 세계는 통상 점조직이며, 극비지령은 암시나 이심전심의 화법으로 내리는 게 불문율이다. 그래야 증거를 남기지 않고, 후일 상황에 따라 결적인 순간에는 오리발을 내밀 수 있기 때문이다. 한마디로 이심전심의 화법은 동서고금 암살 세계의 기본상식이라고 할 수 있다.

자백을 번복하다

이튿날인 1992년 9월 24일, 안두희는 우당기념관에서 기자회견을 열고 전날 밝힌 사실들을 번복하면서 "권중희의 강압에 따른 허위자백"이라고 말했다. 몇몇 신문들은 그런 말이 나오기를 기다렸다는 듯, 안두희를 변호하며 나를 공박했다. 안두희가 증언을 번복하게 된 내막이나 자백의 진위 여부를 확인하여 취재할 생각보다 안두희 말만 대서특필했다. 하지만 나는 1992년 9월 23일 안두희가 나에게 털어놓은 자백만은 진실에 가깝다고 확신한다.

  첫째, 안두희가 입을 연 뒤로는 일체 위해를 가하지 않고 자유스런 분위기를 만들어 주었다.

  둘째, 그는 내가 묻지도 않은 『시역의 고민』 대필이나 경무대 방문을 아주 자세하고 구체적으로 밝혔다.

그날 안두희는 자신과 같이 백범 암살에 깊숙이 관여한 김지웅·홍종만에 대한 인물평도 했다. 김지웅은 영웅심이 대단한 사람으로 윗사람에게 거짓 정보를 팔아 돈만 받아 챙기는 모사꾼이고, 홍종만은 수준이 낮은 저질 인간이었다고 평했다.

그날 안두희는 우발적인 단독범으로 자기 혼자 모든 죄를 뒤집어쓴 것은 "값싼 의리와 공명심, 그리고 오기와 자존심 때문이었다"고 말했다. 그런 뒤 "늦게나마 모든 것을 다 털어놓고 나니 홀가분하다"고 말한 뒤 회한의 눈물을 쏟았다.

"지난 틸(7)월, 병이 나빠데서 죽는 줄 알았디. 아바지 이름도 생각이 나디 않더라구. 기래서 이제 죽을 때가 다 됐나 보구나 하는 생각이 들어 죽기 전에 모든 걸 다 털어놔야갓다고 마음먹었다. 엊저낙에 정신이 오락가락하는 가운데 그런 생각을 했디. 긴데 오늘 권 선생이 찾아온 걸 보면 당신과 난 서로 던기레(텔레파시가) 통한 모낭(모양)이우."

그는 아주 교활하게 능청까지 떨었다. 나는 그가 그런 말까지 하고서도 자기의 고백을 뒤집는 간교함에 어이가 없었다. 나는 안두희가 제 입으로 털어놓은 사실을 번복하는 것은 우리 사회에 엄존하는, 보이지 않는 무서운 세력을 의식해서 제 목숨을 더 잇고자 발버둥치는 것이라고 생각한다. 암살 지령자나 배후자는 자기들 정체가 드러날 기미가 보이면 가차 없이 하수인을 처치해 버린다. 안두희는 그 세계의 비정을 잘 알고 있었기 때문이다.

나는 10여 년간에 걸쳐 안두희를 정의봉으로 때리고 강제 연행했다. 이미 나는 그에 대한 처벌도 달게 받았고, 앞으로도 그 어떠한 비난에도 감수하겠다. 내가 그를 못살게 군 것은 대낮에 독립지도자를 죽인 반역시해범이 진실을 털어놓지 않았기 때문이다. 나는 그가 우국충정에서 백범 선생을 살해했다고 궤변을 늘어놓으면서 애국자인 양 활개치며 살고 있는 꼴을 더 이상 볼 수 없어 모든 것을 각오하고 응징했다. 일제강점기에 일본에 빌붙어 독립군을 살해한 밀정을 몽둥이 찜질을 했다면 그것도 폭행죄가 되는가? 안두희는 그 밀정과 무엇이 다른가?

박기서

내가 송추에 살고 있을 때 어느 날 박기서 씨가 찾아왔다. 그는 나에게 후세에 부끄럽지 않게 안두희가 자연사하는 것만은 막아야 한다고 슬그머니 살해할 뜻을 내비쳤다.

"아직은 안두희로부터 더 밝힐 게 있다. 안두희 추적으로 내 인생은 망가졌다. 나는 이제는 더 이상 망가질 것도 없다. 그러니까 그를 죽여도 내가 죽일 것이다."

나는 그렇게 말하며 박기서 씨에게 그 일만은 극구 만류했다. 그런데 박기서씨가 그 얼마 뒤 안두희를 처단했다. 나는 그 사건으로 검찰에 불려갔다. 담당 검사가 나에게 살인교사 혐의를 물었다.

"그건 나와 박기서 씨의 인격을 모독한 것이다. 내가 할 일을 박기서 씨에게 빼앗겼을 뿐이다. 내가 박기서 씨에게 안두희를 살해하라고 충동질할 리 없고, 그 충동질에 놀아나 살인할 박기서 씨도 아니다."

그 말에 담당 검사는 더 이상 묻지 않았다. 나는 늘 내가 안두희의 마지막을 마무리 짓지 못한 게 아쉽다. 하지만 나는 안두희가 제 명대로 천수를 다 누리고 죽었다면 그것은 '우리 민족의 수치'라는 그 소신에는 그때나 지금이나 변함이 없다. 박기서 씨는 이 시대의 '의사'이다.

내 집 거실에서 시작한 권중희 씨의 12년 동안 안두희 추적사가 끝났다. 그새 네댓 시간이 흘러갔다. 권 씨가 어찌나 실감나게 얘기하는지 마치 007 시리즈 영화를 한 편을 본 듯했다. 나는 다른 인터뷰 때와 마찬가지로 마무리 말씀을 부탁드렸다.

권 : 로또 복권을 사고 싶습니다.

박 : 네!

권 : 행여 복권에 당첨되면 그 돈으로 미국 국립문서기록관리청에 가려고 그럽니다.

박 : 네에?

권 : 당첨금 가운데 한 삼천만 원을 뚝 떼어 영어 잘하는 사람과 함께 미국 국립문서기록관리청에 갈 겁니다. 거기서 한 달 정도 머물며 1945년 8월 15일 해방부터 1950년 6월 25일 한국전쟁 발발 때까지, 한국 관련 비밀문서를 죄다 열람해 보고 싶습니다. 백범 암살에는 거대한 배후가 있다는

게 심정은 가지만 똑 떨어지는 물증을 아직 찾지 못했기 때문입니다. 그러면 백범 선생의 암살에 관한 얘기가 미국 국립문서기록관리청 어딘가에서 튀어나올 것입니다. 그게 내 마지막 소원입니다.

박 : 아, 네. 그런 간절한 소망이 있으셨군요. 미처 몰랐습니다.

언젠가 나는 어느 책에서 "미국의 어느 공직자도 타국 원수의 암살을 모의, 혹은 관여할 수 없다(No government employee could participate in attempts to kill foreign leaders. –Executive order 11905–)"[66]는 1976년의 제럴드 포드 미국 대통령의 포고령을 본 적이 있었다. 이는 미국 정부나 정보기관에서 그동안 외국 지도자의 암살공작에 깊이 개입했거나 주도해 왔다는 반증이 아닌가. 미 중앙정보국(CIA)의 정보력은 세계에서 가장 베일에 싸인 북한의 실상과 김일성 목 뒤에 생긴 혹의 의학적 병명까지도 그의 주치의보다 먼저 낱낱이 파악하고 있다고 하지 않은가. 그렇다면 미국은 백범 암살의 진상을 꿰뚫고 있을지도…. 그래서 권중희 씨는 최후의 수단으로 미국 국립문서기록관리청에 목을 매고 있었다.

권 : 미국 왕복 비행기 삯과 체류비, 자료조사비 등 삼천만 원 정도면 충분할 텐데 어느 기업인이 나 같은 이에게 백범 선생 암살배후를 밝히라고 단돈 십만 원이라도 주겠습니까? 그들은 정치인에게는 현찰로 사과상자에다 차에다 잔뜩 실어 수십억씩 아주 상자떼기로 차떼기로 갖다 바치지만…. 몇 해 전, 국회 내 '민족정기를 위한 모임' 소속 몇 의원들이 나에게 미국 국립문서기록관리청에 보내준다고 약속한 뒤 기자들을 불러 사진까지 찍고는 입때까지 감감무소식입니다. 나는 그들에게 농락당한 기분입니다. 나는 그들이 민족정기를 내세워 다른 의원들과는 뭔가 좀 다른 줄 알았어요. 나중에 알았지만 그들 가운데는 일본 헌병 오장 자식 놈도 끼어

있더라고요. '민족정기'를 팔아먹는 형편없는 자들이었어요. 이건 저질 코미디로 피를 토할 일이지요. 국회에서조차도 아주 가짜들이 판을 치고 있어요. 그래서 차라리 그들을 기대하느니 로또 복권을 사는 게 빠르겠다는 생각이 든 겁니다.

박 : 아, 네에.

겨레의 성금

마침내 긴 대담을 마쳤다. 대담중 나는 때로는 통쾌하기도, 안타깝기도, 답답하기도 했다.

"의인 10사람이 없어서 소돔과 고모라가 멸망했다"는 성경 얘기도 있듯이, 예나 지금이나 우리 사회에 의인은 매우 드물다. 대한제국이 망한 것도 의로운 대신들이 적었기 때문이었다.

황현의 『매천야록』에 '이름 없는 비녀(婢女)'라는 이근택 군부대신 집안 계집종 이야기다.

이근택(군부대신) 아들은 한규설(참정대신) 사위다. 한규설 딸이 출가할 때 한 계집종을 데리고 갔다. 을사늑약이 결정된 날, 이근택이 대궐에서 돌아와 집안사람들에게 늑약에 관한 이야기를 하며 "나는 다행히 죽음을 면하였다"고 하니, 계집종이 부엌에 있다가 이 말을 듣고 식칼을 가지고 나와 꾸짖기를, "이근택아, 너는 대신이 되어 나라의 은혜를 얼마나 입었는데, 나라가 위태로워도 죽지 않고 도리어 네가 다행히 죽음을 면하였다고 하느냐? 너는 참으로 개만도 못한 놈이다. 내가 비록 천한 사람이지만, 어찌 개의 종이 될 수 있겠느냐? 내 칼이 약하여 너를 만 동강이로 베지 못한 것이 한스럽다. 나는 다시 옛 주

인에게 돌아가겠다"고 한 뒤, 한규설의 집으로 도주하였다. 그 계집종 이름은 알 수가 없다.[67]

군부대신 이근택(李根澤)은 학부대신 이완용(李完用), 내부대신 이지용(李址鎔), 외부대신 박제순(朴齊純), 농상공부대신 권중현(權重顯)과 함께 1905년 일제가 우리나라의 외교권을 빼앗기 위한 을사늑약에 찬성한 대한제국의 대신으로 이른바 '을사오적(乙巳五賊)' 가운데 한 사람이다.

군부대신이라면 지금의 국방부 장관으로, 나라를 지키는 가장 중요한 직책을 맡은 신하가 아닌가. 군부대신은 나라의 위기 때면 가장 앞장서서 싸우다가 전사하든지, 아니면 타이타닉 호 선장처럼 대한제국과 함께 장엄하게 자결 순절하는 게 마땅한 일이다. 그런데도 나라를 일제에게 팔아먹은 뒤 목숨이 살아났다고 자랑하다가 제 집 계집종에게까지 조롱받는, '개만도 못한 놈'이 되었다.

내가 이 이야기를 들려주자 권중희 씨도, 이항증 씨도 한목소리로 이근택 같은 놈들이 지금 우리 정치지도자들 가운데 수두룩하다고 성토했다.

나는 이 기사를 쓰기 전에 오마이뉴스 편집부에 '의를 좇는 사람' 두 번째 연재기사는 10회 정도 나누어 송고하겠다고 상의를 했다.

"선생님, 인터뷰 기사는 아무리 유명인사의 재미있는 이야기라도 2회를 넘기면 독자들이 식상해 합니다, 가능한 2회로 축약해서 보내주십시오"라는 정 편집국장의 주문도 있었지만, 나는 이 이야기만은 도저히 2회로 줄일 수가 없었다. 그래서 일단 1회 기사를 송고했다.

그런데 다행히 1회 기사가 온라인상에 오르자 독자들의 반응이 매우 뜨거웠다. 애초 1, 2회 연재기사를 송고할 때는 '한 회만 더'라고 편집부에 간곡히 부탁했는데, 다행히 조회수가 많아지자 편집부에서 오히려 나에게 알아서 끝내라고 주문하였다. 애초에는 10회 정도로 연재하려다가 클라이맥스인 8회에서 연재를 마무리했다.

　독자의견란에 댓글이 달렸다.

　독야청청(j6218k) : 수고 많으셨습니다. 계속 좋은 글 부탁드리고요. 나라를 위한 일인데 조금씩 모으면 삼천만 원은 가능하지 않을까요? 기자님께서 주도하시면 가능할 것도 같은데 한번 심사숙고하시길….
　아줌마(ultra1971) : 가슴이 저밉니다. 희망돼지처럼 성금을 모아 암살 배후를 밝혀야 합니다.
　민족정기(ahn0413) : 아~ 백범! 그렇습니다. 민족정기가 바로 서는 그날까지 우리에게는 해야 할 일이 너무 많습니다. 일제강점 35년 이후 친일에서 친미·반공으로 변신한 일제 주구들이 아직도 내 조국 대한민국에서 떵떵거리며 살고 있습니다.
　범부(bigground) : 민족정기 회복기금 마련 한번하시죠. 많은 반응 있을 겁니다.
　도도(dodojjangkr) : 동의합니다.
　독립군 : 모아 봅시다. 미국에서 자료를 찾을 수 있도록 모금해 봅시다. 이승만의 매국 행위를 철저히 벗겨내는 일이 우리 후세에 조금이나마 부끄럽지 않는 일인 것 같군요. 권중희 선생의 계좌를 올리고 한번 모금활동을 해보는 게 어떨까요.

　천만뜻밖에도 독자들이 모금을 제의했다. 나는 이 제의를 선뜻 받아들여 모금을 시작했으나 만일 목표액에 이르지 않았을 때 그 처리는 어떻게 해야 하나? 그러다 흐지부지 되면 독자들의 오해나 받지 않을까? 등으로 고민하다가 아내와 상의했다.

"이참에 학교 그만두시고 당신 퇴직금으로 다녀오세요."

아내는 주저 없이 명쾌한 답을 주었다. 그 말에 용기를 얻었다. 사실 그즈음 나는 교육자로서 사명감을 잃고 가족부양에 목이 맨 월급쟁이였다.

1980년대 후반 민주화 바람으로 고등학교 학생회 임원선거도 간선에서 직선제로 부활했다. 그 첫 해 학생회장 선거에 입후보자가 선거공약으로 내세운 게 그들의 간절한 소망인 교내 협동조합을 만들겠다는 것이었다. 사실 그전까지 학생들은 아침을 먹지 못하고 등교해도 빵이나 우유 한 팩 교내에서 사 먹을 수 없었다. 학생의 처지에서 보면 참 불편한 학교였다.

그들의 선거공약으로 마침내 교내 협동조합이 생겼다. 무릇 협동조합이란 조합원에게 물건을 싸게 팔고, 이익이 남으면 조합원에게 배당하는 게 대원칙이다. 그런데 학년말 교직원들이 그 협동조합 이익금 일부로 교직원 해외연수를 가려고 했다. 나는 그 발상에 하늘이 무너지는 암담한 충격을 받았다. 아무리 사람이 돈을 좋아하고 공짜를 좋아할지언정 이건 정말 아니다. 그 무렵 동료들은 수업이 빈 시간 신문을 보며 국회의원이나 지방의회 의원들이 예산을 전용하여 해외에 나간다는 기사를 보고 게거품을 물지 않았던가.

나는 협동조합 담당교사에게, 이어 교장에게 계통을 밟아 그 부당성을 지적하며 그 돈으로 학생용 정수기나 도서관의 책을 사라고 건의했다. 하지만 그들은 협동조합 정관에 보면 그 이익금은 교육목적을 위해 쓸 수 있다는 조항을 거론하면서 교사들이 해외연수로 견문을 넓힌 뒤 학생들을 더 잘 가르치는 것도 그 조항에 해당된다는 답변이었다.

나는 그 대답을 듣고 대한제국이 망한 이유도 알았고, 해방 이후 이 나라에 왜 부정부패 비리가 사라지지 않는 것을 깨달았다. 우리나라 사람 대부분은 쥐꼬리만한 자리에 앉아도 아랫사람을 수탈하거나 군림하는 것을 당연시여기는 풍토가 아직도 우리 몸속에 잠복해 있었다.

대부분 교사들은 학년말 슬그머니 해외연수를 다녀왔다. 그 대열에는 참교육을 부르짖는 전교조 교사도, 교장인 대학 교수도, 교목도 동참했다. 그렇게 해외연수를 다녀온 뒤 상급자나 일부 교사들은 자신들의 행위에 대한 한 마디 반성은커녕 불참자에게 '삐딱하다'고 '모난 돌'이라고 빈정대거나 터무니없이 내부고발자로 몰았다.

나는 그 일 이후 우리 사회에 다수결이 항상 옳지 않다는 것도 알았고, 이 나라가 근원적으로 몽땅 바뀌지 않는 한 정의·양심·도덕의 사회는 백년하청일 것이라는 점도 깨달았다. 그리고 나 자신도 그동안 똑같은 한 무리로 지내왔다는 데 그날부터 내가 싫어지고 학교가 싫어졌다. 이런 학교 풍토에서 배우는 학생들이 불쌍했다. 2세를 가르치는 학교가 이러함에 어찌 우리 사회에 정의의 싹이 돋아나기를 기대할 수 있으랴. 그래도 내가 근무한 학교는 건실한 사학이었는데도 이런 일이 자행되고 있었으니 우리 사회 다른 곳이야 말하여 무엇하겠는가.

사회의 청렴도나 정의감, 도덕성이나 양심은 제도나 이념, 종교보다 결국은 그 집단에 소속한 사람의 문제였다. 그리고 지금 우리 사회에 만연한 부정부패와 비리는 그 어느 곳도 예외가 없다는 것도 알게 되었다. 위층 중간층 아래층 썩지 않은 곳이 없는데 그래도 위층부터 개혁해야 아래층까지 맑아질 것이다. 아내는 그동안 말을 하지 않았지만 그런 나의 고뇌를 읽고 있었다.

그날 밤 나는 하늘을 바라보며 다짐했다. '결코 하늘을 속이는 사람이 되지 말자'고. 이튿날 권중희 씨에게 계좌를 물었으나 여태껏 없다고 하여 당신 이름의 통장을 만들게 한 뒤 가장 먼저 내 이름으로 이번 기사 8회분 원고료를 대체 입금한 후 독자들에게 모금을 호소하는 기사를 올렸다.

마침 한 독자가 댓글로 다음의 격문을 보내왔다.

권중희 선생님을 미국으로 보냅시다.

권중희, 그를 위해 모금운동을 벌이자!
우리의 역사가 치욕스러운 것은
우리가 30여 년간 일제의 압박 속에서
살았다는 사실이 아니라
해방 후 지금까지도
그 치욕의 역사를 청산하지 못했다는 것이다
그러므로…
우리는
아직도
치욕의 역사 속에
짐승처럼 살아가고 있는 것이다.

범법자들이 활개치고 다니는 조국
나는 그런 조국을 원하지 않는다.

권중희 선생,
그가 우리의 치욕스런 역사를
조금이라도 씻어낼 수 있도록

우리가 도와야 한다.
- 조성준

백범 선생이 등을 두드려준 듯

2003. 12. 4.

최근 내 일과 중 이전과 다른 하나는, 하루에 두 차례씩(점심시간과 퇴근시간) 학교에서 가까운 대학구내 은행에 들러 통장정리를 한다. 12월 3일 귀갓길에 현금지급기에서 통장 확인을 했다.

통장이 기계 안으로 들어간 뒤 꽤 오랜 시간이 흘렀다. 통장을 넘기는 소리도 들렸다. 다소 긴 시간이라 예상보다 많은 후원금이 들어왔겠다 싶었다. 이윽고 기계에서 통장이 튀어나왔다.

10,066,025원!

마침내 일천만 원을 돌파했다. 나는 순간 눈시울이 뜨거웠다. 사실 애초 몇몇 독자들이 모금운동을 주선해 보라고 할 때 많이 망설였다. 과연 성금 모금에 성공할 수 있을까? 독자 가운데 오해하는 사람은 없을까? 목표액이 미달하면 그 처리는 어떻게 해야 할까? 학교 선생이 아이들이나 잘 가르치지, 네가 뭔데 이런 일까지 나서냐고 욕이나 먹지 않을까 등등.

나는 오랜 고민 끝에 이 일을 벌이기로 결심했다. 그때까지 통장 하나 없이 살아온 권중희 씨에게 통장을 만들도록 부탁했다. 11월 27일, [취재 후기]를 빌어 권중희 씨의 마지막 소원과 후원금 계좌번호를 넣은 기사를 올렸다. 모금 기사를 올리기 전에 조마조마했던 내 마음은 바로 다음날부터 감동, 그리고 설렘, 희망으로 바꿨다. 그건 권중희 씨도 마찬가지였다. 그렇게 시작된 모금이 6일 만에 1천만 원을 돌파했다. 이는 우리 겨레의 가슴 속에 잦아진 민족혼이 되살아난 상서로운 기운으로, 그동안 쌓였던 울분이 분출한 것이라고 생각된다.

12월 4일 현재, 후원금 모금액은 1,216만 6천 원이다. 후원금이 늘어나는 만큼 지지 및 격려 독자의견과 쪽지도 쌓여 간다.

독자의견과 쪽지는 권중희 씨의 '마지막 소원'을 빛내 주는 큰 힘이 되고 있다.

세 방울(lovebackho) : 민족반역자에게는 시효가 없다. 반드시, 반드시 매듭을 져야 한다.

아침(eumatae) : 권중희·박기서 이런 분들이야 말로 진정한 혁명가다. 왜냐하면 이분들은 정의와 진실은 반드시 승리하며, 악은 언젠가 반드시 응징 당한다는, 소박하지만 가장 근본적이고 도덕적 원칙에 자신의 목숨을 걸고 수호하려는 분이기 때문이다.

미국 현지 동포들은 '쪽지함'을 통해 구체적인 도움 방안들을 제안해 왔다. 워싱턴에 거주하는 동포 이재수 씨는 현지에서 차량이나 사무실 사용, 번역 등 허드렛일을 도와주겠다고 했다. 우리 일행에게 가장 요긴한 도움이 될 것이다.

워싱턴 근교 버지니아 주에 산다는 동포 허용 씨는 부인 이름으로 성금을 보냈다고 하며 미국에 오면 꼭 뵙고 싶다고 전화번호를 남겼다. 역시 버지니아 주에 거주하는 유학생 권헌열 씨는 "지역 학생들과 연결하면 통역과 체류비 등을 절약할 수 있다"고 현지에서 도움을 약속했다. 재미동포 송 아무개 씨는 "권중희 선생님의 소원이자 민족의 소원을 성취하기 위해 돕고 싶습니다"라고 댓글을 붙인 뒤 '독립자금'을 보내왔다. 또 국내 거주

김명원 씨 외 몇 분은 자신의 항공사 마일리지로 권 씨의 비행기표를 구해 주겠다고 약속했다. 이밖에도 많은 재미동포들이 물심양면으로 돕겠다고 연일 내 메일함과 쪽지함에 사연이 쌓였다.

"시작이 반"이라고 했는데, 이제 고지가 가물가물 보이는 듯하다. 하지만 일천만 원을 넘긴 지금부터가 더 어려운 길일 것이다. 하늘이 도와주고 사람이 도와주어야 뜻을 이룰 수 있다. 하늘에 계신 백범 선생이 내 등을 두드려 주신 듯하다.

하루 일당

12월 9일 오후 1시 33분, 박대현 씨가 3만 원을 입금해 주셔서 마침내 목표액 꿈의 3천만 원을 돌파했다. 이는 지난 11월 28일 모금을 시작한 지 13일 만의 일이다. 독자들의 들불 같은 성금으로 내 퇴직금을 써야할 우려는 사라졌다.

오후 수업이 빈 시간에 은행에 가자 창구직원이 반겨 맞았다. 직원이 네 번째 통장을 기계에 넣자 '드륵드륵' 끝장까지 인쇄가 다 되고, 예상대로 다섯 번째 통장을 만들어 주었다(권 씨가 도장을 나에게 맡겼기에). 직원도 그동안의 네티즌 열기를 확인하고는 놀라는 눈빛이었다.

나는 돌아오는 길에 통장을 펴들고 고마운 분들의 이름을 살폈다. 거의 대부분 낯선 분이다. 간혹 낯익은 이름도 보였다. 오늘은 30년 전 서울 오산중학교에 재직했을 때 반장이었던 강 아무개 녀석의 이름이 눈에 띄었다. 토끼처럼 귀여웠던 그 녀석이 끝까지 담임선생을 기쁘게 해주었다. 권 선생님이 아침에 격려 전화를 받았다는 서울 영등포에 사시는 주 아무개 할아버지의 존함도 보였다. 그분은 올해 88세로 자녀들로부터 받은 용돈을 보내셨다고 했다.

성금 액수는 적게는 5천 원에서 많게는 1백만 원까지로, 1만 원에서 5만 원 사이의 기부자가 가장 많았다. 대부분 이름을 밝혔지만 익명으로나, 굳이 쪽지함으로 익명을 요구하시는 분도 더러 있었다. 익명 기탁자 중에는 '힘내십시오' '노동자' '부탁드립니다' '백범사랑' '소원성취' '진실은 반드시' '건강기원' '존경' '고맙습니다' '믿습니다' '감사합니다' '행복한 승자' '성공하세요' '한국인의 혼' '반민특위 재개' '바로 서는 역사' '작은 소망으로' '진실과 화해' '독립자금' '잘 다녀오세요' '민족정기부활' 등 많은 격려의 글을 자신의 이름 대신 보냈다.

가장 인상에 남은 분은 한 스님으로 '진실과 화해'라는 익명에다 별도 쪽지함에는 "진실은 규명하되 원수는 만들지 말라"는 말씀을 덧붙여 보내주셨다. 이번 백범 암살 진상규명 미국 방문에 지침으로 삼을 만한 거룩한 말씀이었다. '촌부'라는 이름으로 "망설이다가 하루 일당을 보냅니다"라는 말에 절로 고개가 숙여지고 숙연해졌다.

미 국립문서기록관리청

정병준 교수(이화여대)에 따르면, 미국 국립문서기록관리청(NARA, National Archives and Records Administration)은 한국현대사의 보고라고 할 만큼, 우리나라 역대 대통령 및 정치지도자 관련자료가 산재돼 있다고 하는데, 모든 진실이 남김없이 공개되지는 않는다고 한다. 철저한 문서관리 시스템을 통과해 일반인들에게 공개되는 정보는 '위생 처리된 역사(Sanitized History)'이다. 그런데 세계 어디에도 외국인들에게까지 아무런 제약 없이 한때 국가의 최고 기밀이었던 문서들이 자유롭게 공개하는 곳은 이곳뿐이라고 한다.

이곳에 미육군 정보문서철, 일명 'ID 파일(Intelligence Document File)'로 불리는 문서철이 있다. 워싱턴의 미육군 정보참모부가 제2차 세계대전의 막바지인 1944년 6월 1일부터 수집을 시작한 이 문서철은 육군, 해군, OSS – CIA, 국무부 등에서 생산된 모든 정보를 종합해서 만든 일종의 군사정보 데이터베이스다. 이곳에 보관된 문서는 상자로만 1만여 개, 파일 건수는 445만여 건으로, 이 가운데 한국 관련만도 상당수 이른다고 한다.

이런 방대한 창고에서 우리가 보고자 하는 자료를 찾는 것은 마치 모래톱에서 진주를 찾는 일처럼 매우 힘든 일로 여겨진다. 이런 일은 마땅히 이미 오래 전부터 국가 차원에서 수십 명의 전문학자가 매달려 한국 관련 자료를 가려내어 이미 해방 전후의 숨겨진 역사를 밝혀야 함에도 유감스럽게도 역대 우리 정부는 그런 일을 못했다.

이 엄청난 일을 그 방면에 문외한이 하기에는 너무나 힘든 일인 줄 알지만, 겨레의 성원으로 감히 이 일을 시작하고자 한다. 다행히 미국 현지에서 이미 우리나라 현대사 자료 발굴에 심혈을 기울이고 있는 재미사학자 이도영 박사가 도움을 주시겠다는 지원 소식에 천군만마를 얻은 듯하다. 그밖에도 미국 현지의 동포와 유학생들이 자원봉사를 하겠다고 연일 줄을 이었다.

적확한 예언자

2004. 1. 27. 화

효창원 선생님의 묘소 앞에서 권중희 씨와 저는 큰절을 올리면서 출국 인사를 드립니다.

"백범 선생님! 잘 다녀오겠습니다."
"선생님! 최선을 다하겠습니다."
'잘 다녀와.'
선생께서 흐뭇한 미소를 보내시며 저희의 장도를 축원해 주시는 목소리가 들리는 듯합니다.

위도로서의 38선은 영원히 존재할 것이지만, 조국을 분단하는 외국 군대들의 경계선으로서의 38선은 일각이라도 존속시킬 수 없는 것이다. 38선 때문에 우리에게는 통일과 독립이 없고, 자주와 민주도 없다. 어찌 그뿐이랴. 대중의 기아가 있고, 가정의 이산이 있고, 동족의 상잔까지 있게 되는 것이다.[68]

선생이 생전에 남기신 어록은 적확한 예언자 말씀으로, 당신이 운명하신 후 한 치 어긋남이 없이 그대로 오늘까지 이어져 오고 있습니다.

백범 선생님!

한 해외동포가 저에게 암살범 안두희를 끈질기게 뒤쫓으며 응징한 권중희 씨의 근황을 취재해 달라고 요청했습니다. 제가 그 동포의 뜻을 받들어 권중희 씨를 만났더니 여태 백범 선생의 암살배후를 밝히기 위한 집념을 버리지 않고 있었습니다. 그분의 마지막 소원은 미국 국립문서기록관리청에 가는 일인데, 거기로 가는 여비가 없다고 하소연했습니다.

저는 그분 말씀을 기사로 썼더니 독자들이 권중희 씨 미국 가는 여비를 모금하라고 저에게 명하였습니다. 저는 그 명에 따랐습니다. 오늘까지 952명이 3천7백만여 원을 보내주셨습니다.

성금을 보내준 분은 하루하루 벌어 먹고사는 날품노동자에서 가난하고 이름 없는 백성들이 대부분이었습니다. 그리고 미국·독일·중국에 사는 동포와 유학생들도 성금을 보내주셨습니다. 마치 선생님이 중국에서 독립운동 하실 때 보내준 성금도, 대부분 국내 무지렁이들의 쌈지돈이나 하와이나 멕시코 사탕수수 농장의 눈물겨운 품삯이었듯이, 오늘의 대한민국도 마찬가지입니다.

요즘 권중희 씨는 출국을 앞두고 동포들의 귀한 성금으로 미국까지 가서 선생의 암살배후 진상을 밝히지 못할까 노심초사하고 있습니다. 그곳에서 서류를 열람해 본 전문가들에 따르면, 약 500만 파일의 문건에서 한국 관련자료를 찾아 그중에서 김구 관련 문서를 찾는 일은 '솔밭에서 바늘찾기'보다 더 힘들다고 합니다. 어느 멍청한, 베일 속의 인물이 안두희에게 백범 암살지령을 남들이 모두 다 알아보게 남겼겠습니까? 그래서 저는 그분에게 우리는 최선을 다하되, 꺼져 가는 민족혼에 불씨나 지피고 굴절된 현대사를 바로 잡는 일에 씨나 뿌리고 오자고 달래드렸습니다.

우리 겨레의 가슴 속에 민족혼이 살아 있다면 뒷날 우리 후손 가운데 그 누군가가 해방 정국에 감춰진 그 베일은 말끔히 벗길 것입니다. 살아 있는 저희는 그들에게 민족혼을 잃지 않게 깨우쳐 주고 안타까운 사실을 기록으로 남기는 일이 매우 중요합니다.

한 독자가 떠나는 저희에게 여비를 보태 주면서 어려운 때는 백범 선생만 생각하라고 조언했습니다. 저는 미국으로 들고 가는 가방에다 가장 먼저 『백범일지』를 넣겠습니다. 그분 말씀대로 힘들 때마다 『백범일지』를 펼쳐 보겠습니다.

백범 선생님!

낯설고 물선 미국 땅에 가지만 거기에는 2백만 동포가 살고 있습니다.

모금운동이 시작될 때부터 그 어느 지역보다 미주동포들이 뜨거운 성원을 보내왔습니다. 애초에는 국내의 사학도와 동행하려고 했지만, 그곳 동포들이 열 일 제쳐 두고 도와주겠다고 제 메일함을 뜨겁게 달구었습니다. 재미사학자 이도영 박사를 비롯한 아름다운 그분들은 제가 미국에 가서 만나 뵙고 한분 한분 소개해 올리겠습니다. 저는 이 모든 일을 공개리에 명명백백히 진행시키고 있습니다.

마침내 미국행 여객기에 오르다

2004. 1. 31. 토

07: 00, 전화 소리에 잠이 깼다. LA에 있는 미주 한국일보 진천규 기자가 나의 출국을 확인하는 전화였다. 오늘 도착 시간에 맞춰 공항으로 마중 나오겠다는 반가운 목소리였다. 인연이란 아름답다. 그는 내가 1971년 서울 오산중학교 1학년 12반 담임했을 때의 제자다.

간밤에 짐을 꾸린다고 늦게 잠들었지만 가뿐하다. 현관문을 열고 마당으로 나가자 더없이 화창한 날씨로 봄기운이 물씬하다.

아주 상쾌한 아침이었다. 출근하는 아들과 포옹하면서 작별 인사를 나눴다. 그런 뒤 컴퓨터를 켜서 미국에서 도와주겠다는 분들에게 "님들만 믿고 떠납니다"는 메일을 보내고 가까운 분들에게 간단한 출국인사를 한 뒤 나머지 짐을 꾸렸다.

12: 00. 딸과 작별 인사를 나눈 후, 아내의 차에다 짐을 싣고 집을 떠났다. 인천공항으로 가는 길에는 강물도 죄다 풀렸고 길 언저리의 산과 들에도 봄빛이 가득하다. 봄이 이렇게 좋을 수가. 지난 겨울의 혹독한 추위가 몸서리쳐진다. 우리 역사에도 그 추운 겨울이 지나고 봄이 오면 이렇게 느

꺼지리라.

16: 30. 인천공항을 이륙, 곧 구름 위를 날다. 고도 1만 1300미터, 시속 1042킬로미터로 태평양을 건너고 있다.

나는 가방에서 『백범일지』를 꺼냈다.

광복군 결성식에 중국 정부를 대표하여 축사를 하는 류우치 장군을 바라보는 임정 주석 백범, 1940. 9. 17. 사진 눈빛아카이브.

7. 임시정부 주석 백범

> Kim Koo was known to every poor farmer in every little Korean hamlet to an extent rivaled by few other leader—perhaps not even President Rhee, against whom he was probably the only non-communist with sufficient popular strength to lead a successful opposition.
>
> 김구는 한국의 작은 마을에 사는 가난한 농부들에게까지도 잘 알려진 인물로 그와 필적할 만한 지도자가 거의 없었다. 심지어 이승만 대통령도. 김구는 공산주의자가 아닌 지도자 가운데 유일하게 야당 세력을 이끌 만큼 대중적 지지를 받는 인물일 것이다. - 미육군 정보문서(Army Intelligence Documents) 1949년 7월 11일자 전문 427호(문서번호 895.00/7-1149)

백운방 텃골의 개구쟁이

김구의 어릴 때 이름은 창암이다. 원래는 김구 집안은 안동 김씨 경순왕의 자손으로 양반이었다. 하지만 조상 중에 반역죄를 저질러 전 가족이 멸문의 화를 당하게 되자 김구 선조는 황해도 해주읍에서 80리나 떨어진 백운방 텃골 팔봉산 아래 양가봉 밑으로 옮겨와 숨어 살았다. 그때부터는 상놈으로 텃골 주위의 전주 강씨·덕수 이씨 등, 토착양반들에게 천대를 받으며 살았다.

창암은 1876년 7월 11일 한밤중에 태어났는데 어머니 곽낙원은 열일곱 초산으로 산고가 몹시 심했다. 그러자 동네사람들이 신랑이 소의 길마를 머리에 쓰고 지붕 용마루로 올라가 소의 울음을 내라고 하여 그대로 따르자 그제야 아이가 태어났다. 창암의 아버지 김순영은 그때 스물일곱이었다. 창암은 난산으로 태어났지만 집안이 가난하고 젖이 부족하였다. 하는 수 없이 아버지 김순영은 밤이 되기를 기다려 아이를 안고 동네 아낙들을 찾아다니며 동냥젖을 얻어 먹이기도 하고, 낮에는 암죽을 끓여 먹이며 키웠다. 창암은 서너 살 때 천연두(마마)를 앓았는데 어머니가 보통 종기를 치료할 때처럼 대나무침으로 종기를 따고 고름을 파내어 마마자국(곰보)이 많이 남았다.

창암이 다섯 살 때 집안 어른을 따라 강령군 삼가리 마을로 이사했다. 그 마을은 깊은 산 어귀로 호랑이가 많아 밤에는 종종 사람을 물고 가기에 문밖을 나갈 수도 없었다. 어느 하루 동네 아이들이 "해줏놈 곰보 아이 때려 주자"고 매질을 하자 창암이 부엌칼을 가지고 뛰쳐나가 주위사람을 놀라게 했다.

어린 시절 창암은 심한 개구쟁이였다. 어느 날 엿장수가 지나가며 "헌 유기나 부러진 숟갈로 엿 사시오"하고 외쳤다. 창암은 엿이 먹고 싶은 나머지 멀쩡한 숟갈을 분질러 엿을 사 먹었다. 또 다른 날은 아버지가 몰래 숨겨 놓은 엽전을 꺼내 떡을 사먹으러 가다가 집안 어른에게 들킨 다음 아버지에게 몹시 매를 맞기도 했다.

창암이 아홉 살 때 할아버지가 돌아가셨다. 그때 막내 삼촌이 주벽이 몹시 심하여 집안 망신을 시켰다. 그러자 어머니가 창암에게 일렀다.

"우리 집안에 숱한 풍파가 모두 술로 생기니 너마저 술을 먹는다면 나는 자살을 하더라도 그 꼴을 안 보겠다."

창암은 어머니의 그 말을 평생 마음에 깊이 새겼다.

창암은 여덟 살 때부터 한글도 익혔고, 천자문도 뗴었다. 어느 하루 창암은 집안어른의 이야기를 듣고 큰 충격을 받았다. 그 몇 해 전, 집안의 어느 할아버지가 새 사돈을 만나려고 갓을 쓰고 나갔다가 이웃 동네 양반에게 발각되어 갓이 다 찢기는 망신을 당했다고 했다. 창암은 아버지에게 물었다.

"그 사람들은 어찌하여 양반이 되었고, 우리 집은 어찌하여 상놈이 되었습니까?"

"강씨나 이씨가 조상은 우리만 못하나 현재 진사가 세 사람이나 있기 때문이다."

"진사는 어떻게 됩니까?"

"학문을 연마하여 과거에 급제하면 된다."

창암은 그 말을 듣고 글공부를 하겠다고 다짐한 뒤 아버지에게 서당에 보내달라고 졸랐다. 아버지는 동네에 서당이 없고 이웃 동네 양반 서당에는 상놈은 잘 받지도 않거니와 받아주더라도 양반 자제들이 멸시할 터이니 그 꼴을 못 보겠다고 주저하였다. 아버지는 곧 문중과 이웃 상놈 친구 아이들을 몇 명 모아 서당을 새로 만들었다. 그런 뒤 이웃 마을 이 생원을 선생으로 모셨다. 그는 양반이지만 글이 넉넉지 못하여 상놈의 선생이 된 것이다. 창암은 온갖 어려움을 겪으며 이 생원에게, 그리고 십리나 떨어진 학명동의 정문재 선생에게 학문을 익혔다.

창암이 17세 되던 1892년 임진년 해주에서 경과가 있었다. 창암은 정 선생의 권유로 과거에 응시했으나 과거장에서 실망만 했다. 나라에서 시행하는 과거가 정당한 방법으로 글 잘하는 사람을 가려 뽑는 줄 알았으나 온통 권세와 돈으로 부정하게 치러지고 있었다. 큰 부자들이 돈 몇백 냥 몇천 냥씩 주고 큰 선비의 글을 사서 급제도 하거나 서울의 고관대신이 시험관에게 편지 한 장이면 급제하는 꼴을 보았다.

창암은 과거장에서 불쾌한 느낌과 비관적인 생각만 품은 채 집으로 돌아온 뒤 아버지와 상의했다.

"제가 어떻게든 공부로 출세하여 우리 고을의 양반(이씨, 강씨)들에게 당한 설움을 면할까 하였는데, 그 유일한 방법이라는 과거장의 폐해가 심한즉, 제 비록 큰 선비가 되어 학력으로 그네(이씨, 강씨)들을 압도하더라도 그들에게는 엽전(돈)의 마력이 있는데 어찌하오리까. 또한 큰 선비가 되도록 공부하려면 다소의 금전이 있어야 하는데, 집안이 가난하니 앞으로 서당 공부를 그만두겠습니다."

"너 그러면 풍수공부나 관상공부를 해 보아라. 풍수에 능해 명당에 조상을 모시면 자손이 복록을 누리게 되고, 관상을 잘 보면 선한 사람과 군자를 만날 수 있다."

창암은 아버지의 말씀에 따라 관상 공부를 하고자 『마의상서(麻衣相書)』라는 책을 구하여 홀로 방문을 닫고 석 달 동안 관상학을 공부한 뒤 거울 앞에서 자신의 얼굴을 살폈다. 마마자국이 듬성듬성한 둥그런 자신의 얼굴에는 어디 한 구석 귀한 격이나 부(富)한 격은 없었고, 천하고 가난하게 살아갈 험한 격이었다.

창암은 과거장에서 얻은 비관에서 벗어나기 위해 관상 공부를 하였으나 오히려 공부하기 이전보다 더 큰 비탄에 빠졌다. 창암은 짐승과 같이 산다면 모를지라도 사람으로 세상에 살고 싶은 마음이 없어졌다. 그런데 『마의상서』에 이런 구절이 있었다.

얼굴 좋은 것이 몸 좋은 것만 못하고(相好不如身好)
몸 좋은 것이 마음 좋은 것만 못하다(相好不如心好)

창암은 이 대목을 보고 얼굴 좋은 사람보다 마음 좋은 사람이 되어야겠다고 결심했다. 창암은 이렇게 마음을 갖자 이전에 공부 잘하여 과거에 급제하고 벼슬하여 천한 신세를 벗어나야겠다는 생각은 순전히 허영이고 망상으로 마음 좋은 사람이 취할 바가 아니라고 생각되었다. 창암은 그때부터 훈장을 하면서 병서인『순무자(孫武子)』,『오기자(吳起子)』,『삼략(三略)』,『육도(六韜)』등의 병서를 보니 이해하지 못할 곳이 많았다. 그러면서도 다음의 구절을 매우 흥미 있게 낭송하면서 앞날의 꿈을 키워 나갔다.

태산이 앞에서 무너져도 결코 흔들이지 않는다(泰山覆於前 心不妄動)
병사들과 더불어 고락을 함께한다(與士卒 同甘苦)
나아가고 물러섬을 호랑이와 같이한다(進退如虎)
적을 알고 나를 알면 백 번 싸워도 위태하지 않다(知彼知己 百戰不殆)

팔봉 접주

그 무렵 사방에서 "정 도령이 계룡산에 도읍을 정하여 조선은 없어진다" 등 괴이한 소문이 떠돌고 황해도에도 동학이 한창 번지기 시작했다. 이웃마을 포동의 동학교도 오응선은 방문을 열고 닫음이 없이 홀연히 나타났다 사라지곤 하며 공중으로도 걸어 다닌다고도 했다.

창암은 호기심이 불같이 일어났다. 하지만 그를 만나려면 고기를 먹지 않고 목욕한 뒤 새 옷으로 갈아입고 가야 만날 수 있다고 했다. 창암은 18세 되던 정초 그 모든 금기사항을 지킨 다음 머리를 땋고 푸른 도포에 녹색띠를 매고 오응선을 찾아갔다. 창암이 큰절을 드리자 오응선도 맞절로 답하면서 물었다.

"도령은 어디서 오셨소?"
"어찌 상놈 아이에게 공대말을 하십니까?"
"동학에는 양반과 상놈이 따로 없이 모두 평등합니다. 찾아온 뜻이나 말씀하시오."

창암은 이 말 한 마디에 별세계에 온 것 같았다. 상놈으로 태어나 그동안 양반에게 얼마나 천대와 멸시를 받았는가. 그런데 동학에서는 신분의 높고 낮음도, 양반과 상놈의 차별이 없다니 창암은 까무러칠 정도로 놀랐다.

"동학의 교리를 알고 싶어 찾아왔습니다."

"내가 아는 데까지 말씀드리지요."

오응선은 차분하게 동학에 대해 얘기해 주었다.

"동학은 수운 최제우 선생께서 하늘의 도를 깨치고 창시하였으나 이미 순교하셨습니다. 지금은 그분 조카 최해월 선생이 대도주로 포교중입니다. 동학은 본래 하늘의 성품을 가졌으므로 사람이 곧 하늘이요, 하늘이 곧 사람이 될 수 있다고 하셨습니다. 말세에 사악한 사람들을 일깨워 새 사람으로 만든 뒤 빈부귀천이 없고 모두가 평등한 세상으로 장래 참주인 [眞主]를 모시고 계룡산에 새로운 국가를 건설하는 것입니다."

창암은 그 말에 귀가 솔깃했다. 상놈이 된 데 대하여 골수에 사무치고 과거장에서 온갖 비리를 겪은 창암은 동학에 입도할 마음이 일어났다. 집으로 돌아온 뒤 아버지와 상의하자 흔쾌히 승낙할 뿐 아니라 아버지도 함께 동학에 입도했다. 창암은 동학에 입도한 뒤 동학 전파에 힘쓰며 그때 이름을 김창수로 바꿨다.

김창수는 동학에 들어간 지 몇 달 만에 수백 명의 신도를 모을 정도로 열심히 전도하여 그 이름을 황해도에 널리 퍼뜨렸으며 '아기 접주'라는 별칭의 팔봉 접주가 되었다. 김창수를 비롯한 황해도 동학교도들은 배를 타고 서해를 내려와 육로로 며칠을 걸은 끝에 제2대 교주 해월 최시형이 사는 충청도 보은 땅에 이르러 선생 앞에 한꺼번에 절을 했다. 해월 선생도 상체를 구부리고 손을 땅에 짚고 답례로 절을 했다.

"먼 길 오시느라 수고 했습니다."

해월 선생은 예순 가까이 되어 보이는데 수염은 길며 얼굴은 맑았다. 창수 일행 열다섯 명은 선생으로부터 접주로 임명한다는 첩지를 받았다. 그 첩지에는 전자체로 새긴 해월인(海月印)이 찍혀 있었다. 바로 그때 한 동학교도가 다급하게 선생에게 보고했다.

"전라도 고부에서 군수 조병갑의 수탈에 견디지 못한 농민들이 관아로 몰려가 항의를 했는데 그 주동자가 우리 동학 접주 전봉준이라고 합니다."

"아무개 군수는 우리 동학교도의 전 가족을 체포하고 가산 전부를 강탈하였습니다."

그 보고를 듣던 해월 선생은 크게 노하며 명령을 내렸다.

"호랑이가 들어오면 가만히 앉아서 죽을까! 참나무 몽둥이라도 들고 나가서 싸우자!"

선생의 이 말씀을 동원령으로 곧 동학농민전쟁이 시작되었다.

갑오(1894)년 가을, 창수 일행은 서둘러 고향 황해도로 돌아왔다. 그때는 이미 황해도 동학교도 술렁거렸다. 창수는 즉시 동학교도를 모아 '팔봉'이라는 접명을 짓고 푸른 비단에 '팔봉도소' 넉 자를 크게 쓰고, 서양과 일본을 배척한다는 '척양척왜(斥洋斥倭)' 넉 자를 써서 깃대 끝에 높이 매달았다. 팔봉 접에는 포수가 7백여 명으로 다른 어느 접보다 무력이 우세했다. 창수가 이끄는 동학군이 탐관오리와 왜군을 무찌르고자 해주성을 공격했지만 왜군들이 쏘아대는 신식 총과 대포에 동학군이 놀라 퇴각하고 말았다. 그해 섣달 해주성 공격에 실패한 창수는 신병으로 앓던 중 같은 동학교도였던 이동엽의 공격을 받고 울분과 좌절 속에 세월을 보냈다.
 그 무렵 신천 청계동 진사 안태훈이 밀사 정 씨를 보냈다. 안태훈의 맏아들이 훗날 하얼빈에서 이토 히로부미를 처단한 안중근이다. 안태훈은 당시 청계동에 '의려소'라는 군대 조직을 만들어 황해도 감사의 지원을 받으며 동학군을 상대로 싸우고 있었다. 밀사 정 씨는 "안 진사가 자기를 보낸 것은 군사적인 원조나 계략이기보다 김창수는 장차 크게 될 인물로 담대한 기개를 아낀 것이니 염려 말고 가자"고 하여 마침내 그를 따라 청계동 안 진사 댁으로 갔다.

스승 고능선

 창수는 안 진사 댁에서 지낼 때 고능선 선생 댁에 찾아가 무릎을 꿇고 청하였다.
 "선생님! 저는 이제 스무 살로 혈기만 왕성하지 아무것도 모릅니다. 저의 자격과 품성을 밝혀 보시고 앞길을 가르쳐 주십시오."
 "사람이 자신도 알기도 쉽지 않거늘 하물며 남을 어찌 알 수 있겠는가."
 "선생님이 보시는 대로 교훈을 주십시오. 마음을 다해 받들어 행하겠습니다."
 "자네가 그같이 결심하였다면 내 눈이 미치는 데까지 모든 역량을 다해 보겠네."
 그날부터 김창수는 고 선생을 따르며 몸과 마음을 닦았다. 스승의 가르침에 밥을 먹지 않아도 배고픈 줄 모르겠고, 스승이 죽으라면 죽을 수 있을 것 같았다. 고 선생은 주로 의리의 소중함을 되풀이 강조하셨다.
 "사람이 행하는 모든 것은 마땅히 의리를 바탕에 두어야 하네. 아무리 뛰어난 재주와 능력을 갖춘 자라도 의리에서 벗어나면 그 재능이 도리어 화근이 되네. 무릇 일을 할 때는 판단, 실천, 계속의 세 단계가 있네. 이 세 단계의 첫 출발점이 되는 과단성이 없다면 다 쓸데없네."

가지를 잡고 나무를 오르는 것은 대단한 일이 아니지만, 벼랑에 매달려 잡은 손을 놓는 것이 가히 장부라 할 수 있다(得樹攀枝無足奇, 懸崖撒手丈夫兒).

그때 고 선생이 들려준 말씀으로 김창수는 이를 두고두고 가슴에 깊이 새겼다. 어느 하루 깊은 밤, 고 선생은 국사에 대해 이런 말씀을 하셨다.
"우리나라는 망할 걸세. 조정대신들이 전부 외세에 영합하려는 사상만 가지고, 러시아와 친하면 자기 자리를 보전할까, 혹은 영국이나 미국, 혹은 프랑스나 일본과 친하면 지위를 견고히 할까 순전히 이런 생각들뿐이라네. 나라가 망하는데도 신성하게 망하는 것과 더럽게 망하는 것이 있는데, 우리나라는 더럽게 망하겠네."
"네, 선생님?"
"일반 백성들이 의롭게 끝까지 싸우다가 함께 죽는 것은 신성하게 망하는 것이요, 적에게 아부하다 꾐에 빠져 항복하는 것은 더럽게 망하는 것일세. 지금 왜놈 세력은 온 나라에 차고 넘쳐 대궐 안까지 침입하여 대신들을 마음대로 내치니 우리나라를 제2 왜국으로 만든 것이 아니겠는가?"
창수는 울면서 물었다.
"나라를 망치 않게 할 방침은 없습니까?"
"기왕 망할 나라도 망하지 않게 힘써 보는 것이 백성의 의무지. 자네 청나라에 한번 가 보게나. 작년에 청나라가 청일전쟁 때 패했으니 언젠가 청이 복수를 노릴 것이요. 그런 그들을 알아두면 나중에 일본을 막는 데 많은 이로움이 있을 걸세."

"알겠습니다. 바람도 쏘일 겸 떠나겠습니다."

"자네가 없는 동안 부모님은 걱정 마시게. 내가 모시겠네."

"네. 선생님. 그리하겠습니다."

창수는 스승께 깊이 절한 뒤 물러났다.

그해 5월 창수는 집에서 먹이던 말 한 필을 팔아 여비를 마련하여 길을 떠났다. 참빗장수 김형진이 길동무였다. 만주에 갔다가 그해 11월 돌아오는 길에 김이언 의병의 고산리전투에 참가하였으나 실패로 끝나자 창수는 곧장 청계동으로 돌아왔다.

마침 그때 단발령이 내렸다. 그러자 단발령에 반대하는 의병이 전국 곳곳에서 일어났다. 창수는 이 문제를 고 선생과 상의하고 안 진사와 거의할 것을 논의하였다. 안 진사는 "의병을 일으키는 일은 쉬운 일이 아닙니다. 더구나 일본은 청나라와 싸워서도 이긴 군사입니다"라고 발을 빼기에 고 선생은 두말 않고 안 진사와 절교했다. 그 무렵 창수는 고능선 선생의 장손녀와 약혼을 했으나 술장사 김치경의 훼방으로 파혼하였다.

안 진사와 절교한 고능선은 청계동을 떠나 해주로 돌아갔다. 창수도 자기와 뜻이 다른 안 진사와 함께 지낼 필요가 없다고 생각했다. 창수는 부모를 텃골로 가서 살게 한 뒤 다시 청나라로 가고자 청계동을 떠났다.

치하포사건

그 무렵 나라 안팎은 몹시 어지러웠다. 우리나라를 식민지로 삼겠다고 러시아와 일본이 다투고 있었다. 일본은 우리나라 왕비인 명성황후를 친러파라는 이유로 시해했다. 친일파가 세력을 잡자 친러파는 친일파의 우두머리 김홍집을 죽이고 고종 황제를 러시아 공관으로 모셔 가는 아관파천을 단행했다.

그때 창수는 청국에 가기 위해 평양을 떠나 안주에 도착했다. 게시판을 보니 단발 정지령이 내려 있었다. 전국에서 의병운동이 들불처럼 일어나는 등, 나라 안 사정이 매우 급박하게 돌아갔다. 창수는 만주행을 단념하고 용강군에서 안악군 치하포로 가는 나룻배에 올랐다. 1896년 2월 무렵이었다.

창수가 탄 나룻배는 강 위에 떠다니는 빙산으로 죽을 고비를 몇 번 넘기고 간신히 강을 건넜다. 배가 엉뚱한 곳에 닿았기에 5리 남짓 걸었다. 창수가 치하포에 이르렀을 때는 자정이 넘은 시간으로 여관에서는 방마다 코고는 소리만 들렸다. 창수는 일행과 같이 여관에 들어 잠시 눈을 붙이고 첫새벽에 깼다. 일찍 길을 떠나려는 손님들이 아침을 먹느라 시끌벅적했다. 손님 가운데 수상한 사람이 하나 있었다. 그는 한복차림에 머리도 단발이었고, 황해도 장연에 산다는데 말씨는 서울말이었다. 창수가 보기에는 분명히 왜놈으로 흰 두루마기 밑으로 칼집이 보였다. 창수는 순간 머리에 스쳤다.

'저놈이 국모를 시해한 미우라(三浦梧樓)일지도 몰라.'

그 순간부터 창수는 온몸에 뜨거운 피가 끓고 가슴이 뛰었다.

'내 오늘 저놈을 죽여 우리 국모를 죽인 원수를 갚고 백성으로서 부끄러움을 갚으리라.'

막상 그자를 해치우려고 작정하자 여러 가지로 망설여졌다.

'저놈은 칼을 가졌다. 저놈 편을 드는 사람이 있다면 실패할 수도 있다.'

창수가 갈피를 잡지 못할 때 불연듯이 고능선 스승의 한 말씀이 떠올랐다.

"벼랑에 매달려 잡은 손을 놓는 것이 가히 장부라 할 수 있다."

창수는 그 순간 용기가 치솟았다. 창수는 앞에 놓인 밥을 네댓 숟갈로 비우고 큰소리로 주인을 불렀다.

"내가 오늘 70여 리나 되는 산길을 가야 하니 밥 일곱 상만 더 차려 주시오."

주인은 어이가 없어 창수를 쳐다보기만 했고 방안의 한 사람이 말했다.

"젊은 사람이 불쌍하다. 미친놈이군."

그러자 한 노인이 말했다.

"여보게들, 함부로 말하지 말게. 나라가 어지러우니까 별사람이 없겠나? 이런 말세에는 저런 사람도 나오게 마련이지."

창수는 그들의 말에는 괘념치 않고 오로지 일본인의 동정만 살피고 있는데, 이윽고 밥을 다 먹은 일본인이 바깥으로 나가 밥값을 계산하고 있었다. 그 순간 창수는 몸을 일으켜 크게 호령하며 왜놈을 발길로 차 계단 아래로 떨어뜨리고는 바로 쫓아가 그놈의 목을 힘껏 밟았다. 그 바람에 여관 방에서 사람들이 우르르 쏟아져 나왔다.

"누구든지 이 왜놈을 위해 내게 달려드는 자는 모두 죽이고 말리라."

그 틈에 왜놈은 칼을 뽑아 들고 대항하려는데 창수가 발길로 왜놈의 옆구리를 차서 거꾸러뜨리고 칼 잡은 손목을 힘껏 밟자 칼이 저절로 땅바닥에 떨어졌다. 창수는 그 칼로 왜놈을 머리로부터 발끝까지 난도질했다. 아직 2월이라 마당은 빙판이었는데 피가 샘솟듯 넘쳐서 마당으로 흘러내렸다. 창수는 손으로 피를 움켜쥐어 마시고, 그 피를 얼굴에 바르고, 피가 떨어지는 칼을 들고 방안으로 들어가 사람들에게 호통을 쳤다.

"내게 달려들려고 하던 놈이 누구냐?"

방안에 있던 자들이 모두 엎드려 빌기 바빴다.

"장군님, 살려 주십시오. 그놈이 왜놈인 줄 몰랐습니다."

그 왜놈은 일본군 쓰치다(土田讓亮) 중위로 엽전 팔백 냥을 가지고 있었다. 창수는 그 돈을 마을의 가난한 사람들에게 골고루 나눠 주라고 말한 뒤 종이와 붓을 가져오게 했다. 창수는 주인이 가져다준 종이에 이렇게 썼다.

'국모의 원수를 갚고자 내가 이 왜놈을 죽였노라. 해주 텃골 김창수'

"자, 이것을 큰길가에 붙여 주시오. 그리고 이 일을 안악 군수에게 보고해 주시오."

창수는 벗어 두었던 두루마기를 입고 왜놈의 칼을 허리에 차고 유유히 여관을 벗어났다.

첫 감옥생활

창수가 집에 돌아오는 길에 신천에서 만난 친구들에게 지난 이야기를 하자 집으로 가지 말고 피신하라고 했다.

"사람의 일은 모름지기 밝고 떳떳해야 하오. 그래야 사나 죽으나 값이 있지. 세상을 속이고 구차히 사는 것은 사나이 대장부가 할 일이 아니오."

창수는 그들의 말을 듣지 않고 집으로 돌아왔다. 부모님에게도 사실대로 말했다. 부모님 역시 피신할 것을 애써 권했다.

"피신할 마음이 있었다면 애당초 그런 일을 하지 않았을 겁니다. 이 한 몸 희생하여 만인을 교훈할 수 있다면 죽더라도 영광된 일입니다."

그로부터 석 달이 지난 뒤 창수는 해주옥에 수감되었다. 어머니는 해주까지 따라와서 옥바라지를 했고, 아버지는 벼슬아치들을 찾아다니며 아들의 석방운동을 벌였다. 수감 후 한 달 만에 감리 민영철로부터 신문이 있었다.

"네가 치하포에서 일본인을 죽이고 강도질을 한 놈이냐?"

"아니오. 그런 짓은 하지 않았소!"

창수는 강도짓을 하려고 살인한 것이 아니라는 뜻이었다.

"바른대로 말하도록 주리를 틀어라."

감리의 명이 떨어지자 형리들이 창수의 양쪽 다리 사이에 몽둥이를 넣어 주리를 틀었다. 창수는 정강이의 살이 벗겨져 허연 뼈가 드러나고 기절했다. 정신이 든 뒤 창수는 말했다.

"본인의 체포장을 보면 내무부 훈령 등인이라 되어 있으니, 내무부로 보고만 해주시오."

그로부터 두 달 후 창수는 인천감옥으로 이감되었다. 창수의 어머니가 아들의 옥바라지를 하려고 인천으로 배를 타고 가면서 아들에게 말했다.

"이제 가면 왜놈 손에 죽을 것이다. 차라리 이 물에 너와 나 같이 죽어 귀신이 돼서라도 같이 살자. 나는 네 아버지하고 약속했다. 네가 죽는 날이면 우리 내외도 함께 죽자고 말이다."

"어머니, 저는 결코 죽지 않습니다. 자식이 나라를 위하여 하늘에 사무치게 정성을 다하여 원수를 죽였으니 하늘이 도와주실 겁니다."

어머니는 아들의 말을 듣고 두 손을 모아 하늘을 우러러 축원했다.

창수는 인천감옥에 수감되었다. 인천까지 따라온 어머니는 남의 집 식모로 들어가 아들의 옥바라지를 했다.

경무청에서 신문이 시작되었다. 경무관 김윤정이 물었다.

"네가 치하포에서 일본인을 죽인 일이 있느냐?"

"국모의 원수를 갚기 위하여 왜놈 군인을 한 명 때려 죽였습니다."

이 말에 법정 안이 갑자기 조용해졌다. 그러자 일본인 순사가 통역관에게 갑자기 조용해진 까닭을 묻는 것 같았다. 창수는 왜놈 순사를 향해 큰 소리로 호령했다.

"이 개 같은 왜놈아, 내 죽으면 귀신이 되어 네 임금을 죽이고 왜놈의 씨를 말려 우리나라의 치욕을 씻으리라."

일본인 순사는 창수가 통렬히 꾸짖는 서슬에 욕을 뱉으며 사라졌다. 창수는 법정 맨 앞자리에 앉은 감리사 이재정에게 질문했다.

"본인은 일개 시골의 천민이지만 백성의 의리로 나라가 수치를 당하고 푸른 하늘 밝은 해 아래 내 그림자가 부끄러워서 왜구 한 명을 죽였소. 그러나 나는 아직 우리 동포가 왜인의 왕을 죽여 복수하였단 말을 듣지 못하였소. 지금 당신들은 국상중에 상복을 입고 있는데 춘추대의에 나라님 원수를 갚지 못하면 상복을 입지 아니한다는 구절도 읽어 보지 못하였소? 어찌 한갓 부귀영화와 국록을 도적질하는 더러운 마음으로 임금을 섬기시오?"

이재정·김윤정 등 수십 명의 관리들이 창수의 말에 얼굴빛이 홍당무 빛을 띠었다.

김창수의 의기와 기개는 순식간에 퍼져 감옥뿐 아니라 바깥세상에도 알려졌다. 그때부터 창수는 감옥 안의 왕이 되었다. 창수를 위로하고 도와주려는 사람들이 줄을 이어 면회를 왔다.

그런지 얼마 뒤 어머니가 면회를 왔다.

"세상이 온통 네 얘기로구나. 좀 전에는 경무관이라는 사람이 나를 찾아와 돈 백오십 냥을 주면서 네게 보약을 지어 먹이라 하는구나. 내 집 주인은 물론이고 사랑손님들까지 네 칭찬이 대단하다."

창수는 감옥 안에서 아버지가 넣어 준 『대학』을 비롯하여 면회 온 사람들이 넣어 준 『태서신사』『세계지리』 등을 열심히 읽을 뿐 아니라, 감옥 안 죄수들에게도 글을 가르쳤다.

탈옥

창수가 스물한 살이던 1896년 어느 하루 한 신문에 자신의 사형이 확정되었다는 기사를 보았다. 창수는 그 기사를 보고도 놀라지 않고 태연히 책만 읽었다. 신문을 본 사람들이 살아 있는 창수에게 "마지막으로 보러 왔소" 하고는 미리 조문을 왔다.

창수는 도리어 그 사람들을 위로하여 돌려보내고 『대학』을 외곤 했다. 마침내 창수의 사형집행일이 다가왔다. 창수는 아침부터 단정히 앉아 『대학』을 읽으면서 간수가 이름을 부르기를 기다렸다. 저녁 무렵 옥문이 열렸다.

"김창수, 어느 방에 있소?"

"여기요."

"김창수! 당신은 살았소. 사형집행을 중지하라는 고종 임금의 어명이 내리셨소. 폐하께서는 그대 죄가 국모 시해 원수를 갚기 위해 저지른 것임을 알고 급히 회의를 열어 사형을 중지시키기로 결정하고 이를 전화로 인천 감옥에 전했소. 만일 전화가 가설되지 않았다면 당신은 죽었을지도 모르오. 참으로 하늘이 낸 목숨이오."

창수의 사형이 중지되었다는 소문이 퍼지자 옥문에는 다시 축하하러 온 사람들로 줄을 이었다.

창수는 고종 임금의 특별사면으로 목숨은 건졌으나 감옥살이는 계속했다. 강화도에 사는 김경득이라는 사람은 김창수를 석방시키기 위해 재산을 털어 가면서 법부에 탄원서를 올리며 애써 주었다. 하지만 법부에서는 외국인을 살해한 사건이라 국제관계상 문제점이 있기에 난처하다는 대답이었다. 김경득은 면회인을 시켜 김창수에게 편지 한 통을 보냈다. 그 편지에는 이런 시구가 적혀 있었다.

조롱을 박차고 나가야 진실로 좋은 새이며(脫籠眞好鳥)
그물을 떨치고 나가야 예사스런 물고기가 아니리(拔扈豈常鱗)

감옥을 탈출하라는 암시의 편지였다. 창수는 비겁하게 탈옥할 수 없다고 생각하고 옥살이를 계속했다. 창수가 감옥살이를 2년째 하고 있을 때 감옥 내 한 죄수가 탈옥하고자 졸랐다. 처음에는 못 들은 척하던 창수도 그의 끈질긴 애원에 마음이 흔들렸다.

'임금이 나를 죽이지 못하게 한 것은 나에게 죄가 없다는 말이 아닌가! 나를 가둬 놓는 것은 왜놈들이다. 내가 여기서 고생하다가 죽는다면 왜놈들만 좋아할 것이다. 그렇다면 무슨 방법으로든지 세상에 나가 왜놈들과 싸워야 하고 그것이 나라와 민족을 위하는 길이다.'

창수는 이렇게 생각을 바꾼 뒤 1898년 3월 9일 인천감옥을 탈옥했다. 창수는 감옥을 나온 뒤 일 년이 넘도록 전국을 떠돌아다녔다. 한때는 공주 마곡사에서 머리를 깎고 '원종'이라는 법명으로 중노릇도 했다. 창수는 3년 만에 다시 집으로 돌아가 농사를 짓다가 강화로 가 훈장 노릇을 하며 그때부터 이름도 '김구(金龜)'로 고쳤다.

김구가 25세 되던 1900년 11월, 어느 날 꿈에 아버지가 나타났다. 잠을 깬 김구는 불길한 생각에 고향으로 갔다. 해주 텃골 고향집으로 가다가 잠시 멈추고 고능선 스승님을 찾아갔다. 5년 만의 만남이었다.

"선생님, 우리나라에 가장 시급한 일은 신교육입니다. 세계 선진국의 교육제도를 본받아 신식학교를 많이 세워 청소년들을 가르쳐야 합니다. 그것이 나라를 지키는 밑거름입니다."

"박영효·서광범 같은 역적들의 주장을 자네가 말하고 있네. 천하에 영원히 망하지 않는 나라 없고, 영원히 죽지 않는 사람 없다네. 왜놈과 양인에게 배우다가 나라도 구하지 못하고 절의까지 배반하고, 죽어 지하에 가게 되면 선왕이나 선현을 무슨 낯으로 대하겠는가?"

김구는 자신과 고능선 스승과 사이에 가로막힌 큰 벽을 느낀 채 텃골로 돌아갔다. 김구의 아버지는 병세가 몹시 위독했다. 김구는 허벅지의 살을 한 점 떼어 아버지 입 속에 넣었지만 효험이 없이 아버지는 눈을 감았다.

김구는 아버지 탈상을 치른 뒤 어머니를 모시고 장련으로 이사를 갔다. 그는 거기서 농사를 짓는 한편 학교에서 학생들을 가르쳤다. 이때 기독교 신자가 되었다. 이듬해인 1904년 같은 기독교인 최준례와 결혼했다. 그는 최준례를 경신학교로 보내 신학문을 공부하게 하였다.

어머니 곽낙원

'무엇보다 신교육이 절실하다. 각자 고향으로 돌아가 교육사업에 온 힘을 기울이자.'

이것이 김구가 새로 찾은 애국의 방법이었다.

김구는 황해도로 돌아와 교육에 몰두했다. 황해도 종산에 서명의숙에서 학생들을 가르쳤다. 그러다가 안악읍으로 옮겨 양산학교 교사가 되었다. 종산에서 안악으로 옮길 때 찬 기운을 많이 쐰 탓으로 첫딸을 잃었다. 안악에서 김구는 교육자 최광옥 등과 함께 '해서교육총회'를 조직하여 학무총감을 맡아 황해도 여러 곳을 돌아다니며 강연회를 열었다.

"우리는 청일전쟁과 러일전쟁을 하고 있을 때만 해도 일본을 미워하지 않았습니다. 그러나 그 뒤 일본이 우리나라 주권을 빼앗는 조약을 강제로 맺었기 때문에 일본을 배척하게 된 것입니다."

청중들은 김구의 강연에 눈빛이 빛났다. 하지만 일본 경찰은 강연회를 중단시키고 김구를 경찰서로 끌고 갔다. 경찰서에서 하룻밤을 자고난 다음날 김구는 안중근 의사가 하얼빈 역에서 이토 히로부미를 처단한 호외를 보았다. 김구는 안중근 의거 관련자로 다시 경찰서로 끌려갔으나 안중근 아버지 안태훈 진사하고만 친교가 있었을 뿐이라는 사실이 밝혀져 곧 석방되었다.

김구는 1910년 새해를 맞았다. 둘째 딸 화경이가 태어났다. 하지만 그해 8월 29일, 마침내 우리나라가 일본에게 강제로 나라를 빼앗았다. 이 무렵 미국에 있었던 안창호가 귀국하여 기울어진 나라의 운명을 되돌리고자 양기탁·이승훈·최광옥·이동녕·이갑·신채호·김홍량 등과 함께 신민회를 비밀히 조직하여 지도자가 될 만한 사람을 훈련하는 한편 백성들을 계몽하는 일에 열중했다. 김구도 신민회 회원이었다.

그해 11월 서울에서 양기탁 이름으로 신민회 비밀회의 연락을 받고 김구는 서울로 갔다. 이 회의에서 신민회는 서울에 도독부를 설치하여 전국을 다스리고, 만주 서간도로 대규모 이민을 장려하여 그곳에 무관학교를 세우기로 했다. 이를 실행코자 필요한 자금을 마련한다고 결의하였는데, 황해도 대표는 김구였다. 안악으로 내려온 김구는 이 계획을 실행하려는 가운데 어느 날 안중근 의사 사촌동생 안명근이 양산학교로 찾아왔다.

"황해도 일대 부자들이 독립자금을 내겠다고 해 놓고 내지 않는 이들이 많습니다. 이들을 육혈포로 위협하여 혼내 주고자 하오니 김구 선생이 응원 지도해 주시기 바랍니다."

김구는 깊이 생각한 뒤 안명근에게 만류했다. 장래 일본과 대규모 전쟁을 하려면 인재 양성이 없이는 성공을 기약할 수 없고, 일시적인 격발로는 5일은커녕 3일도 기약하기 어려우니, 분기를 참고 다수 청년을 북쪽 지대로 데려가 군사교육을 실시하는 것이 당장 급한 일이라고 했다. 안명근이 떠난 뒤 얼마 후 큰 사건을 일으켰다는 소문이 자자했다. 김구는 급히 신문을 구해 읽었다.

데라우치 총독이 압록강 철교 준공식에 참석하려고 열차를 타고 신의주를 향하던 중, 사리원에서 총독을 저격하려는 괴한이 사전에 발각되어 체포되었다. 범인의 이름은 안명근으로 이토 히로부미 공을 저격한 안중근 사촌아우인 것으로 알려지고 있다.

1911년 정초 일본 헌병이 양산학교로 김구를 찾아왔다. 김구는 그를 따라 헌병 양산파견소로 가자 이미 여러 애국지사들이 잡혀와 있었다.

"당신들을 체포하여 서울로 보내라는 것이 총독부 명령이오."

애국지사들은 사리원에서 기차에 태워져 서울로 모두 압송되었다. 훗날 '안악사건'이라 불린 이 사건에는 안명근·김구·김홍량·김용제·이승훈·양기탁·이동휘·유동열·김도희 등 숱한 애국지사가 체포 구금되었다. 유치장에서 일본 순사들의 고문은 밤새도록 되풀이 되었다. 신문을 받으러 갈 때는 제 발로 걸어갔으나 돌아올 때는 반죽음되어 업혀 들어오곤 했다. 이런 고문에 못 이겨 몇몇 애국지사는 목숨까지 잃었다. 이 사건으로 김구는 17년 징역형을 선고받았다. 강도죄 15년에 보안죄 2년이었다. 판결이 확정되자 김구는 서대문감옥에 갇혔다. 어느 하루 어머니가 감옥으로 면회를 왔다.

"나는 네가 경기감사가 된 것보다 더 기쁘게 생각한다."

김구로 개명하다

1912년 7월, 일왕 메이지가 죽자 사면령이 내렸다. 김구에게 내려진 17년 형 가운데 보안죄 2년은 사라지고 강도죄 15년 형기 중 8년이 깎여 7년이 되었다. 이듬해 1913년에는 메이지 일왕 처가 죽었다. 다시 사면령이 내려져 7년에서 5년이 되었다. 이렇게 되니 이미 감옥생활을 한 3년을 빼면 2년밖에 남지 않았다. 김구는 새로운 희망에 부풀어 이런저런 궁리를 했다.

그는 먼저 자기 이름을 거북 '구(龜)'에서 아홉 '구(九)' 자로 고쳤다. 이것은 왜놈들이 관리하는 호적에서 벗어나자는 뜻이었다. 그리고 또한 호도 '연상(蓮上)'에서 '백범(白凡)'으로 바꾸었다. 백범의 '백(白)' 우리나라에서 가장 천한 백정에서 따온 것이요, '범(凡)'는 범부, 곧 '평범한 사람'이란 뜻으로 우리나라의 백정 범부라도 애국심이 당신 정도는 되어야 완전한 독립국민이 될 수 있다는 바람 때문이었다. 그러면서 복역중 김구는 뜰을 쓸거나 유리창을 닦을 때는 하느님께 이렇게 기도했다.

하느님, 우리나라가 독립하여 정부가 생기거든, 내가 그 집 뜰을 쓸고 유리창을 닦는 일을 하게 해보고 죽게 해 주십시오.

어느 날 김구는 서대문감옥을 떠나 인천감옥으로 이감되었다. 그 원인은 일본인 과장과 싸운 탓이었다. 그 무렵 인천감옥은 징역살이가 가장 고된 곳으로 소문이 났다. 날마다 부두 공사장에 나가 흙을 지고 10여 길이 넘는 계단을 올라가야 했다. 김구는 무거운 짐을 지고 사다리를 올라갈 때 감옥살이가 너무 힘들어 여러 번 떨어져 죽을 생각도 했다.

1915년 8월, 마침내 김구는 가석방으로 풀려났다. 김구 어머니가 출옥한 아들을 붙들고 말했다.

너는 오늘 이렇게 살아왔지만 너를 심히 사랑하고 늘 보고 싶어 하던 네 딸 화경이는 서너 달 전에 죽었다. 일곱 살밖에 안 된 그 어린 것이 깜찍하게도 죽을 때에 저 죽거든 아예 옥중에 계신 아버지한테 기별 말라고, '아버지가 들으면 오죽이나 마음이 상하겠소' 하더라.

김구는 어머니에 말씀에 말없이 눈물을 흘리며 아내의 여윈 얼굴을 바라보았다.

"네 처의 절행은 나는 고사하고, 네 친구들이 감동하였다. 너는 네 처를 결코 박대해서는 못 쓴다."

어머니 말씀 때문에 김구는 평생 내외 싸움에서 한 번도 이기지 못하고 늘 지기만 했다. 김구는 안악읍 동산 공동묘지에 있는 화경의 묘지에 가 깊이 고개 숙이고는 딸의 모습을 그려 보았다.

이때부터 김구는 농사를 짓는 한편, 농민들을 가르치고 애국심을 길러 주는 계몽운동에 힘을 쏟았다.

대한민국임시정부

맏아들 김인이 태어난 지 석 달이 지난 1919년 3월 1일, 서울 탑골공원에서 독립만세 소리가 전국으로 번졌다. 안악에서도 동지들이 만세운동을 준비하며 김구에게 앞장서 달라고 부탁했다.

"만세운동에는 참여할 마음이 없네. 만세만 불러서 되는 것이 아니고 장래 일을 계획 진행하여야 할 터인즉 내가 불참하더라도 자네들은 어서 만세를 부르게."

김구는 압록강을 건너 산둥으로 가, 그곳에서 다시 15명의 동지들과 상하이로 갔다.

상하이에 도착한 이튿날 김구는 김보연을 찾아갔다. 그는 경신학교 출신으로 김구가 교육사업을 할 때 무척 따랐던 청년이었다. 김보연은 대한민국임시정부 요원들에게 김구를 소개시켰다. 김구는 이동녕·이광수·김홍서·서병호 등과 인사를 나눴다. 김구는 임시정부 내무총장 안창호를 찾아가 솔직히 말했다.

"임시정부의 문지기가 되고 싶습니다."

"문지기라니 그게 무슨 소리요?"

"그것이 내 진정 소원입니다. 내 일찍이 감옥에서 뜰을 쓸고 유리창을 닦을 때 하느님께 빌었습니다. 나는 임시정부 문지기를 꼭 하고 싶습니다."

"알았소."

다음날 안창호는 경무국장 사령서를 교부했다. 김구는 펄쩍 뛰었다.

"나는 순사 자격도 되지 못하는데, 어찌 경무국장을 감당하겠습니까?"

"백범이 문지기로 서 있으면 중책을 맡은 젊은 후배들이 어떻게 드나들겠소. 더구나 경무국장은 왜놈 밀정들의 활동을 막고, 우리 독립운동가들의 뒤를 보살펴주는 것이니 백범에게 합당하지 않소."

김구는 더 이상 사양할 수가 없었다.

이듬해인 1920년, 아내가 맏아들 인을 안고 상하이로 오고 다시 2년 뒤 어머니까지 상하이로 건너왔다. 김구 평생 처음으로 평온한 가정생활이었다. 그해 8월 둘째 아들 신(信)이 태어났다. 하지만 가정의 안락은 오래가지 못하였다. 김구 아내 최준례는 둘째 아들 신을 낳은 뒤 폐렴에 걸려 오랫동안 고생하다가 세상을 떠났다. 김구의 슬픔은 말할 수 없이 컸다. 하루는 어머니가 아들에게 말했다.

"나는 신을 데리고 고국으로 가겠다."

오로지 나랏일에만 전념하라는 어머니의 뜻이었다. 어머니는 그 이듬해 큰아들 인마저 보내라고 하여 어머니 말씀에 따라 큰아들 인을 환국시키고 김구는 상하이에 외롭게 혼자 남았다.

1926년 무렵 임시정부는 얼마 동안 사상대립과 파벌싸움으로 무정부 상태라 할 만큼 매우 어려웠다. 그러던 어느 날 의정원 의장 이동녕이 김구를 찾아왔다.

"아무래도 이 난국을 헤쳐 갈 사람은 백범밖에 없을 것 같소."

"그건 안 될 말씀입니다. 첫째 저는 황해도 시골 상놈의 아들입니다. 그런 제가 한 나라 원수가 된다는 것은 국가와 민족의 위신을 크게 떨어뜨리는 일입니다. 둘째 저보다 훌륭한 사람들도 인재를 얻지 못해 정부를 조직하지 못하였는데, 제가 나서면 더욱 호응할 인재가 없을 것입니다."

하지만 이동녕은 김구를 간곡히 설득했다.

"첫 번째 것은 이유될 것도 없고, 다음 것은 백범만 나서면 지원자가 있을 것이오. 임시정부가 무정부 상태로 되는 것만은 면하게 해주시오."
 김구는 이동녕의 간청에 못 이겨 1926년 12월 대한민국임시정부 수반인 국무령에 올랐다. 김구는 큰 권한과 책임을 지우는 국무령제를 모두가 똑같은 권리와 책임을 지는 국무위원제로 고친 뒤, 마침내 대한민국임시정부 주석이 되었다.

이봉창·윤봉길 의거

 김구가 주석이 되자 일단 임시정부는 자리가 잡혔다. 하지만 재정이 너무 빈약하여 임시정부를 유지하기조차 어려웠다. 얼마 안 되는 청사 집세조차도 내지 못할 정도였다. 김구 주석은 미국·멕시코 등지의 동포들에게 임시정부의 어려운 사정을 알리고 성금을 보내 달라고 편지를 보냈다. 하와이의 안창호·임성우 등 여러분이 질문 편지를 보내왔다.
 "당신이 임시정부를 지키고 있는 것을 감사히 생각하오. 그런데 당신 생각에 무슨 사업을 하고 싶은가? 우리 민족에 큰 도움이 되는 일이라면 자금은 최선을 다해 마련해 보겠소."
 김구는 답장을 보냈다.
 "미리 말할 수 없지만 필요할 때 연락할 터이니 그때 보내주시오."
 그때 김구는 대한민국임시정부의 어려움과 임시정부를 온 세계에 알릴 방법을 찾으려고 연구 노력하기 시작했다. 오랜 궁리 끝에 생각해 낸 것이 '한인애국단' 운동이었다. 곧 일본의 주요 인물을 습격하여 처단하고 중요 기관을 파괴하면 전쟁 이상의 효과를 거두고 침체한 독립운동에 활기를 불어넣을 수 있을 것이라는 판단이었다.
 그런 가운데 어느 하루 한 젊은이가 김구를 찾아왔다.

"저는 이봉창이라는 사람으로 일본에서 노동을 하다가 독립운동을 하고자 이곳을 찾아왔습니다. 저 같은 사람도 노동을 하면서 독립운동을 할 수 있는 길이 없겠습니까?"

그 말에 김구는 답변을 하지 않고 다음날 만나자고 약속한 뒤 돌려 보냈다. 혹 일본 밀정이 아닐까 의심스러웠기 때문이다. 그 후 김구는 이봉창의 애국심을 확인한 뒤 단둘이 만났다.

"사실 나는 나라를 위해 목숨을 바쳐 일할 젊은이를 찾고 있소."

"제가 여기로 찾아올 때는 독립운동에 목숨을 바치겠다고 각오했습니다."

"고맙소, 이 동지! 내 일 년 안에 이 동지가 할 일을 마련해 주겠소."

1931년 12월, 김구는 이봉창을 프랑스 조계 한 여관으로 몰래 불러 일본에 가서 천황을 죽이라고 지시했다. 이튿날 김구는 그를 안공근(안중근 의사 동생)의 집으로 데려가 한국애국단 입단 선서식을 했다.

나는 지극한 정성으로 조국의 독립과 자유를 회복하기 위하여 한인애국단의 일원이 되어 적국의 괴수들을 처단하기로 맹세합니다.
-대한민국 13년(1931) 12월 13일 한국애국단 앞 선서인 이봉창

김구는 그에게 수류탄 두 개와 돈 3백 원을 주며 말했다.

"이 선생, 마지막 가시는 길이니 이 돈은 아끼지 마시고 쓰시오. 동경서 전보를 치면 다시 송금하리다."

그리고 마지막 기념으로 사진을 찍을 때 이봉창은 웃으며 말했다.

"선생님, 얼굴을 펴십시오. 저는 영원한 쾌락을 얻고자 떠납니다."

김구는 억지로 미소를 띠며 사진을 찍었다.

1932년 1월 8일, 김구는 신문을 펴들고 분함을 이기지 못했다. 중국 국민당 기관지 민국일보 기사였다.

한인 이봉창이 일본 천황을 저격하였으나 불행히도 명중하지 않았다 (韓人 李奉昌 狙擊 日皇 不幸不中).

신문에는 이봉창이 폭탄을 던진 뒤 도망치기는커녕 태극기를 흔들며 대한독립만세를 외치다가 체포되었다고 보도했다.

이봉창 의거 두 달 후인 1932년 2월 하순 어느 날 한 청년이 김구를 찾아왔다.

"저는 예산 출산으로 훙커우(홍구) 시장에서 채소장사를 하는 윤봉길입니다. 선생님께서 제가 나라를 위해 마땅히 죽을 자리를 마련해 주십시오."

"뜻이 있으면 마침내 일을 이룬다고 했소. 4월 29일은 왜놈 천황 생일이오. 그들이 홍커우 공원에서 경축행사를 성대하게 치르는 모양인데 군의 일생에 큰 목적을 이날에 이뤄봄이 어떠하오?"

"좋습니다. 선생님. 저는 이 말씀을 들으니 가슴에 한 점 번민이 없어지고 마음이 편안해집니다. 준비해 주십시오."

4월 29일 새벽 김구는 윤봉길과 같이 동포 김해산 집에 가서 최후로 아침밥을 먹으면서 기색을 살펴보았다. 7시를 치는 종소리가 들렸다. 윤봉길은 자기 시계를 꺼내 김구에게 주면서 시계와 바꾸기를 청했다.

"선서식 후에 선생 말씀에 따라 6원을 주고 산 것입니다. 선생님 시계는 2원짜리니 저에게 주십시오. 저는 한 시간밖에 소용이 없습니다."

김구는 말없이 그것을 기념품으로 받고, 당신 시계를 내주었다. 윤봉길은 천장절 식장으로 떠날 때도 자동차를 타면서 소지한 돈을 꺼내 김구 손에 쥐어 주었다.

"약간의 돈을 갖고 있는 것이 무슨 방해되는가?"

"아닙니다. 자동차 삯을 주고도 5, 6원은 남겠습니다."

그러자 곧 자동차가 움직였다. 김구는 목멘 소리로 말했다.

"후일 지하에서 만납시다."

윤봉길은 차창으로 김구를 향해 머리를 숙였다. 자동차는 큰소리를 내며 윤봉길을 싣고 홍커우 공원으로 질주했다.

1932년 4월 29일 오전 11시 40분 홍커우 공원에서 열린 천장절 경축과 상하이사변 승전 기념식장에 모든 참석자들이 빳빳이 선 채로 해군 군악대 주악에 맞춰 일본 국가 키미가요를 부르기 시작했다. 윤봉길은 이때를 하늘이 준 기회로 알고 물통형 폭탄의 안전핀을 뽑아 단상 한복판을 향해 힘껏 던졌다. 폭탄은 포물선을 그리며 힘차게 날아가 단상 중앙에 떨어지자 곧 천지를 뒤흔드는 폭음소리와 함께 일본 국가의 남은 부분도 폭음 소리에 묻혀 버렸다. 그 폭탄은 일본인 거류민단장 카와바다를 그 자리에서 절명케 했고, 일본군사령관 시라카와 육군 대장도 곧 사망케 했다. 이밖에도 일본 해군 제3함대사령관 노무라 중장, 육군 제9사단장 우에다 중장, 주중공사 시게미쓰에게 중상을 입히는 등 일본인의 간담을 서늘케 했다.

"대한독립만세! 대한독립만세! 대한독립만세!"

윤봉길 부르짖음은 우리 민족항쟁의 불기둥이었다. '4·29 분화(噴火)'로 일컬어지는 윤봉길의 '홍커우 공원 의거'는 장엄하게 대단원의 막을 내렸다. 당시 중국 국민당 장제스(蔣介石) 주석은 "중국의 백만 군대가 하지 못한 일을 한국의 한 젊은이가 능히 했으니 장하다"고 격찬했다.

김구의 예언

1932년 4월 29일, 상하이 훙커우 공원(현 루쉰 공원)에서 윤봉길 의사의 의거 후, 대한민국임시정부는 일제에 쫓겨 상하이를 떠나 항주·가흥·진강 등 중국 각지를 전전하다가 1940년 충칭에 정착했다. 그 무렵 중국의 지원을 받은 대한민국임시정부는 1940년 9월 17일 연합국 일원으로 제2차 세계대전에 참전하기 위해 충칭에서 광복군 성립식을 거행하고, 시안에 사령부를 두었다.

1945년 8월 10일, 임시정부 김구 주석은 광복군 2지대가 있는 중국 시안에서 미군 OSS[69] 총책임자 도노번 장군과 고국으로 밀파할 공작을 협의하였다. 도노번 장군이 정중하게 선언했다. "오늘 이 시간부터 아메리카 합중국과 대한민국임시정부의 적 일본에 항거하는 비밀공작이 시작되었다." 그러나 김구는 미군과 함께 국내 진공공작을 꾀하던 그때 일본의 패망소식을 들었다. 이 소식에 김구는 하늘이 무너지는 듯한 충격을 받았다. 천신만고로 수년간 공들여 대일참전을 준비한 것이 모두 허사로 돌아가 버렸기 때문이다.

김구는 시안과 부양에서 훈련받은 우리 청년들에게 각종 비밀무기를 주어 중국 산둥에서 미국 잠수함에 태워 본국으로 보내 국내의 요소를 점령한 후, 미국 비행기로 무기를 운반할 계획까지 미 육군성과 다 약속이 되어 있었다. 그런데, 이 국내 진격작전을 한 번 해보지도 못한 채 왜적이 항복해 버렸다. 진실로 전공(前功)이 가석하거니와, 그보다도 걱정이 되는 것은 우리 광복군이 이번 전쟁에 한 일이 없기 때문에 앞으로 국제간에 발언권이 박약하리라는 것이다.

환국 직전 상하이 공항에서 촬영한 김구 주석 일행의 기념사진. 김규식, 이시영, 조완구 선생의 모습이 보이고, 김구 주석 앞에 태극기를 든 소년은 이종찬 전 국정원장이다. 1945. 11. 5. 사진 눈빛아카이브.

8. 백범의 환국

> 김구 주석 일행 23일 오후 금의환국
> 23일 오후 김구 선생 일행 14명은 경성(서울)에 도착하였다고 동일 오후 6시 하지 중장이 발표하였다. 오랫동안 망명중이던 김구 선생 일행은 개인 자격으로 환국한 것이다. - 1945. 11. 24. 조선일보

긴 하루

2004년 1월 31일 오전 10시(이하 현지 시간), 인천공항을 이륙한 아시아나 202편은 10시간 남짓 비행한 끝에 우리 일행을 로스앤젤레스(이하 LA) 국제공항(LAX)에 내려 주었다. 두 사람 모두 미국은 초행길이었다. 권중희 씨는 일찍부터 몽매에도 미국 방문을 그렸지만 나는 전혀 생각지 못한 일이었다. 솔직히 나는 영어 한 마디 할 줄 모른다. 그래서 나는 애초 모금을 한 뒤 성금을 권 씨에게 전하는 것으로 내 임무를 끝내려고 하였는데, 그동안 진행 과정상 동행하지 않을 수 없었다.

모금에서 현지 자원봉사자 연락 등, 모든 일들이 하나같이 온라인으로 진행되었다. 그래서 그 모든 자료가 내 컴퓨터에 저장되어 있었고, 모든 관계자들은 일차로 나와 연결이 되어 있었다. 그리고 이 일을 지켜보는 수많은 독자들은 그 결과 못지않게 투명한 과정을 보고 싶어 했다. 한 독자는 나에게 "박 기자가 시작했으니 미국까지 동행하여 숨 쉬는 소리까지 글로 표현해 주기를 간절히 바랍니다"라고 부탁했다. 나는 미국행을 운명으로 받아들였다. 나는 방미 기간에도 처음부터 끝까지 모든 과정을 기사로 써서 독자의 성원에 보답하겠다고 작정하고 비행기에 올랐다.

미국 국립문서기록관리청(NARA)은 워싱턴 근교에 있는데 우리가 직항

을 타지 않고 LA를 경유한 것은 두 가지 이유 때문이었다. 모금 진행 당시 여러 독자들이 권중희 씨의 왕복비행기표를 제공해 주겠다는 여러분의 제의가 있었는데, 그 가운데 삼우설계 김명원 씨가 가장 먼저 그 뜻을 표하였기 때문이다. 그분은 그동안 해외출장을 많이 한 탓으로 아시아나 항공 마일리지가 상당히 쌓여 있었기에 권 씨의 왕복 티켓을 끊고도 남을 정도였다. 그런데 아시아나 항공은 워싱턴 직행이 없는데다가 마침 LA에 사는 몇몇 동포들이 그곳에다 민족혼을 심어 주고 가라고 권중희 씨에게 여러 차례 간곡히 초청하여 그 뜻을 받아들였다. 그래서 출국 때는 LA에서 환승 관계로 잠시 머물게 일정이 잡혔고, 귀국 때는 사흘 체류하게 탑승권을 끊었다.

우리는 LA에 도착하여 6시간을 머문 뒤 오후 4시 15분에 워싱턴으로 가는 유나이티드 에어라인(UA)으로 갈아타야 했다. LA 공항 입국심사대에서 무려 1시간 30여 분을 기다린 끝에 사진촬영과 지문을 찍고 미국 관리들의 몇 마디 질문에 눈치껏 대답한 후 그제야 통과, 마침내 미국 땅에 발을 들여놓았다. 짐 찾는 곳에서 가방을 찾아 끌고 대기실로 나가자 '꺽다리' 한 녀석이 활짝 웃으면서 "선생님!"하고 고함쳤다.

바로 진천규 기자였다. 우리 두 사람은 서로 얼싸안았다. 30년 전 중1 교실에서 담임반 학생으로 만났던 그 녀석을 이국땅에서 만날 줄이야. 진 기자와 함께 재미동포 이용식 씨도 두 손을 들고 영접해 주었다. 그들은 공항에서 6시간 동안 머물기는 지루할 거라며 점심 식사를 겸하여 한인타운도 돌아보자며 안내했다.

진 기자는 한겨레신문 사진기자로 10여 년 일하다가 2000년 평양에서 6·15정상회담 취재를 끝내고, 이곳으로 이민 온 뒤 미주 한국일보에서 일하고 있었다. 그가 온라인을 통해 나의 방미를 알고 취재 겸 마중 나와 준 것이었다. 그의 영접이 눈물이 날 만큼 반갑고 고마웠다. 그는 나 때문에 자기가 사진기자가 되었다고 했다. 중1 때 담임선생이 카메라로 자기들을 찍어 주는 모습에 반하여 부모에게 카메라를 사달라고 떼를 써 그때 카메라를 처음으로 손에 잡은 뒤 취미로 사진을 시작한 게 평생 직업이 되었다고 말했다.

진 기자의 안내로 한인타운을 한 바퀴 훑은 후 다시 LA 국제공항으로 돌아와 워싱턴행 UA 200편에 올랐다. 그날 진 기자는 우리를 취재하고 나는 그를 취재하는, 사제가 서로 취재하는 '별난 만남'이었다.

4시 15분에 LA 국제공항을 이륙한 워싱턴행 UA 200편은 밤 11시 45분에 워싱턴 덜레스 공항에 내려 주었다. 떠날 때 워싱턴 동포들에게 "님들만 믿고 떠납니다"라는 메일을 보내고 떠나왔지만 늦은 밤이라 다소 염려스러웠다. 하지만 공항 출구로 나오자 환영객(이재수·김만식·이종국·허용·서혁교·김경우·심영주·박기웅·박권성)들이 꽃다발을 우리에게 안겨 주며 따뜻하게 맞아 주었다.

워싱턴의 날씨는 LA와는 달리 한겨울이었다. 하지만 동포들의 따사한 정은 봄날보다 더 따뜻했다. 늦은 밤이라 우선 이재수 씨 댁에 여장을 풀었다. 긴 하루였다. 서울에서 인천으로, LA로, 다시 워싱턴까지 모두 하루에 다 이루어졌다. 비행중 날짜변경선까지 통과한 탓으로 하루가 38시간이나 되었다. 새삼 지구촌에 살고 있음을 실감케 했다.

2004. 2. 1. 일

오전 9시(현지시간)에 눈이 떠졌다. 간밤 3시가 넘어 잠자리에 든데다가 시차적응이 되지 않아 늦잠을 자도 개운치 않았다. 동포 이재수 씨 부인이 고국 손님을 위해 전복죽을 맛있게 끓여 주었다.

낮 12시에 워싱턴 지역 한인기자단 간담회가 있다고 하여 이재수 씨 차를 타고 버지니아 주 애넌데일에 있는 한 한식집으로 갔다. 6·15남북공동선언실현 재미동포협의회 공동의장 신필영 씨를 비롯한 워싱턴지부 한국일보·중앙일보·조선일보·라디오워싱턴·기쁜소리방송 기자 등이 환영 인사와 아울러 미국 방문의 목적·배경·과정 들을 꼬치꼬치 물었다.

우리는 기자간담회를 마친 후, 곧바로 미주동포전국협의회(NAKA, National Association for Korean Americans) 사무실을 방문했다. NAKA는 1994년에 미주동포들이 결성한 단체로, 한반도 평화와 통일문제에 대하여 이바지하고자 미국 조야에 동포들의 의사를 전달하고 로비 활동도 한다고 했다. 곧 우리의 방미에 그 누구보다 열성적인 동포 김만식 씨가 주일인데도 찾아왔다. 그분은 숙소 예약과 자원봉사자 연락 등에 힘써 준 분이다.

이재수 씨 댁으로 돌아온 뒤 짐을 들고 김만식 씨와 예약해 둔 숙소로 갔다. 이재수 씨 부인에게 고마운 인사라도 전하려고 했으나 일터에 나갔다고 했다. 미국 생활은 모두가 더없이 바쁜가 보다. 드넓은 대지 위에 아담하게 늘어선 이곳 집들은 담이 없었다. 여유와 평화가 깃든 도시는 나그네의 부러움을 샀다.

우리의 숙소는 주립 메릴랜드 대학촌에 있었는데 무엇보다 국립문서기록관리청과 가까운 거리를 우선으로 했다는 김만식 씨의 설명이었다. 내가 애초에 방값이 매우 싸고 인터넷 연결이 되는 곳을 부탁하였다. 하지만 이 숙소는 인터넷이 연결 안 돼 가장 불편했다. 김만식 씨는 전화선으로 연결하면 된다고 한다. 내일 동포 주태상 씨가 자원봉사해 주겠다고 연락이 왔다. 그는 컴퓨터 기기를 잘 안다고 했다.

NARA에 첫발을 딛다

2004. 2. 2. 월

미국에서 이틀 밤을 잤지만 개운치 않았다. 밤낮이 뒤바뀐 시차 탓으로 밤 시간을 거의 뜬눈으로 지냈다. 나만 그런 게 아니고 권 씨도 마찬가지라고 했다.

NARA(미국국립문서기록관리청) 문서검색에 총책을 맡아 줄 이도영 박사가 애초 약속과 달리 세미나 참석으로 캐나다에 체류중이기에 일정에 차질을 빚고 있다. 그 사이 시차와 현지 적응에 힘쓰기로 했다.

낮 12시, 주태상 씨가 숙소로 찾아왔다. 나라의 역사를 바로 세우는 일에 무슨 일이든 돕겠다고 숙소의 문을 두드렸다고 했다. 나는 노트북을 그에게 맡기고 인터넷 연결을 부탁했다. 주태상 씨는 두 시간이나 땀을 흘리면서 시도했으나 끝내 연결되지 않았다. 그러자 노트북을 자기 집에 가져가서 제조회사로부터 프로그램을 다운받아 다시 연결을 시도해 보겠다고 했다.

아침은 우유와 빵으로 때웠는데 점심은 주태상 씨의 안내로 숙소에서 가까운 한식당에 가서 비빔밥을 먹었다. 돌아오는 길에 메릴랜드 대학 캠퍼스를 둘러보았다. 이 일대가 모두 대학촌으로 숲 사이에 드문드문 건물이 있었다. 그 건물마다 이름이 붙었는데 대체로 기부자의 이름이 많다고 했다.

마침내 우리 일행은 NARA으로 향했다. 갈 때는 이곳 지리나 익히는 사전 답사로 끝낼 양이었는데, 주태상 씨와 권중희 씨가 기왕이면 건물 안으로 들어가 보자고 하여 그리도 바라던 그 건물에 들어갔다. 권 씨는 NARA 건물을 하염없이 바라보면서 감개무량해 했다. 그분은 수륙만리 이곳을 찾고자 얼마나 노심초사했던가? 하지만 그곳 입장이 수월치 않아서 꽤 시간이 걸렸다. 입장 카드를 발급받아야 하는데 외국인들은 여권이 있어야 했다. 까다로운 수속을 마친 후 마침내 NARA 본관에 입장했다.

먼저 지하 라커룸에 내려가 외투와 소지품을 보관했다. 다행히 카메라는 소지할 수 있었다. 조사자의 얼굴을 찍지 않는 한 건물 내에서 사진촬영을 해도 괜찮다고 했다.

6층 건물에 층층마다 빼곡히 찬 기록물을 보면서 나는 미국의 저력과, 국민을 위해 봉사하는, 국민의 알 권리를 존중하는 정부의 대국민 서비스 정신에 감탄했다. 나는 출국 전에 이도영 박사가 국무회의록 복사를 부탁하여 서울 통의동 정부기록보관소에 서류 복사를 신청했다. 하지만 신청자는 기록물에 접근도 못한 채 복사물만 받아오지 않았던가. 이나마 정부 문서 복사가 허용된 것도 최근의 일이다.

국립문서기록관리청의 출입과 경비는 매우 철저했지만 일단 조사실에 입장하자 건물 내에서 활동은 생각보다는 자유로웠다. 5층은 사진자료실이라 영문에 능통하지 않은 사람이라도 우리나라 자료를 찾아볼 수 있을 것 같아 거기로 들어갔다.

나는 숱한 자료 가운데 1950년 한국전쟁 파일 'Korean War'를 찾았다. 9개의 파일에 수천 장의 사진이 소장된 바, 복사물의 번호를 적어 신청하자 직원이 원본 사진을 꺼내 주면서 반드시 장갑을 끼고 사진을 찾아 본인이 복사한 후 제자리에 꽂아 두라고 했다. 한장 한장 사진을 넘기자 갑자기 타임머신을 타고 50년 전으로 돌아간 기분이었다.

B-29 기의 융단폭격 장면, 치열한 시가지 전투, 전쟁고아들의 모습, 인민군 포로, 전차와 대포들이 불을 뿜는 장면, 군부대를 찾은 위문대들의 모습…. 그리고 해방 무렵 조선총독부 광장에 일장기가 내려가고 성조기가 게양되는 장면 등, 모두 복사(현상)해 가고 싶지만 복사비가 비싸고(한 장당 6달러) 그럴 시간도 없어 우선 조선총독부 광장에 일장기가 내려가고 성조기가 게양되는 장면 등 네 장만 복사했다.

어느 새 오후 4시 40분이었다. 숙소로 돌아오자 자원봉사 신청자 이선옥 씨가 로비에서 기다리고 있었다. 이선옥 씨는 현재 한국외대 사학과 박사과정에 재학중으로 이곳에서 연구와 박사논문 준비를 하고 있었다. '행동하는 지식인'을 꿈꾸는 매우 당찬 분으로 우리가 찾는 최적의 인물이었다. 바쁜 유학 생활중에도 봉사하겠다는 그들의 정성에 감동했다.

백범 선생님! 당신은 죽지 않고 겨레 가슴에 살아 있습니다. 당신은 결코 역사의 패배자가 아니고 승자이십니다. 동포들이 고달프고 바쁜 해외생활 가운데도 당신을 돕겠다는 행렬이 이어지고 있습니다. 지난날 일제강점기 때도 그랬다지요. 돈이 있는 자는 돈으로, 기술이 있는 자는 기술로, 이도 저도 없는 사람은 주먹밥을 만들어 독립전사를 도왔다고 하지요. 백범 선생님, 이들의 아름다운 행렬을 격려해 주십시오.

이선옥 씨를 보낸 뒤 가까운 밥집에서 저녁을 먹었다. 숙소에는 조리를 할 수 있는 주방기구와 시설은 다 돼 있으나 밥을 지을 수 있는 전기밥솥도 없는 등, 아직은 모든 게 어색하여 당분간 사 먹기로 했다. 김만식 씨는 장기투숙을 대비하여 방 두 개를 얻었는데 혼자 우두커니 밤을 맞이하는 게 더 고역이었다. 여태 시차가 적응되지 않아 몸은 피곤했지만 잠을 쉬 이룰 수 없었다.

　NARA에서 본 한국전쟁의 사진이 떠올랐다. 사진 한 장은 백 마디 웅변보다도 더 힘이 있는 경우가 많다. 진실한 기록, 한 장의 사진은 역사의 물줄기를 틀기도 한다.

　우리나라 현대사에서도 4·19혁명에 불길을 붙인 것은 사진 한 장 때문이었다. 마산 시위에서 경찰이 쏜 최루탄을 맞아 죽은 김주열 학생의 시신이 마산항 부두에서 인양되었는데 한 용감한 기자가 그 사진을 보도하여 성난 민심에 불을 붙였다. 사진은 더 이상 설명이 필요 없기에 사건의 진실을 알리는 데 그 위력은 대단하다.

　나는 조선총독부 광장 국기게양대에서 일장기가 내려가고 대신 미국 성조기가 올라가는 두 장의 복사한 사진을 봉투에서 꺼냈다. 1945년 9월 9일 조선총독부 제1회의실에서 미 제24사단 사령관 하지 중장이 조선총독 아베 노부유키(阿部信行)에게 항복문서를 받았다. 이어 오후 4시 조선총독부 광장에서 양국 국기 교대식이 있었다. 이 두 장의 사진은 그날 게양된 일장기를 내리고 곧이어 도열한 미군의 경례 속에 미국 국가와 함께 성조기가 올라가는 사진이었다. 이 두 사진은 해방 후 우리의 현실을 그대로 보여주고 있었다.

　1945년 8월 15일 해방은 우리나라 백성들에게는 어느 날 갑자기 찾아온 것으로 어떤 사람(함석헌)은 "해방은 도둑같이 찾아왔다"고도 했고, 또 어떤 이(박헌영)는 "아닌 밤중에 찰시루떡 받는 격으로 해방을 맞았다"고도 했다. 우리 백성들이 해방의 감격에 환호할 때 이미 나라는 분단이 예정돼 있었고, 미군정이 실시될 운명이었다. 그런 엄연한 역사적 사실을 모른 채

떡 줄 사람은 생각지도 않는데 우리나라 정치지도자들은 저마다 김칫국을 들이키고 있었다. 곧 해방 후 그 무렵 우리나라는 한 치 앞도 내다볼 수 없는 안개정국이었다.

일본의 만용

 1910년 일본은 한반도를 삼키고도 욕심에 차지 않아 드넓은 중국 대륙을 슬금슬금 침략하기 시작했다. 1931년 일본은 만주사변을 일으킨 뒤 그 빌미로 중국 동북지방을 강점하고 괴뢰 만주국을 세웠다. 이어 1932년 상하이사변, 1937년 중일전쟁 등을 도발하며 점차 중국 대륙 전역으로 침략의 마수를 넓혀 갔다. 그러면서 일본군은 난징에서 30만 명이 넘는 중국인을 학살하기도 했다.

 1940년에 이르자 어느 새 일본은 중국 대륙의 삼분의 이나 되는 영토를 그들의 손아귀에 넣었다. 그러자 미국·영국 등이 일본의 팽창을 견제하며 중국을 지원했다. 일본은 이들 세력과 맞서 대항하고자 독일·이탈리아와 삼국 군사동맹을 체결하였다. 이는 사실상 일본이 미국과 영국 등 연합국에 대한 도전이었다. 그러자 미국은 중국 장제스 정부를 더욱 적극 원조하며 중국 내 일본군의 철수를 요구하자 미일 관계가 극도로 악화되기 시작했다.

 그럼에도 일본은 1941년 7월에 프랑스 식민지였던 베트남의 수도를 장악한 뒤, 네덜란드가 지배하던 동인도제도까지 넘보았다. 미국이 이를 경고했지만 계속 일본이 듣지 않자 미국은 자국 내 일본의 자산을 동결하고 석유 수출을 전면 금지했다. 마침내 일본 내 강경파가 온건파 수상을 쫓아내고, 군부의 도조 히데키(東條英機)를 수상으로 내세워 태평양전쟁(대동아전쟁)[70]을 도발했다. 1941년 12월 8일 일요일 아침, 일본군이 하와이 진주만에 정박하고 있던 미 제7함대를 기습 공격함으로 마침내 태평양전쟁이 발발했다. 이는 이미 유럽에서 벌어지고 있는 제2차 세계대전의 확전으로 전쟁의 광풍이 전 세계를 뒤덮었다.

미국은 일본군의 진주만 기습을 받은 바로 그 이튿날 일본에 선전포고를 했다. 다음날 중국 상하이 대한민국임시정부도 '대일선전성명서'를 발표하고 전면전을 선포했다. 임시정부는 대일선전 성명서에서 한일병합의 무효를 거듭 주장하면서 "최후의 승리를 얻을 때까지 혈전한다"고 밝혔다. 태평양전쟁 초기에는 전세가 일본에 유리하게 전개된 듯하였으나, 곧 미국이 전열을 정비하자 역전의 조짐을 보였다. 미국은 미드웨이 해전(1942. 6.)과 남태평양 과달카날(1943. 2.) 전투에서 승리하자 전황은 일본에게 매우 불리하게 전개되었다. 게다가 동맹국인 이탈리아가 패전하고 독일도 유럽 전선에서 밀렸다.

1943년 11월 27일 연합국 측의 미·영·중 대표가 이집트의 카이로에서 만났다. 미국의 루스벨트, 영국의 처칠, 중국의 장제스 등 삼국 대표는 "한국인의 노예 상태에 유의하여 적절한 과정을 거쳐 한국을 자유 독립케 할 것을 결정한다"고 전후 일본 처리원칙에 합의하였다. 대한민국임시정부 의정원은 미국·영국·중국 삼국 원수에게 카이로선언에 대한 감사 메시지를 보냈다.

일본은 미국의 대반격으로 1944년 7월에는 사이판, 8월에는 괌이 함락되고, 미 B-29기의 본토 폭격이 다가오는데도 '대동아공영권'의 망상에서 벗어나지 못했다. 일본군은 태평양전선에서 패색이 짙어지자 군인들에게 구차하게 포로가 되지 말고 옥쇄(玉碎, 명예로운 자결)하라고 명령했다.

또 일본군은 최후의 발악으로 가미카제 특공대를 만들어, 특공대 조종사가 폭탄을 가득 실은 전투기를 타고 미 전함에 부딪치게 했다.

1944년 7월, 조선총독 고이소 구니아키(小磯國昭)가 일본 수상으로 전임되고, 마지막 총독에 아베 노부유키가 부임해 왔다. 그는 부임 성명을 발표했다.

"이제 성전은 마지막 결전 단계에 이르렀다. '귀축미영(鬼畜米英)'은 최후 발악을 하고 있다. 승전의 날은 임박했다."

그의 성명이 발표된 지 사흘 뒤 한반도 상공에는 역사상 처음으로 미 B-29 폭격기가 떴다. 일본의 패전을 내다본 여운형은 미리 지하비밀단체인 건국동맹을 조직했다. 충칭의 임시정부는 중국·미국·영국·소련 등 30여 연합국에 대한민국임시정부 승인을 요청했다. 미국·영국·소련 등에서는 답이 없었고, 프랑스와 폴란드정부는 임시정부 승인을 통보해 왔다.

원자폭탄

1945년 4월 28일, 이탈리아의 무솔리니가 처형되고, 5월 7일에는 독일군이 연합국에게 무조건 항복했다. 유럽에서 제2차 세계대전이 막을 내렸다. 그 이전 흑해의 휴양지 얄타에서 미국(루스벨트)·영국(처칠)·소련(스탈린) 등 삼국 정상이 모여 소련의 대일 참전과 전후처리 문제가 다루어졌다. 이 회담에서 소련은 180일 이내에 일본과 전쟁에 들어가기로 약속하고, 그 대가로 사할린 영토와 제정 러시아의 옛 영토 등, 만주에서 여러 권익을 보장받았다.

1945년 7월 22일, 독일 베를린 교외의 포츠담에서 열린 미국(트루먼)·영국(처칠)·소련(스탈린) 등 삼국 정상은 일본에 대한 무조건 항복 요구와 소련의 참전문제를 논의했다. 다음날에 발표된 '포츠담선언'은 "한국이 적당한 시기에 독립되어야 한다"는 '카이로선언'의 재확인이었다.

1945년 8월 6일, 미국은 일본 히로시마(廣島) 상공에 원자폭탄을 투하했다. 히로시마 시민 24만 명 가운데 이날에만 10만 명이 죽었다. 이틀 후인 8월 8일에는 나가사키(長崎)에도 원자폭탄을 투하하자 시민 7만 5천명이 죽었다. 그로부터 12시간이 지난 1945년 8월 8일 자정에는 소련이 일본에 선전 포고했다. 소련은 150만 명의 병력을 대일전에 투입하여 만주국 관동군을 파죽지세로 밀어붙이며 일주일 만에 북한 원산에 상륙했다. 일본은 미국으로부터 기상천외의 가공할 무기인 원자폭탄을 두 차례 치명적으로 맞은데 이어, 소련의 참전으로 전의를 완전히 상실한 채 8월 10일 포츠담선언 수락을 미국에 통고했다.

1945년 8월 10일 밤과 11일 새벽 사이, 워싱턴의 국무성·육군성·해군성 등 전쟁 관련부서의 조정기구인 3성 조정위원회(SWNCC)는 일본군의 항복이 담긴 항복문서 '일반명령 제1호' 문안작성 초안 임무를 전략정책단 찰스 본스틸과 러스크 대령에게 맡겼다. 이들 실무 담당 두 대령은 30여 분 지도를 본 뒤 한반도 북위 38선을 기준으로 분할한 뒤 그 이북의 일본군은 소련에게, 그 이남의 일본군은 미군에게 항복케 하자는 보고서를 만들어 상부에 보냈다. 이 보고서가 매우 급박하게 3성 조정위원회(SWNCC) 논의를 거쳐 트루먼 대통령의 승인을 받았다. 이 미국의 제의에 소련이 쉽게 동의하여 북위 38선은 그어졌다. 결국 이 북위 38선이 미·소 양국이 전리품을 나누는 분할선으로, 이후 내도록 한민족에게는 원한과 단장의, 국토 분단의 선으로 남았다.

조선총독부는 일본의 무조건 항복을 미리 안 뒤부터는 자국 민간인과 군인들의 신변보호와 안전 귀국을 최우선 과제로 삼고 이의 실행에 들어갔다. 아베 총독은 먼저 경기도지사 이쿠다 세이자부로(生田淸三郞)를 시켜 송진우에게 정권과 치안담당을 부탁했다. 송진우가 이를 거절하자 다시 정무총감 엔도 류사쿠와(遠藤柳作)을 내세워 여운형에게 교섭을 벌인 결과, 여운형은 5개항 보장 조건인 정치범 석방과 경제범 즉각 석방, 3개월분 식량 확보, 치안유지와 건국사업에 대한 일본의 간섭 금지 등을 전제로 총독부의 요청을 수락했다.

1945년 8월 15일 낮 12시, 라디오에서는 정오를 알리는 시보가 울린 다음, 곧 일왕 히로히토(裕仁)의 다소 떨리는 목소리가 흘러나왔다.

짐은 깊이 세계의 대세와 제국의 현상에 감하여 비상조치로써 시국을 수습하고자 여기 충량한 그대들 신민에게 고하노라. 짐은 제국정부로 하여금 미·영·소·중 4국에 대하여 그 공동선언을 수락할 뜻을 통고케 하였다. …

일본제국주의가 마침내 한순간에 허물어지는, 대동아전쟁의 패배를 받아들이는 항복방송이었다.

북위 38도

일본의 항복을 미리 알았던 조선총독부 정무총감 엔도로부터 행정권을 이양 받은 여운형은 이미 비밀리에 조직했던 건국동맹을 모체로 건국준비위원회를 발족시켜 8월 15일과 16일 정치범을 석방하고, 치안대를 조직하는 등, 발 빠른 활동을 시작하였다. 하지만 한반도의 역사는 김구의 예언대로 펼쳐졌다.

8월 16일 조선총독부는 38선 이남에 미군이 점령할 것이 확실해지자 일

방으로 건국준비위원회에 행정권 이양을 거둬들인 뒤, 9월 11일 미군정청이 생길 때까지 조선총독부가 모든 권한을 회수해 갔다. 이는 우리 민족에게는 이름만의 해방이었다. 우리나라는 그 이전에 이미 미·소(美蘇) 간에 38선을 경계로 분단이 됨과 아울러 군정이 실시될 예정되어 있었다.

1945년 8월 26일, 소련군 선발대가 평양에 입성하자, 9월 2일 미 극동군 사령관 맥아더는 트루먼 미국 대통령의 일반명령 제1호에 따라 북위 38도선을 경계로, 미·소 양군의 한반도 분할점령을 발표하였다. 그제야 우리 백성들은 38선의 실체를 알고 망연자실했다.

그런 가운데 1945년 8월 15일, 여운형과 안재홍[71]이 구성한 조선건국준비위원회는 8월말까지 전국에 145개의 지부가 생겨날 만큼 세력을 확대시켜 나갔고, 박헌영을 중심으로 한 조선공산당도 인민정권을 세우고자 박차를 가하였다. 건국준비위원회와 조선공산당은 미군이 한반도에 들어오기 전에 우리 민족끼리 정부를 만들어 놓는 것이 유리하다고 판단하여 1945년 9월 6일, 조선인민공화국이 건국되었음을 선포하였다. 한편 송진우와 김성수[72] 등은 조선건국준비위원회에 참여치 않고, 별도 한국민주당을 결성하여 조선인민공화국에 맞섰다.

1945년 9월 9일 서울에 입성한 미군은 조선총독부 제1회의실에서 조선총독 아베 노부유키로부터 항복문서를 받았다. 이날 오후 4시 조선총독부 국기게양대에는 일장기가 내려지고 곧이어 미국 국가가 울려 퍼지는 가운데 성조기가 게양되었다. 그 시간부터 미군정이 실시되었다.

조선점령군 미 제24군단 사령관 육군 중장 존 하지는 1945년 9월 11일 기자회견을 통하여 이틀 전에 발표된 태평양 미육군 최고사령관 맥아더의 포고문 1, 2, 3을 발표했다. 포고령 1호는 미군이 북위 38도 이남의 조선

지역을 점령하며, 군정기간 중 영어를 공용어로 사용한다고 하였다. 포고령 2호는 포고명령을 위반 자, 미국인과 기타 연합국인의 인명 또는 소유물 또는 보안을 해한 자, 공중질서를 교란한 자, 정당한 행정을 방해하는 자, 또는 연합군에 대하여 고의로 적대행위를 하는 자는 점령군의 군율회의에서 유죄로 결정한 후 동 회의에서 결정하는 대로 사형, 또는 다른 형벌에 처한다고 했다. 미군정은 여운형의 조선인민공화국이나 상하이 대한민국임시정부를 부정하거나 무시한 채, 그들이 직접 통치했다.

이승만의 귀국

이런 어수선한 정국임에도 해외에서 활동하였던 민족지도자들이 잇따라 귀국하였다. 1945년 10월 16일 미국에서 이승만이 귀국하였다.

이승만은 귀국하는 길에 도쿄에 일주일(10월 10~16일) 동안 머무르며 맥아더의 극히 이례적인 환대를 받았다. 도쿄에서 '가이진(외인) 쇼군'으로 군림하던 맥아더에게 이런 극진한 대접을 받은 사람은 따로 없었을 것 같다. 한국에서 '미국인 총독'으로 군림하던 하지가 이 기간 중에 도쿄에 다녀갔는데, 이승만과 만나도록 맥아더가 불렀던 같다. 10월 16일, 맥아더는 자기 전용기에 이승만을 태워 귀국시켰다. 서울에 온 이승만은 하지가 떠받드는 모습에서 맥아더의 입김이 얼마나 셌는지 알아볼 수 있었다.[73]

하지는 이승만이 귀국한 다음날인 10월 17일에 신문기자들을 배석시킨 가운데, 이승만을 '조선의 진정한 애국자'로 묘사하며 찬사를 보냈다. 하지는 이승만을 앞세운 채 수행하듯 뒤따라 들어왔고, 이승만을 기자회견장 헤드테이블의 중앙에 앉히고, 자신은 그 왼쪽 자리에 앉았다. 군정상관 아놀드가 헤드테이블 말석을 차지했고, 하지의 개인 통역 이묘목이 이승만 오른쪽 자리에 앉았다.

나는 앞으로 조선의 자주독립을 위해서 일하겠거니와 싸움을 할 일이 있으면 싸우겠다. 그러나 여러분, 사천년의 역사가 우리들의 손으로 다시 꽃 피어야 하는 것이다. 그 좋은 기회가 우리 앞에 있다. 그리고 세계 각국이 우리에게 그 기회를 주었다. 이 중대한 순간에 있어서 나만 잘살자고 애쓰다가 민족 전체를 못살게 하는 일이 있어서는 안 된다. 나 한 사람의 영광이나 지위를 떠나 먼저 우리가 살아야 하고, 우리 국민이 번영해야 한다는 것 이외에 생각할 것이 무엇인가? 오로지 우리의 할 일은 먼저 우리 전체가 살아야 한다는 그것뿐이다.[74]

10월 20일 개최된 연합군 환영회는 더욱 극적이었다. 5만 명의 인파가 참석한 가운데 중앙청 앞에서 개최된 이 환영회에서 하지는 짧은 답사 후 이승만을 소개했다.

이 가운데 위대한 지도자가 있으니 소개하겠습니다. 조선의 해방을 위해 싸웠고, 조선의 자유와 독립을 위해 큰 세력을 가진 분입니다. 개인의 야심은 추호도 없고, 다만 국제관계에 일생을 바치고 노력하신 분이며, 따라서 군정부나 정당에도 아무런 관련이 없고, 단지 개인 자격으로 이 땅에 오신 분입니다.

하지는 이승만이 연설하는 내내 부동자세로 서 있었다. 남한의 최고통치자인 하지가 고개를 숙이고 최고의 경의를 표하는 '애국자'가 있다는 사

실은 한국인들에게 강한 인상을 심어 주었다.[75]

김구의 환국

김구와 임시정부의 귀국은 그로부터 한 달 이상 지연되었다. 그 핵심 이유는 임시정부에 대한 인정 문제로 주한미군과 미군정은 임시정부를 정부로 인정하지 않고, 그 요인들을 미군정의 자문기구로 편입하고자 했다.

11월 19일, 결국 김구는 "임시정부 요인들은 개인 자격으로 귀국하며, 귀국 이후에도 정부로서 행세하지 않고 미군정에 협조한다"는 서약서를 하지 주한미군사령관에게 제출했다.[76] 당시 김구 선생 수행비서였던 선우진 선생의 회고담이다.

1945년 11월 23일 오후 4시가 지난 시각, C-47의 프로펠러기가 이륙한 지 3시간 만에 멈췄다. 승강기 문이 끼이익 하고 젖혀졌다. 초겨울의 쌀쌀한 공기가 기내로 침투했다. 분명 달랐다. 충칭이나 상하이에 그것과는 또 다른 느낌의 공기. 미군 장교 몇 사람이 비행기에 올라와 우리 일행을 안내했다. 백범 선생은 미군 장교를 따라 비행기에서 내렸다. 발끝으로 전해 오는 고국의 느낌이 아쉬워서였을까. 선생은 땅바닥의 흙 한 줌을 움켜 쥐더니, 그 흙냄새를 맡으며 하늘을 우러렀다. 꽤 깊고 푸른 하늘이었다.
비행장에는 동족, 형제자매들은 하나도 보이지 않았다. 낯선 미군 병사들 몇 명만이 눈에 들어왔다. 펄럭이는 태극기도, 환영하는 만세 소리도 없었다. 비행기에서 내리기 전, 일행 모두 마음속으로 대대적인 환영을 기대하고 있었다. 그런데 환영 인파는 고사하고 아무도 임시정부를 맞으러 나와 있지 않았다. 임정요인들은 환영 인파와 함께 흔들 태극기를 준비해 왔으나 꺼내들 필요가 없게 되었다. 풀만 무성한 비행장을 둘러보는 백범 선생의 심정은 어떠했을까. 27년 전, 고국을 떠나 중국으로 망명할 때에도 이처럼 쓸쓸했던가. 백범 선생을 비롯한 요인들과 수행원인 우리까지도 모두 실망과 서글픔을 넘어 분노까지 느껴지는 순간이었다. 뒤에 안 사실이지만 미군정 당국이 국내 정국의 혼란이 가중될 것을 우려하여, 임시정부의 환국이 아닌 개인 자격의 귀국이었음에도 이마저 극비에 붙였다고 한다.[77]

이날 김구 주석의 환국 성명은 비행장에서 발표할 예정이었으나 그런 분위기가 아니었기에 이후 엄항섭 임시정부 선전부장을 통해 발표하였다.

27년간 꿈에도 잊지 못하던 조국 강산을 다시 밟을 때 나의 흥분되는 정서는 형용해서 말할 수 없습니다. 나는 먼저 경건한 마음으로 우리 조국의 독립을 전취(戰取)하기 위하여 희생되신 유명 무명의 무수한 선열과 아울러 우리 조국의 해방을 위하여 피를 흘린 허다한 동맹국 용사에게 조의를 표합니다. 다음으로 충성을 다하여 삼천만 부모형제 자매와 우리나라에 주둔해 있는 미·소동맹군에게 위로의 뜻을 보냅니다. …

나와 나의 동료는 모두 일개 시민의 자격으로 귀국했습니다. 동포 여러분의 부탁을 받아 가지고 노력했으나 결국 이와 같이 대면하게 되니 대단히 죄송합니다. 그럼에도 여러분은 나에게 벌을 주지 아니하시고 도리어 열렬하게 환영해 주시니 감격의 눈물이 흐를 뿐입니다.

나와 나의 동료는 오직 완전한 통일된 독립 자주의 민주국가를 완성하기 위하여 여생을 바칠 결심으로 귀국했습니다. 여러분은 조금이라도 거리낌 없이 심부름을 시켜 주시기 바랍니다. 조국의 통일과 독립을 위하여 유익한 일이라면 불속이나 물속이라도 들어가겠습니다.[78]

11월 23일 오후 4시 40분, 김구와 임정요인 제1진 15명이 김포공항에 도착했으며, 곧 죽첨장(竹添莊, 이후 '경교장'으로 개명)으로 이동했다. 김구는 죽첨장에서 기다리고 있던 이승만과 회담한 다음 신문기자들과 간단한 귀국 기자회견을 가졌다. 그 요지는 다음과 같다.

- 38도선 문제에 대하여?
"나는 조선이 남북 두 점령지대로 분열되어 있는 것을 좋아하지 않는다. 그러나 장차 이 구분은 철폐되리라 믿는다. 미국과 소련은 우리나라를 위하여 반드시 옳은 일을 해 줄 것이다."
- 어떤 자격으로 입국했는가?
"나는 지금 연합국에 대하여 임시정부의 승인을 요구하지 않겠으나, 장차에는 승인을 요구할는지 모르겠다. 나와 나의 동지는 개인 자격으로 환국한 것이다."
- 장차 어떻게 통일하겠는가?
"일간에 각 정당 대표와 회견하고 전반적 정세에 관하여 상의하고 정당 간의 통일을 성취시킬 것을 기대한다. 조선을 위하여 민주주의 정체가 좋다고 믿는다."[79]

이튿날인 11월 24일 오후 1시 30분, 김구는 미군정청 출입기자단과 첫 회견이 있었다.

- 환국 첫날의 소감을 한 마디 해 주셨으면 합니다.

"혼이 왔는지 육체가 왔는지 분간할 수 없는 심정이다."
- 통일전선 결성에 대한 포부를 말씀해 주십시오.
"나는 기자들이 아는 바와 같이 30년간을 해외에 나가 국내와 연락이 없었고, 국내 사정에 어두운 만큼 현재 정세에 대해서 정확한 판단을 내릴 수 없다."
- 통일전선에 있어 친일파와 민족반역자에 대한 문제는?
"통일전선을 결성하는 데 불량한 분자가 섞이는 것을 누가 원하랴. 그러나 여기에는 두 가지 일이 있을 줄 안다. 우선 통일하고 불량분자를 배제하는 것과 배제해 놓고 통일하는 것, 두 가지가 있으나 결과는 동일할 것이다."
- 개인 자격으로 귀국하신 것에 대해서는 어떻게 생각하십니까?
"군정이 실시되고 있으니 대외적으로는 개인 자격이지만 우리 한국사람 입장으로 보면 임시정부가 환국한 것이다."[80]

이날 회견에서 국내정세에 어두운 김구는 매우 신중했으나 때로는 민감한 질문에도 거리낌 없이 답변했다. 그날 저녁 8시에는 중앙방송을 통해 김구의 짤막한 귀국인사가 있었다.

27년간이나 꿈에도 잊지 못하고 있던 조국 강산에 발을 들여놓게 되니 감개무량합니다. 나는 지난 5일 충칭을 떠나 상하이로 와서 22일까지 머무르다가 23일 상하이를 떠나 당일 경성(서울)에 도착하였습니다. 나와 임정요인들은 한갓 평민의 자격을 가지고 들어왔습니다. 앞으로는 여러분과 같이 우리의 독립 완성을 위하여 진력하겠습니다. 앞으로 전국 동포가 하나 되어 우리의 국가 독립의 시간을 최소한도로 단축시킵시다. 앞으로 여러분과 접촉할 기회도 많을 것이고 말할 기회도 많겠기에 오늘은 다만 나와 동료 일동이 무사히 이곳에 도착하였다는 소식을 전합니다.[81]

1945년 12월 19일 오전 11시, 서울운동장에서 15만 명의 군중이 운집한 가운데 임시정부개선 환영대회가 열렸다. 김구 주석과 임정요인 입장, 태극기 게양, 애국가 제창, 이화여전 합창단의 환영가 제창, 홍명희[82]의 환영사, 러치(G. A. Lerch) 미군정장관의 축사, 송진우의 환영사, 김구 주석의 답사, 이승만 박사의 답사가 있은 후 만세삼창으로 폐회하였다. 이날 김구의 임시정부 환영대회 답사 요지는 다음과 같다.

지금 우리는 국토와 인민이 해방된 이 기초 위에서, 우리의 독립주권을 창조하는 것이 무엇보다도 긴급하고 중대한 임무입니다. 우리가 이 임무를 달성하자면 오직 3·1 대혁명의 민주 단결정신을 계속 발양해야 합니다. 남과 북의 동포가 단결해야 하고, 좌파와 우파가 단결해야 하고, 남녀노소가 다 단결해야 합니다.[83]

김일성의 등장

해방 전 하바로프스크의 소련군 88여단에 속해 있던 김일성 등 조선인 항일유격대원들은 소련군의 대일전 일원으로 원산항을 통해 귀국했다. 이들은 사흘 후인 9월 22일 평양에 도착했다.

북조선 주둔 소련점령군사령부는 혁명정당을 세우기 위하여 서울에 있는 조선공산당의 책임비서 박헌영을 개성 근처에 있는 38도선 경비사령부로 은밀히 불러 10월 8일 박헌영, 김일성의 만남이 이루어졌다. 이때 김일성은 "조선공산당의 중앙은 평양에 두는 것이 마땅하다"고 주장했고, 박헌영은 "한반도의 중심은 서울이므로 공산당 중앙은 서울에 두는 것이 옳다"고 맞섰다. 이에 소련군 민정사령관 로마넨코가 김일성 편을 들었지만, 명분론에 밀려 결국 서울의 중앙공산당을 그대로 인정하되 평양에는 조선공산당 북조선 분국을 두는 것으로 타협이 이루어졌다. 그 결과 1945년 10월 10일 평양에서는 조선공산당 서북5도 책임자 및 열성자대회가 열렸고, 13일에는 조선공산당 북조선국이 세워졌다.

1945년 10월 14일, 평양에서 7만여 명의 군중이 참여한 가운데 '조선해방축하집회'가 열렸다. 이 자리에서 처음으로 김일성이 소개됐다. 소개자는 환영대회 위원장 조만식이었다. 이날 김일성은 "모든 힘을 새 민주주의 조선 건설을 위하여"라는 제목으로 연설했다.

> 인민 대중의 이익을 철저히 옹호하며 나라와 민족의 부강 발전을 확고히 담보할 수 있는 참다운 인민정권을 건설하자. … 힘 있는 사람은 힘으로, 지식 있는 사람은 지식으로, 돈 있는 사람은 돈으로 건국사업에 적극 이바지하여야 하며, 참으로 나라를 사랑하고 민족을 사랑하고 민주를 사랑하는 전 민족이 굳게 단결하여 민주주의 자주독립 국가를 건설해 나가자.[84]

그날 참석한 군중들은 김일성이 단상에 등장했을 때 어안이 벙벙했다. 만주 벌판에서 축지법을 써 가면서 일본 관동군을 무찔렀다는 김일성 장군이 이제 겨우 서른세 살의 새파란 젊은이라는 사실에 깜짝 놀랐다.

김일성은 귀국 전에 이미 스탈린을 만나 북조선 통치자로 낙점을 받았다고 한다. 여기에는 해방 전 김일성의 항일 빨치산 투쟁 경력과 소련군

88여단 전력 등이 결정적인 계기가 되었다고 한다.

　김구 주석과 임시정부 요인들의 초라한 귀국 행렬과는 달리 초기 미군정은 임시정부를 최대한 활용하려는 모습을 보였다. 하지는 이미 11월 2일 주한미군사령부 참모회의에 말했다.

　"김구는 스튜(고깃국)에 필요한 솔트(소금)이 될 것이고, 그의 출현은 우리에게 도움이 될 것이다."

　김구의 귀국 이후 하지의 '소금' 대접은 제법 극진했다. 김구를 국내에 처음으로 소개하는 11월 24일의 기자회견장에서 하지는 김구를 "조선을 극히 사랑하는 위대한 영도자"로 묘사했다.

　미군정은 덕수궁에 임시정부의 본부를 마련해 주고, 미군 헌병이 경비를 서게 하였으며, 교통수단을 제공하였다. 또 다른 단체들에 대해서는 무기 반납을 명령했지만, 김구의 개인 수행원들이 무기를 지니는 것을 허용했다. 또 미군정은 여운형의 '인공'에게는 미군정이 유일한 정부라고 으름장을 놓으면서 '공화국'이라는 단어를 사용하지 못하게 했던 것과는 달리 "임정을 인공의 경쟁자 수준으로 끌어올리기 위해 임정이 '정부' 또는 '내각'이라는 단어를 사용하도록 허락했다.[85]

　김구는 일제강점기 광산왕 최창학이 제공한 죽첨장(경교장)에 머물며 한동안 미군정의 후대를 받았다. 12월 3일 상하이에 남아 있던 홍진·김원봉·신익희·김성숙·조소앙·최동오·조완구 등 22명의 임정요원 제2진도 귀국길에 올랐다. 이들은 기상악화로 김포비행장에 내리지 못하고 전북 군산비행장에 착륙했다. 이들에 대한 미군의 대우는 제1진 귀국 때보다 더욱 초라했다.

워싱턴 덜레스 공항으로 권중희 선생을 마중나온 미주동포들.
2004. 1. 31.

9. 38선을 넘다

> 김구 씨 38선 월경(越境) [38선 어현 발조통] 칠십 평생을 오로지 조국 광복을 위하여 싸운 노투사 김구 씨는 19일 오후 6시 45분 황혼에 38선을 뚫고 드디어 북행하였다. 이날 씨를 수행하는 사람은 애식(愛息) 신(信) 군과 선우진 군 2인뿐이었다. - 1948. 4. 21. 동아일보

백악관

2004. 2. 3. 화

미국 입국 나흘째 날이다. 아직도 시차 적응이 안 돼 온몸이 개운치 않았다. 세미나 참석을 위해 캐나다에 간 이도영 박사가 내일 오후에야 합류하겠다는 전화가 왔다.

주태상 씨가 인터넷 연결을 위해 오전 10시에 숙소로 왔다. 노트북에 새 프로그램까지 깔아 와서 진땀을 흘렸으나 끝내 연결되지 않았다. 나는 결단을 내렸다. NARA와 거리가 다소 멀더라도 인터넷이 연결된 숙소를 구하자고.

주태상 씨가 백방으로 알아본 결과, 20여 분 떨어진 로렐(Laurel)이란 곳에 모텔이 있다고 하여, 즉시 체크아웃을 하고 비를 맞으며 숙소를 옮겼다. 모텔 이름은 '베스트 웨스턴 메릴랜드 인(Best Western Maryland Inn)'이었다. 장기투숙이라 하루 숙박료도 50달러 정도였다. 이번 숙소보다 절반 정도 값이 싸고 무엇보다 인터넷이 연결된다고 하기에 좋았다.

나는 숙소에 도착하자마자 노트북을 꺼내 인터넷을 연결하자 성공을 알리는 신호음이 들려 쾌재를 불렀다. 나는 짐도 풀지 않고 먼저 고국으로 기사를 썼다.

곧 재미동포 허용 씨가 전기밥솥과 쌀을 가지고 찾아와 권중희 씨는 내

가 기사를 쓰는 동안 송구스럽게도 그새 저녁밥을 다 지어 놓았다. 서울에서 가지고 온 김과 고추장 멸치볶음에 동포 이재수 씨가 주고 간 깻잎 절임을 먹자 입안이 산뜻한 게 갑자기 행복했다.

2004. 2. 4. 수

이도영 박사가 오후에 도착한다고 했다. 그분이 와야 '김구 조사팀'이 구성되어 검색을 시작할 수가 있다. 오전에 주태상 씨가 찾아와 숙소에서 빈둥거리기보다는 워싱턴 거리나 산보하자고 안내를 자청했다. 워싱턴은 미합중국의 수도답게 도시 계획이 잘되고 고풍이 깃든 도시였다. 하지만 백악관 언저리는 경계가 삼엄해 정사복 경찰이 길을 메웠고 상공에는 헬기가 계속 돌고 있었다. 자유와 평화의 상징 백악관이 이제는 테러의 표적으로 전전긍긍하고 있는 것은 마치 남의 곳간 양식을 노리다가 내 곳간의 금은보화를 잃는 어리석음을 저지르는 것 같다.

미국이 진정한 세계 평화와 자유를 위한다면 남의 나라 주권도 존중해야 할 것이다. 미국의 한 주보다 작은 한반도를 묶은 자가 풀어 주듯이, 이제는 지구상의 하나뿐인 한반도의 분단을 풀어 주는 게 정녕 대국다운 아량이고 세계평화에 이바지하는 길이다.

오후 5시, 이도영 박사가 숙소 문을 두드렸다. 초면이었지만 지기지우를 만난 듯, 그 반가움이야.

NARA에서 열람하다

2004. 2. 5. 목

오늘은 본격적으로 NARA의 문서를 열람하는 첫 날이다. 이도영 박사는 우리 숙소 객실에서 함께 잤다. 오전 8시 30분, 이도영 박사의 승용차로 출발했다. 오전 9시 20분, NARA에 도착하여 수속을 밟고 청사로 들어가자 곧 이선옥 씨가 활짝 웃으며 뒤따라 입장했다. 한참 후 이재수 씨도 합류했다.

이도영 박사는 1999년부터 NARA를 무시로 드나들면서 문서를 열람한 분이라 아키비스트(Archvist, 문서관리관)들과도 안면이 두터웠다. 그는 아키비스트 보이런(Boylan Richard) 씨에게 우리 일행을 소개하고 검색작업에 대한 오리엔테이션을 부탁했다. 그러자 보이런은 자기 책상으로 우리를 안내한 후 매우 진지하게 NARA 전반에 대해 설명했다.

보이런 씨 서가에 있는 봉투에서 한국관련 사진을 꺼내자 이도영 박사가 1999년 10월 15일 발굴한 대전형무소 정치범 처형 장면(1950. 7), 서울 수색에서 공개처형 장면(1950. 4), 그리고 대구 부역자·농민 처형 장면(1951. 4) 등 수십 점이 쏟아졌다.

흰 무명 바지저고리를 입은 농사꾼이 삽을 들고 끌려와서 자기가 묻힐 땅을 판 다음 군인들이 그 농사꾼을 총살시킨 뒤 삽으로 묻는 장면이 연속 촬영으로 담겨 있었다. 그 모든 장면을 미군이 지켜보고 있었다. 또 다른 사진은 20여 명의 좌익사범들이 눈가리개에 싸인 채 가슴에는 사격 표적 천을 두르고 군인들에게 총살당하는 장면과, 총탄에 맞고 쓰러진 시신에 또 군인들이 한 사람 한 사람 다시 확인 사살하는 장면에 나는 가위가 눌렸다.

총에 맞은 농사꾼도, 사격 표적 천을 두르고 총을 맞은 좌익사범도, 총을 쏜 군인도 모두 단군 자손인데 서로가 무슨 원한으로 저런 즉결 처형을 할 수 있을까? 한바탕 통곡이라도 하고픈 장면이었다. 아마도 백범 선생은 이런 비극을 미리 내다보신 듯했다. 또 하나 대형 사진은 1950년 7월 충

9. 38선을 넘다 215

북 영동군 황간면 노근리 일대의 항공사진으로 '노근리사건'[86]의 한 단면을 보여주고 있었다.

보이런 씨는 우리 일행에게 자료실 내부까지 입장케 한 뒤 구석구석을 보여주었다. 이런 일은 한국에서는 상상할 수도 없는 일이다.

"연중 내내 화씨 70도에 습도 50퍼센트로 기록물들이 최적의 상태를 유지하게 하며, 매 15분마다 실내 공기를 환기시켜 주고, 매 8시간마다 공기청정 필터를 교환하기에 오랜 세월이 지나도 먼지 하나 없다."

그는 NARA 자료실을 자랑했다. 자료실 문서 캐비닛이 버튼으로 움직였다. 대단한 최첨단 시설이었다. 자료실 한편에는 지도 자료함이 있었는데 거기에는 '1969년, Old Imperial Capital of Vietnam'이라는 옛 베트남 수도의 배치도까지 소장돼 있었다.

그런데 이도영 박사는 1990년대 노근리사건 이후 미 정부가 문서 공개를 극도로 제한한다고 하면서, 우리가 딱 부러지게 얻고자 하는 문서는 그야말로 '하늘의 별따기'처럼 어려울 거라고 했다.

하지만 포기할 수도, 포기해서도 안 된다. 역사의 진실을 찾는 일이 그렇게 쉬울 수 없다. 우리가 찾지 못하면 우리의 후배가, 그 후배의 후배, 후손이 대를 이어가며 찾아 마침내 모든 진실이 세상 밖으로 드러나게 해야 한다. 그래야 이 땅에 정의가 살아난다.

일제강점기 때 비적이 독립전사가 되고, 군수나 순사·경찰보조원이 오늘에 와서는 민족반역자로 드러나지 않는가? 새삼 기록의 중요성과 기록이 있는 한 그 진실은 언젠가는 드러나고만다는 평범한 사실을 확인한 하루였다.

워싱턴에서 길을 잃다

2004. 2. 6. 금

이곳 메릴랜드 주 칼리지파크에는 시내버스가 매우 드물었다. 그것은 미국에는 승용차의 대중화로 이용객이 없기에 빚어진 결과라고 한다.

우리는 어쩔 수 없이 승용차를 렌트했다. 며칠간은 동포의 신세를 질 수 있지만 장기 체류에 번번이 그들의 신세를 질 수 없었다. 나는 여태 운전면허증이 없지만 권중희 씨는 다행히 있었다. 권 씨는 이때를 대비하여 출국 전 운전면허시험장에서 국제면허증까지 발급받아 왔다. 간밤에 주태상 씨의 안내로 렌트회사에서 차를 빌려다 놨다.

워싱턴 날씨도 변덕이 심해 간밤부터 진눈깨비가 아침까지 계속 내렸다. 오늘은 이선옥 씨가 우리 숙소로 와서 길안내를 하기로 약속하였는데 오전 10가 되도록 감감무소식이었다. 아마도 날씨 때문이라고 숙소 로비에서 출근 준비를 하고 기다리고 있는데 그제야 전화가 왔다. 그도 숙소 로비에서 기다린다고 했다. 귀신이 곡할 노릇이다. 알고 보니 우리 숙소와 이름이 똑같은 '베스트 웨스턴'의 다른 곳(체인점)에서 전화를 하고 있었다. 두 곳 사이 거리가 10마일이 넘는데다가 눈도 내리고 길까지 막혀 우리가 NARA로 찾아가겠다고 했다.

그런데 NARA로 가는 도중에 길이 헷갈렸다. 워싱턴 교외는 중요 지형지물도 없고, 초행길의 한국 두 노인의 눈에는 거기가 거기로 종잡을 수가 없었다. 495 워싱턴 DC 순환도로에서 한참을 헤매는데 다행히 먼저 도착한 권헌열 씨의 전화 길안내로 간신히 NARA에 도착했더니 낮 12시 30분이었다. 길에서 두 시간 넘게 헤맸다.

오늘은 유학생 권헌열 씨와 동포 정희수 씨가 도와주려고 왔다. 자원봉사자들은 4층 마이크로필름실에서 한국 국내문제 관련 미국무성자료 (Records of the U.S. Department of State Relating to the Internal Affairs of Korea, 1945~1949)를 검색했다. 낡은 필름을 들추자 이승만·김구·송진우·김성수·장택상·조병옥[87]·여운형…. 그 무렵 맹활약하던 수많은 정객들의 이름이 쏟아져 나왔다. 정당 이름도 숱하게 나왔다. 젊은 자원봉사자들은 그 무렵의 실상을 잘 몰라 권중희 씨가 곁에서 질문에 답해 주면 그 중요도에 따라 일일이 체크하면서 복사 여부를 가렸다. 아무튼 시골 촌놈이 '서울 김 서방'을 찾는데, 우선 사는 동네 이름은 찾은 듯해서 반가웠다.

미주동포 환영회
2004. 2. 7. 토

주말이라 휴무다. 오늘 아침 10시에 워싱턴 덜레스 공항에 서울 EBS 김봉렬 PD가 도착한다고 했다. 그는 우리들의 NARA 검색 작업을 취재한다고 했다. 나는 공항 마중을 이재수 씨에게 부탁했지만 권중희 씨는 주변 지리 공부도 하고 시장도 볼 겸 우리도 공항에 가자고 하여 또 두 서울 노인이 용감하게 차를 몰고 나갔다. 495번 순환고속도로에서 덜레스 공항으로 빠져나가는 길목을 놓쳐 거기서부터 헤매기 시작했다. 12시까지 두어 시간 길을 잃고 쩔쩔 헤맸다. 하필이면 손전화도 전원이 바닥나서 입술이 바싹바싹 탔다. 가까운 슈퍼에 들러 공중전화로 이재수 씨에게 우리의 사정을 말한 후 손짓발짓 다 동원한 끝에 간신히 숙소로 돌아왔다.

곧 이재수 씨가 김 PD를 모셔 왔다. 숙소에서 점심은 팔지 않았다. 권중희 씨는 그새 밥을 지어 네 사람이 숙소 바닥에다 신문지를 펴놓고 둘러앉아 맨밥에 고추장·깻잎을 먹었다. 오전 내내 길바닥을 헤맨다고 진땀을 흘린 탓인지 밥맛이 참 좋았다. 밥솥 바닥까지 박박 긁었다.

식사 후 곧 오늘 행사장으로 갔다. 거기로 가는 도중에 현대자동차 판매점이 보였다. 지나가는 화물차 옆에는 '삼성두부'라는 한글도 보였다. 지나가는 차 가운데 이따금 'HYUNDAI'나 'KIA'라는 로고도 보였다. 참 반가웠다. LA 공항에서 입국심사를 받기 위해 대기중일 때 미국 관리들이 쓰는 컴퓨터 모니터도 'SAMSUNG'이라 얼마나 반가웠던가. 동포들도 그랬다. 한국에서 가장 애국자는 기업인들이라고. '한아름' 슈퍼에 들렀다. 한국 상품이 없는 게 없을 정도로 서울의 여느 슈퍼마켓에 들어온 기분이었다. 김치와 쌀·밥공기·생수 등을 잔뜩 샀다.

저녁 6시 30분, 워싱턴 동포들의 환영 및 간담회가 아난데일 카운티의 한 한식집에서 열렸다. 이날 동포 40여 분이 모인바, 박은식 임정 대통령의 손자인 박유종 씨, 김구 선생 측근으로 한독당 강원도 책임자를 역임한 고 이수정 선생의 따님 이은연 씨와 조카 황철준 유학생, 소설 『상록수』의 작가 심훈 선생의 막내아들 심재호(전 동아일보 기자) 씨도 오셨다. 또, 평북 의주 출신으로 안두희의 담배 심부름을 했다는 김응태 워싱턴 평화통일자문회장, 이문형 문인회장, 채영창 한인사 편찬위원장, 고응표 전 한인회장, 김영 목사, 은정기 평화통일자문회의 부회장, 서혁교 미주동포전국협회 총무, 박기찬 미주 워싱턴 한국일보 편집부장, 김경우 씨 등 귀한 분들이 우리 일행을 환영했다.

만찬 후 환영회와 간담회가 있었다. 나에게 '방미 배경과 과정, 그리고 목적'에 대해 얘기해 달라고 하여 10여분 그간의 일들을 설명해 드렸다. 권중희 씨에게는 "왜 안두희를 응징했는가"라는 제목으로 12년간 안두희를 추적한 얘기와 방미 뒷이야기를 시원시원하게 들려주셨다. 권 씨는 마지막 당부의 말씀으로 "재미동포들이 자녀를 10명 이상 낳아서 100년 후에는 미국 대통령도 배출해 달라"고 하여 한바탕 웃음바다로 만들었다.

자유토론시간 동포 심재호 씨는 "미국에 이민 온 후 30년 만에 가장 가슴이 뛴 날이었다"고 말씀한 뒤 여담으로 김구 선생이 돌아가신 날 선친의 『상록수』를 연극으로 각색하여 단성사에서 개막했는데, 추도 분위기로 손님이 없어 제작비를 날렸던 피해자라고 하여 또 한바탕 웃음을 터뜨렸다.

채영창 한인사 편찬위원장은 "마땅히 재미동포들이 해야 할 일을 먼 고국에서 오신 분들이 하게 되어서 부끄럽다"고 하시면서 특별히 나에게 워싱턴 근교 항일유적지에도 관심을 가져달라고 부탁했다[88]. 김경우 씨는 "고국의 부패 정치인 책임은 바로 국민에게 있다"고, "선거혁명과 국민운동으로 그들을 정치권에서 몰아내야 한다"고 역설했다. 유학생 황철준 군은 "언제쯤이면 나라가 제대로 될 수 있겠습니까?"라는 질문으로 어른들의 마음을 아프게 했다. 김영 목사는 "이 일은 누군가는 해야 할 일로, 오늘 저녁의 모임은 정신이 번쩍 나게 한 모임으로, 많은 자극을 받았다. 이것이 민족정기를 회복하는 일이요, 조국통일을 앞당기는 거룩한 일이다. 이분들이 워싱턴까지 올 수 있었던 것은 지금 국민들이 정의에 매우 굶주리고 있기 때문이다"고 말하였다. 이날 마무리는 참석한 동포들은 손에 손을 잡고서 '우리의 소원'을 합창하면서 모두들 눈시울을 적셨다.

"우리의 소원은 통일, 꿈에도 소원은 통일…."

2004. 2. 8. 일

미국에 사는 동포들은 무척 바쁘게 산다. 그야말로 "시간은 돈이다"로 살아가고 있었다. 미국 땅에서는 이렇게 부지런히 살아야 남들 같이 살 수 있다고 한다. 일요일인데도 허용 씨 가족이 숙소로 찾아와 워싱턴 시가지를 안내했다. 바쁜 해외생활에 시간을 내준 것만도 고마운데 굳이 점심까지 샀다.

숙소로 돌아오자 곧 김경우 씨가 찾아와 볼티모어로 안내한 뒤 그곳 명물 바닷게를 듬뿍 대접했다. 동포들과 얘기를 나누다 보면 몸은 고국을 떠나왔지만 그들이 나라를 생각하고 사랑하는 마음은 고국에서보다 더 간절하다고 한결같이 말했다. 감동의 하루였다. 이 모두가 백범 선생의 음덕이리라.

김구 리서치 팀

2004. 2. 9. 월

새로운 한 주가 시작됐다. NARA로 갔더니 동포 박유종 씨가 자료 검색 작업에 동참하겠다고 왔다. 거기다가 EBS 김봉렬 PD까지 합류하자 이날 김구 리서치 팀은 모두 여덟 식구로 활기가 넘쳤다. 이제까지는 내가 모든 일을 관장했는데, 일이 너무 벅차 NARA 문서 검색은 이선옥 씨에게 위임했다. 나의 제의에 모두 동의하여 그가 '김구 리서치(Kim Koo Research)' 팀장이 되었다. 이제 우리도 이곳 분위기에도 익숙해지고, 자원봉사자들도 검색 작업에 이력이 난 듯하다.

이도영 박사가 옆 침대에서 밤늦도록 당신의 아픈 가족사를 들려주었다. 그는 제주도 태생으로 한국전쟁이 일어난 뒤 면서기였던 아버지가 한밤중에 군인들에게 끌려가 학살된 백조일손 피해자였다.

2004. 2. 10. 화

오늘, 김구 리서치 팀은 2층에서 정보자료를 검색하고, 박유종 씨와 나는 5층에서 사진자료를 찾아보았다. 나는 NARA의 엄청난 자료에 대한 부러움과 사진에 드러난 동족상잔의 상흔에 아픔을 함께 느끼면서 다시는 이런 전쟁의 비극만은 막아야 한다는 생각이 짓눌렀다. 이곳 사진을 모두 다 복사해 가고 싶지만 절차가 무척 까다로웠다. 한 장 복사에 6달러 정도 들어 비용도 만만치 않다. 마침 주태상 씨가 자기 스캐너를 빌려 주겠다고 했다.

2004. 2. 11. 수

우리가 길눈이 어두워 매번 헤매는 줄 알고서 오늘 아침부터 주태상 씨가 운전해 주기로 했다. 출근길이 한결 상큼했다. 숙소를 떠난 지 40여 분 만에 도착했다. 무슨 일이든 잘 아는 사람이 해야 효율적이고 시행착오를 범하지 않는다. 이 세상 모든 일이란 알면 쉽고 모르면 어려운 것이다. 그런데 하물며 55년 전에 일어난 백범 암살배후 진상 규명을 하고자 남의 나라 아카이브를 그것도 비전문가요, 영어 까막눈이 찾아 나선 그 자체가 한편의 블랙 코미디다.

오늘 우리 일에 참여한 봉사자는 이도영 박사·박유종·이선옥·정희수·주태상 씨다. 나는 영문에는 자신 없지만 5층 사진자료실에서 한국전쟁 사진 중에서 쓸 만한 것을 골랐다. 마침 주태상 씨가 스캐너를 빌려줘 시간도 줄이고 경비도 줄일 수 있었다. 박유종 씨가 이 일을 도와주었으며 권중희 씨는 4층 마이크로 필름실에서 자원봉사자들의 자문에 응했다.

2004. 2. 12. 목

오늘도 나는 5층 자료실에서 박유종 씨의 도움을 받아가며 한국전쟁 사진자료를 스캔했다. 내가 사진을 고르면 박유종 씨가 뒷면의 캡션을 번역하여 해주셨다. 박유종 씨는 임정 박은식 대통령의 손자다. 귀한 분의 도움을 받아서 미안해 하자, 오히려 당신 선대가 백범 선생의 신세를 많이 졌는데, 이번에 그 은공을 갚는 것 같아 감사하다고 했다. 당신 외할아버지가 최중호 선생으로 백범 선생의 제자였다. 안악사건 때 일경이 김구 선생에게 유도신문으로 가장 사랑하는 제자를 묻자 김구 선생이 '최중호'를 말한 것이 화근으로 같이 감옥살이를 할 만큼 돈독한 사제관계였다는 일화도 들려주었다. 그러면서 당신 할머니와 어머니가 상하이에 살았을 때 김구 선생이 오시면 뒤주부터 열어 보시고 몰래 양식을 채워 주셨다는 말씀을 했다. 새삼 사람의 인연은 돌고 돈다는 진리를 터득했다.

오늘 일과를 마무리하고자 4층으로 갔더니 이선옥 씨가 모니터 앞에서 인기척도 느끼지 못한 채, 열심히 주한 미대사가 국무성으로 보낸 자료를 읽고 있었다. 그의 눈에는 핏발이 보였다. 자원봉사자들의 열정에 마냥 감사할 뿐이다.

모스크바 삼상회의

해방 후 나라는 한 치 앞을 내다볼 수 없는 안개정국으로 불안하기 그지없었다. 백성들은 일본이 패망하여 그들만 물러가면 모든 게 다 해결될 줄 알았다. 하지만 뜻밖에 국토는 분단이 되고, 외국에서 들어온 이데올로기로 좌우익의 충돌, 토지개혁을 둘러싼 지주와 소작인들 간의 갈등, 친일파 처리 문제 등, 미군정은 무엇 하나 시원케 해결치 못하였다. 그 무렵 일반 백성들의 분노는 폭발 일보 직전이었다. 게다가 그해 연말인 1945년 12월 27일 동아일보는 '소련은 신탁통치를 주장'이라는 머리기사 제목으로 모스크바발 삼상회의 신탁통치 문제를 보도했다. 이 보도는 통일논의 정국을 일대 파국으로 몰았다.

1945년 12월, 미국·소련·영국의 외상이 소련 모스크바에서 회의를 열고 한반도 문제를 협의하였다. 이들 외상들은 1943년 11월, 이집트 카이로에서 미·영·중 대표가 협의한 "적절한 과정을 거쳐 한국을 독립시킨다"는 카이로선언을 확인하는 자리였다. 이 회의에서 신탁통치를 먼저 제안한 쪽은 동아일보 머리기사 제목과는 달리 소련이 아니라 미국이었다. 미국은 이전 얄타회담에서는 한반도에 30~40년간의 신탁통치를, 모스크바 회의에서 5년간의 신탁통치를 하되, 협의 하에 5년을 더 연장할 수 있도록 제안하였다. 이에 소련은 조선임시정부 수립을 제안하였다. 소련이 이런 주장을 하게 된 배경에는 임시정부 구성에서 좌파 진영이 우세할 것으로 판단했기 때문이었다.

이 신탁통치 소식이 동아일보를 통해 알려지자 해방 후 즉시 독립을 원했던 한국인들은 마른하늘에 벼락처럼 놀라움을 금치 못하며 초기에는 좌우익 모두 신탁통치에 반대운동을 펼쳤다. 특히 우파 세력의 반탁운동은 매우 거셌다. 김구를 비롯한 임정 계열은 신탁통치에 극렬히 반대하며 임시정부가 과도정부 역할을 맡겠다고 나서기도 했다. 이승만과 한민당도 반탁운동에 앞장섰다.

모스크바 삼상회의 결정서에 따르면, 그 요지는 다음과 같다.

첫째, 조선에 임시민주정부를 수립한다.

둘째, 이를 위하여 미·소 대표자들이 공동위원회를 구성한다.

셋째, 미소공동위원회가 조선 임시정부와 상의하여 최고 5년간의 신탁통치안을 작성한다.

넷째, 2주 내에 미·소군사령부 대표들이 만난다.

처음 반탁 의사를 밝혔던 중도와 좌익 진영은 나중에 모스크바 삼상회의 결정서를 확인한 뒤 찬탁으로 태도를 바꿨다. 모스크바 삼상회의 신탁통치를 계기도 좌파와 우파 간 정면충돌하는 양상이 빚어졌다. 신탁통치 문제를 둘러싼 좌우간의 공방이 계속되는 가운데 38도선 이남과 이북은 각기 서로 다른 길을 걷고 있었다.

38도선 이남의 미군정은 좌파정권이 수립되는 것을 우려하여 우파를 지원하였다. 그들은 좀더 한국을 수월하게 통치하고자 일제강점기 때 총독부 관리나 경찰들을 등용하였다. 이에 견주어 38선 이북은 소련이 지원하는 가운데 좌파들은 북조선 임시인민위원회를 결성하고 김일성이 위원장을 맡아 사회주의 노선으로 치달았다. 남북 두 정권의 평행선 속에 통일국가 수립은 더욱 어려운 상황으로 빠져들었다.

1946년 3월 20일, 모스크바 삼상회의의 결정에 따라 제1차 미소공동위원회가 서울에서 열렸으나 순조롭지 못하였다. 우파의 반탁운동이 거세게 일어난 가운데, 미소공동위원회는 임시정부 수립 논의에 참가할 정당과 사회단체 선정 문제를 둘러싸고 입씨름만 하다가 두 달 남짓 질질 끌던 회의는 끝내 성과 없이 끝났다.

이때 여운형과 김규식[89] 등 중도파는 분단을 막기 위해 좌우 합작운동을 제안했다. 하지만 1946년 6월 3일 이승만은 정읍에서 남한만의 단독정부 수립이 가능하다는 이른바 '정읍 발언'으로 세상을 깜짝 놀라게 했다. 그 뒤 민족통일총본부가 결성되어 이승만이 총재, 김구가 부총재를 맡았다. 하지만 이후 단독정부 수립 문제로 그때부터 이승만과 김구 사이는 틈이 벌어지기 시작하여 끝내 두 지도자는 결별했다. 김구는 군정청이 김규식과 여운형 등을 내세워 전개한 좌우합작의 움직임을 지지하고, 10월에 좌우합작 7원칙이 발표되자 개인 자격으로 지지성명을 내기도 했다.

"좌우합작의 목적은 민족통일에 있고, 민족통일의 목적은 독립 자주의 정권을 수립함에 있는 것이다. 그러므로 나는 좌우합작 공작의 성공을 위하여 시종 지지하고 협조한 것이다. 앞으로도 이것은 계속될 것이다."

그 이듬해인 1947년 5월에 다시 미소공동위원회가 열렸다. 하지만 미국과 소련 양국은 또 다시 책임을 상대에게 떠넘기려고만 하였기에 별 진전 없이 끝났다. 이는 미·소 두 나라가 한반도에 우리 겨레의 뜻에 따른 자주통일국가를 세우려고 하기보다 서로 자기 나라에게 유리한 친미 친소 정부를 세우려는 저의를 깔고 있었기 때문이다. 미소공동위원회가 다시 결렬되자 미국은 한국 문제는 UN으로 넘어갔다.

1947년 11월, UN총회에서는 미국이 제안한 'UN 감시 아래 남북한 총선거를 통한 통일정부 수립방안'을 다수결로 결정하였다. 이승만과 한민당, 대한독립촉성국민회 등은 남한만의 단독정부 수립을 위한 총선거를 강력하게 주장했다. 이에 김구는 남한만의 단독선거는 국토를 분단하는 민족의 비극이라고 규정하여 강력하게 반대했다.

1948년 1월 7일, UN총회의 결의에 따라 설치된 UN한국임시위원단이 입국하여 업무를 수행하기 시작했다. 그러나 소련이 UN한국임시위원단의 북한 입국을 거부하자, 미국은 '선거가 가능한 지역에서만이라도 총선거를 실시한다'는 UN소총회의 결의를 빌려 38도선 이남에서 단독선거를 실시하겠다고 밝혔다. 단독선거가 분단정부 수립으로 이어질 상황에 이르자 정치지도자들은 이를 막기 위한 남북협상운동이 다시 일어났다. 이번에는 중도파 김규식과 한독당을 이끌던 김구가 중심인물이었다.

1948년 2월 10일, 김구는 '삼천만 동포에게 읍고(泣告)함'이라는 성명서를 발표했다.

… 한국이 있고야 한국 사람이 있고, 한국 사람이 있고야 민주주의도 공산주의도 또 무슨 단체도 있을 수 있는 것이다. 자주독립적 통일정부를 수립하려는 이때, 어찌 개인이나 집단의 사리사욕을 탐하여 국가민족의 백년대계를 그르칠 자가 있으랴. 우리는 과거를 한번 잊어버려 보자. 갑은 을을, 을은 갑을 의심하지 말며, 침 뱉고 욕하지 말고, 서로 진지한 애국심에 호소해 보자! 암살과 파괴와 파업은 외국군의 철수를 지연시키며, 조국의 독립을 방해하는 결과를 만들어 낼 뿐이다. 악착 같은 투쟁을 중지하고 관대한 온정으로 임해 보자!

마음속의 38선이 무너지고야 땅 위의 38선도 철폐될 수가 있다. 나는 못난 사람이나 일생을 독립운동에 바쳤다. 내 나이 일흔셋이나 오늘 내일하는 여생이 남아 있을 뿐이다. 이제 새삼스럽게 재물을 탐내며 명예를 탐내랴! 더구나 외국 군정 하에 있는 정권을 탐내랴! 내가 대한민국임시정부나 한국독립당을 이끈 것도 모두 조국의 독립과 민족의 해방을 위한 것이었다. 그러므로 나는 국가와 민족의 이익을 위하여 일신(一身)이나 일당(一黨)의 이익에 구애되지 않을 것이요, 오직 전 민족의 단결을 달성하기 위하여 삼천만 동포와 더불어 투쟁할 것이다. 이것을 위하여 누가 나를 모욕하였다 해도 염두에 두지 않을 것이다.

나는 이번에 마하트마 간디에게서도 배운 바가 있다. 그는 운명하는 순간에도 자기를 저격한 흉한을 용서하여 그의 손을 자기 이마에 대었다고 한다. 내가 사형언도를 당해 본 일도 있고, 저격을 당해 본 일도 있었지만, 당시 나는 원수를 용서할 용기가 없었다. 지금도 나는 이것을 부끄러워한다. 현재 나의 유일한 염원은 삼천만 동포와 손잡고 통일된 조국, 독립된 조국의 건설을 위하여 더불어 투쟁하는 것뿐이다. 조국이 육신을 요구한다면 당장이라도 제단에 바치겠다.

나는 통일된 조국을 건설하려다가 38선을 베고 쓰러질지언정 일신에 구차한 안일을 취하여 단독정부를 세우는 데 협력하지 않겠다. 나는 내 생전에 38 이북에 가고 싶다. 그쪽 동포들도 제 집을 찾아가는 것을 보고서 죽고 싶다. 궂은날을 당할 때마다 38선을 싸고도는 원귀(寃鬼)의 곡성이 내 귀에 들리는 것 같았다. 고요한 밤에 홀로 앉으면 남북에서 헐벗고 굶주리는 동포들의 원망스러운 용모가 내 앞에 나타나는 것도 같았다.[90]

그 무렵 국내 정세는 점차 단독정부 수립 쪽으로 기울어지고 있었다. 김구와 김규식은 이제 남은 방법으로 북한과 직접 대화를 해보는 일밖에 없다고 판단했다. 김구는 북한 정권의 실력자로 알려진 김두봉[91] 앞으로 남북협상을 제의하는 편지를 극비리에 보냈다.

백연(白淵, 김두봉의 호) 인형(仁兄)
1944년 10월 16일 중국 옌안에서 주신 서신을 받아 읽은 이후 얼마 되지 않아 해방을 맞아, 형은 압록강을 건너고, 나(弟)는 황해 바다를 건너 각각 그립던 고국을 찾아오게 되었나이다. 그때에야 누가 한 나라 한 울 밑에서 3~4년 긴 세월 동안 서로 보지 못할 줄 알았으리오. 아아! 이것이 우리에게는 해방이라 합니다. 이 쓰라리고 설운 정을 말하면 뜨거운 눈물만 흐를 뿐, 차라리 말하지 않는 편이 좋을 것입니다.
…
인형이여. 지금 이곳에는 이남과 이북을 별개의 국가라고 생각하는 사람도 많습니다. 그쪽에도 그런 사람이 없지 않으리라 생각합니다. 그 사람들은 남북의 지도자들이 같이 자리하는 것을 희망하지 않을뿐더러, 같이 자리할 수도 없다고 선전하는 사람도 많이 있습니다.

인형이여, 이래서야 되겠나이까. 남이 일시적으로 분할한 조국을 우리 스스로의 관념이나 행동으로 영원히 분할할 필요가 있겠습니까.

인형이여, 우리가 우리의 몸을 반쪽으로 나눌지언정 허리가 끊어진 조국이야 어찌 차마 더 보겠습니까. 가련한 동포들이 남북으로 흩어져 떠도는 꼴이야 어찌 차마 더 보겠습니까. … 그러므로 우사(尤史) 김규식 형과 저는 "우리 문제는 우리만이 해결할 수 있다"고 확신하고 남북지도자회의를 주창하였습니다. 주창만 한 것이 아니라 실천하기로 결심하였습니다. … 이제 조국 땅에서 남북지도자회의를 가장 빠른 시일 내에 성취시키기를 간청합니다.

대한민국 30년 2월 16일[92]

1948년 2월 26일, UN 소총회가 열렸다. 여기에서 "UN한국임시위원단이 가능한 지역만이라도 그 임무를 수행하도록 한다"는 결의안이 31대2로 가결되었다. 김구가 우려했던 단독정부 수립이 현실로 나타나는 순간이었다. 마침내 김구는 1948년 3월 1일, 단독정부 수립을 주도하는 이승만과 결별을 발표한 뒤 3·1절 기념사를 발표했다.

> … 그동안에 우리의 희생은 너무도 컸다. 왜적의 패망은 우리에게 당연히 자유와 민주와 독립을 주었거늘, 사태는 정반대로 진전되어 동맹국의 군대로 인해 우리의 조국은 둘로 나뉘고 말았다. 우리는 왜적을 타도하기 위하여 수십 년간 혈투하였다. 그러나 동맹군은 우리 국

토를 무기한으로 점령하고 말았다. 그 결과 북에서는 북대로, 남에서는 남대로 민생은 도탄에 빠졌다. 삼천리 강산에는 근심과 슬픔이 넘쳐흘렀다.

이때에 있어서 북에서 전해 오는 소위 조선민주주의인민공화국이나 남에서 떠드는 중앙정부를 수립한다는 것은 모두가 우리의 조국을 영원히 양분시키는 것으로, 이것은 독립전선에서 사망한 독립투사들이 바라는 바가 아닐 것이다. 이것이 그들의 자녀로서 어찌 차마 할 일이겠느냐? [93]

7거두 성명

1948년 3월 12일 김구는 '통일 독립에 여생을 바칠 것'을 맹세하는 '7거두 성명'을 발표했다. 이들은 김구·김규식·김창숙[94]·조소앙·조완구·조성환[95]·홍명희 등으로 단독정부 수립을 위한 총선거에 결코 참가하지 않겠다는 내용이었다.

우리는 현 세계의 가장 심각한 고통을 받는 불행한 민족이다. 인류의 자유와 이성과 민주주의의 유지를 전담하는 미국이, 또 약소민족 해방의 사도로 자임하는 소련이, 전 세계 인류 앞에 선포한 '카이로' '포츠담'의 공약을 준수하지 않고, 책임을 서로에게 전가하며 불행한 우리 민족에게 더욱더 불행을 입히려고 하는 것은 미·소 양국의 수치가 될지언정 명예는 되지 못할 것이다.

미·소 양국이 우리의 민족과 강토를 분할한 채 남북 두 정부를 수립하는 날에는 세력 대항으로든지, 치안 유지로든지, 양국 군대가 장기 주둔하게 될지 모르고, 민생문제로 말할지라도 인민의 수입은 증가되지 못하고 부담은 대량으로 증가될 것이니, 문제 해결은 고사하고 다소 완화할 방도가 찾기 어려울 것이다. 남에서는 오직 하나 기대가 미국의 달러 원조뿐일 것인데, 원조도 우리가 중국에서 본 바와 같이, 또는 그리스에서 들리는 바와 같이, 대부분 자본가나 모리배의 전횡에 맡기게 되어서 이익은 몇몇 개인이 차지하고 책무는 일반 인민이 지게 될 것이다.

우리가 보는 바로는 남북의 분열이 우리 민족에게 백 가지 해롭고 한 가지 이로움도 없다고 단정하지 않을 수 없다. 반쪽이나마 먼저 독립하고 그 다음에 반쪽마저 통일한다는 말은 일리가 있는 듯 하되, 실상은 반쪽 독립과 나머지 반쪽 통일이 다 가능성이 없고, 오직 동족상잔의 참화를 격렬하게 일으킬 것이다. 우리의 문제가 국제적 연관성을 무시하고 해결될 것은 아니로되, 우리 민족적 견지를 돌아보지 않고 미·소의 견지를 따라 해결하려는 것은 본말과 주객이 전도된 부당하고 부자연한 일이니, 부정당 부자연한 일은 영구 계속하는 법이 없다. 우리 문제를 미소공동위원회도 해결 못하였고, 국제연합(UN)도 해결 못할 모양이니, 이제는 우리 민족이 스스로 결정하는 길밖에 없을 것이다. 이것이 가장 근본이 되는 길이다. 그러므로 미·소 양국은 각각 자국의 명예를 높이기 위하여 '대서양헌장'의 정신을 살리기 위하여, 우리에게 민족자결할 기회를 주는 데 문제 해결의 일치점을 구하고, 국제연합은 이 기회를 촉진하는 데 약간이라도 도움을 주기를 바라마지 않는다.

우리 몇 사람은 정치적 임기응변이나 민족운동의 신축성, 기타 여러 가지 구실로 하는 수 없이 현 정세에 따르는 것이 우리들 개인의 이익임을 모르지 않으나, 개인의 이익을 도모하려고 민족의 참화를 촉진하는 것은 민족적 양심이 허락하지 않으며, 반쪽 강토에 중앙정부를 수립하려는, 가능한 지역선거에는 참가하지 않는다. 그리고 통일 독립을 달성하기 위하여 여생을 바칠 것을 동포 앞에 굳게 맹서한다.

1948년 3월 12일

김구·김규식·김창숙·조소앙·조성환·조완구·홍명희[96]

급박하게 돌아가는 정국에 김구가 법정 증인으로 출석했다. 미군정청에서는 1947년 12월에 발생한 장덕수 암살배후에 한국독립당이 있는 것처럼 김구의 증인 출석을 통보했기 때문이다.

"내가 이번 군율재판소에 출정함은 나를 미국 대통령 트루먼 씨의 명의로 불렀으므로 국제 예의를 존중하고자 함이지, 내가 증인이 될 만한 사실이나 자료를 가진 까닭이 아니다. 내가 장씨 사건에 관련이 있는 것처럼 발표된 데 대해서는 나에게 아무 책임도 없다."

김구는 당신을 법정에 출석시킨 미군정청에 대해 몹시 불쾌해 했다. 김구는 재판장에게 다음과 같이 말했다.

"장덕수가 죽은 데 대해 더 분하게 생각하는 나에게 검사는 죄를 뒤집어씌우려 하니 나 이것 참 기막힌 일이 아니오?"

남과 북이 각기 단독정부로 기울어져 가는 이 무렵에도 김구는 끝까지 통일정부의 의지를 버리지 않았다. 1948년 3월 21일 신민일보 사장과의 대담에서 김구의 이런 신념을 엿볼 수 있다.

아직도 때는 늦지 않았습니다. 현재 시국이 아무리 복잡하고 혼란하더라도 냉철한 안목으로 앞날을 내다보고, 굳센 마음으로 '우리의 길'

을 지키면 살길은 그곳에 스스로 있는 것입니다. 미·소 어느 편으로 든지 기우는 날이면 외국의 간섭을 더욱 불러일으키고 외국군 철수를 더욱 지연시키는 것밖에 아무것도 아닌 것입니다. 미·소 양국의 협조 없이 한국 문제가 해결될 수 없다는 것은 금번 UN의 업적이 웅변하고 있습니다. 그러므로 우리는 민족자결원칙을 날줄로 하고 공명정대의 친미·친소 외교를 씨줄로 하여, 평화적 국제협조 노선 위에서 우리 문제의 해결을 구해야 하는 것입니다. 이에 우리는 혁명시대로 돌아가서 짚신감발하고 새 독립운동을 하려는 것입니다. 갈 길은 험산준령이나 영원한 진리의 위대한 힘이 따를 것이니, 끝까지 이 길로 나갈 것입니다.[97]

남북협상을 마치고 돌아오는 백범 일행(왼쪽 아들 신, 오른쪽 선우진 비서), 1948. 5.
사진제공 백범기념관.

10. 마지막 독립운동

> 김구 씨 김규식 박사 38선 통과 [38선 여현에서 조통 특파원 발] 평양회담에 참석한 양김 씨와 수행원 64명은 4일 오전 평양출발 작 5일 오후 1시 40분 38선 여현에 무사히 도착하였다. 양김 씨는 6일 아침 서울에서 공동성명을 발표할 것이라고 한다. - 1948. 5. 6. 경향신문

넓고도 좁은 세상

2004. 2. 13. 금

NARA로 출근하는 길에 동승한 김봉렬 PD가 지난번 워싱턴 취재 때는 날씨 관계로 포토맥 강을 제대로 찍지 못했다고 조심스럽게 잠시 그곳을 들러 가자고 부탁하여 그렇게 하기로 했다.

봄볕이 따뜻하다. 이곳을 다시 찾은 지 며칠 사이지만 그 새 포토맥 강의 얼음이 모두 녹았다. 하지만 백악관 일대의 삼엄한 경비는 여전했다. "봄은 왔지만 봄은 아니다(春來不似春)"라는 옛 시인의 시의 구절을 연상케 했다.

오후에는 봉사자들이 모여 그동안 한 일을 점검하면서 진지하고 열띤 토론을 벌였다. 그 결과는 좀더 폭넓게 관계 전문가를 만나 자문을 구하고, 가능하면 다른 기관에 있는 자료도 찾아보자는 결론에 이르렀다.

퇴근길에 권헌열 씨와 이선옥 씨가 그새 KISON(Korean Information Service on Net)에서 일하며 『미국 비밀문서로 본 한국현대사』를 쓴 이흥환 박사에게 연락하여 오늘 저녁에 만나기로 약속했다. 우리 일행은 권헌열 씨 차를 타고 약속 장소인 평래옥으로 갔다.

이흥환 박사는 아주 신중한 분으로 말을 무척 아꼈다. 그러면서 그는 언

젠가는 진실이 드러나게 마련이라는 자신의 견해를 밝히면서 전문적인 기술 방안을 이선옥 씨와 권헌열 씨에게 가르쳐 주었다.

식사를 함께 하면서 이런저런 얘기를 나누다 보니 그는 나의 고교(중동) 후배인데다가 내가 모교에서 근무할 때 고3학생이었다. 이 박사 고1 때 담임선생이 내가 가장 존경하는 은사 홍준수 선생이라고 하여 서먹해진 분위기가 갑자기 풀렸다. 세상은 넓고도 좁았다.

2004. 2. 17. 화

오늘 NARA에서 일하는 사람은 박유종·이선옥·정희수·권헌열·주태상 씨 등 일곱이다. 모두들 각자 자리로 가서 일을 했다. 오늘도 권중희 씨는 2, 4, 5층을 오르내리며 총감독을 하고, 나와 박유종 씨는 5층으로 가서 한국전쟁 사진자료를 신청하여 가려 뽑은 다음 스캔했다. 산더미 같은 사진자료는 모두 미 종군기자들이 찍은 사진으로 피사체가 대부분 미군들이다. 거기서 쓸 만한 자료는 100장에 한두 장 정도다. NARA 측에서 정리를 해뒀다지만 아무래도 여러 사람의 손이 거쳐 간 탓으로 제2차 세계대전 사진까지 뒤섞였다. 모래톱에서 진주를 찾듯이 한장 한장 살피면서 가려 뽑았다.

점심시간에 자원봉사자들에게 그동안의 교통비 및 수고비를 드렸다. 아무리 봉사라지만 교통비나 복사비까지 그들 주머니를 털게 할 수는 없다. 금싸라기 같은 시간을 내준 유학생들에게 그에 따른 최소한의 대가는 지불해야 한다. 이런데 쓰라고 독자들이 모아준 성금이다. 앞으로도 매주 첫날은 지난 주급을 정산키로 했다.

막 주급을 정산하고 식사를 하는데, 이홍환 박사가 식판을 가지고 우리 자리에 합석했다. 우리에게 필요한 참고도서 전달과 선배에 대한 예우로 찾아온 듯했다. 이 박사는 "진실을 캐는 일은 결코 쉬운 일이 아니다. 시간과 자료와의 싸움으로 끈질긴 집념을 가지고 접근해야 진실을 캘 수 있다"고 하면서 자신의 체험담과 자료 찾는 기술 방법을 들려주었다. 그러면서 그는 설사 이번에 진실을 캐지 못하고 귀국하더라도 이 워싱턴에다가 씨를 뿌리고 가 달라는 이 박사의 간곡한 당부가 있었다. 사실 암살배후자는 막강한 힘을 가진 집단이기에 여간해서 은폐한 진실을 드러내기가 쉽지 않다. 미국은 아직도 자기네 대통령 케네디 암살배후조차도 시원하게 밝혀 내지 못하고 있다. 백범 암살배후의 진실은 지금쯤 수천 길 땅 밑에서 우리 일행을 비웃고 있을지도 모르겠다.

퇴근길에 이재수 씨와 김만식 씨가 식당 이조에서 저녁을 샀다. 이재수 씨가 만나자마자 "선배님, 선생님! 일찍 몰라봐서 죄송합니다"라고 하면서 머리를 조아렸다. 그는 중동고 70회라고 했다. 이재수 씨는 통일운동가로, 6·15 남북공동선언 실현 재미동포협의회 사무국장과 워싱턴 위원회 간사 겸 대변인과 자주민주통일미주연합 워싱턴 지부 회장을 맡아 조국의 통일을 위해 왕성하게 활동하고 있었다.

권중희 씨가 "우리가 진실을 찾아가지 못하고 우리 세대가 죽으면 누가 백범 선생 암살 진상을 캐려고 하겠느냐"고 걱정을 하자, 함께 저녁을 먹던 이재수·김만식·권헌열·이선옥 씨는 "저희들이 그 뒤를 이어 가겠습니다"라고 합창하듯 대답했다.

조사반원들의 하루

다음 글은 팀장 이선옥 씨가 조사반원들에게 보낸 메일입니다. 우리 일행이 미국 국립문서기록관리청에서 무슨 일을 어떻게 하는지 오늘 하루를 공개합니다.

안녕하세요. 이선옥입니다.

오늘도 많이 애쓰셨지요? 모든 분들께서 재미있게 작업에 몰두해 주셔서 감사할 따름입니다. 공동작업의 힘과 보람을 느낍니다. 저 또한 몹시 피곤하지만, 역사의 생생한 현장을 실습하는 기분입니다.

어제로 4층 마이크로 필름실 작업은 일단 마무리 짓겠습니다. 중요하지 않다는 의미가 아니라(언젠가는 또 해야 합니다), 2층 리서치 룸에서 문서를 찾는 작업이 더 중요합니다. 오늘 작업은 1943~1960년까지 해제된 'Top Secret' 문서들이었습니다. 총 286개의 박스로 구성되었는데, 오늘은 24개 박스를 신청해 놓고 문서들을 훑어보았습니다. 그 가운데 오늘의 주요 수확은,

첫째, 무슨 내용의 자료인지는 몰라도 아무튼 해제된 문서임에도 미국의 민감한 사안과 관련된 문서들은 미국의 CIA 에이전트(Agent)들이나 아키비스트(Archivist)들이 다시 수거해 갔다는 것을 직접 확인할 수 있었습니다. 앞으로 이러한 'Withdrawal Notice(수거문건)'는 앞뒤 문서 정황을 살펴본 후에 한국과 관련되었을 가능성이 조금이라도 있으면, 무조건 복사해 주시기 바랍니다. 정보공개요구법에 따라 신청할 예정이며, 그 이전에 담당 아키비스트와 논의하여 어떠한 종류의 문서인지 확인해 보는 절차를 거칠 생각입니다.

둘째, 한편으로는 미국·영국을 위시한 연합국이 유럽에서 독일·이탈리아·터키와 전쟁을 치르고 있는 생생한 정보뿐 아니라, 아시아 태평양에서 연합군과 일본과의 전쟁 과정에서 발생하는 여러 일들이 눈에 띄고 있습니다. 이 과정에서도 한국은 반드시 등장하고 있습니다. 일

단 미국뿐만 아니라, 소련·한국·대만·중국·동남아시아의 여러 섬들과 국가들을 일본과의 전쟁기지(육·해·공군)로 활용하면서 이들 국가들에 대한 철저한 분석이 현재의 CIA에 의해 이뤄졌습니다. 그중 한국에 대한 분석 또한 정밀하게 되어 있었습니다.

예를 들면, 한국에서 미국의 주요한 목표는 한국을 그들의 '동맹국'으로 만드는 것이라고 분명히 적혀 있었습니다. 한국의 주요 도시인 서울·인천·부산 등등의 도시들을 군사적·경제적·정치적·사회적 중요성 등으로 나눠 나름대로 분석을 해 놓았지요. 또 다른 발견된 문서에서는 한국인들의 반일감정을 다루고 있었습니다. 이에 따라 김구 선생님의 성명은 표기가 되지 않았지만, 이미 중국과 파리에서 대한민국임시정부의 활동을 소개하고, 미국이 임시정부의 자체 군사조직에 주목하고 있는 것을 볼 수 있습니다.

한편으로 이를 일본과의 전쟁에 활용하는 것일 수도 있고, 또 다른 한편으로는 본격적으로 한국에 대한 문제의식을 쏟아내기 시작했다고도 볼 수 있습니다. 일본의 점령지 한국에 대한 미국의 관심은 앞으로 냉전 즉, 소련과의 관계 속에서 더욱 풍부하게 쏟아져 나올 것으로 기대됩니다.

내일 작업은 박스 번호 25~40입니다. 이때 혹 미군정 시기의 한국이 등장할 가능성이 커 보입니다. 왜냐하면 오늘까지는 주로 1944년부터 1948년까지를 망라하고 있었으니까요. 아직 24박스 가운데 3박스 정도 더 남아 있습니다.

1. 내일 문서 작업팀은 모두 2층에서 만나 뵙겠습니다.
2. 정희수 님, 혹 내일 몇 시까지 오실 수 있는지요? 오늘 내로 답장

주시면 감사하겠습니다. 그리고 오늘 오전까지 작업하셨던 문서 제목을 업그레이드해서 보내주실 수 있는지요. 부탁드립니다.

3. 주태상 님, 오늘 제가 주태상 님의 이름으로는 자료를 신청해 놓지 않았습니다. 정희수 님 자료만 신청이 되어 있는 상태입니다. 정희수 님 자료에 내일 조인해 주실 수 있는지요. 저 또한 조인할 것이고요. 박유종 선생님도요.

4. 김만식 님, 금요일 몇 시에 아카이브에 오실 수 있는지요? 답장 부탁드립니다.

5. 박도 선생님, 복사 카드 구입이 이뤄졌습니다(20불짜리 2장). 오늘 박유종 선생님도 복사 카드를 구입하셨습니다. 자료 복사비는 한 장당 15센트입니다. 가능하면 자료를 선별해서 복사하도록 하겠습니다.

6. 제 개인 의견입니다. 이번 주 금요일 토론은 다음 주중으로 미루기로 하고 문서 검색작업을 계속하였으면 합니다. 이번 주에 발표할 이렇다 할 자료는 아직 발견되지 않은 상태입니다. 내일 작업 진행 상황 봐서 의견을 조율하겠습니다.

그럼, 내일 작업장에서 뵙겠습니다. 그럼 안녕히 계세요.

Kim Koo Research 팀장 이선옥

p. s. 내일 작업 도중에 파란색 겉표지에 인텔리전스(Intelligence, 기밀)의 문서이면 유의 깊게 봐 주시기 바랍니다.

2004. 2. 20. 금

이즈음 아침이면 NARA로 출근했다. RG 319, 59, 84… 이런 낯선 기호와 주한 미 대사관에서 본국으로 보낸 문서나, 각 정보기관에서 보낸 산더미 같은 여러 문서들을 자원봉사 조사원들이 일일이 살펴보았다.

거기에는 이미 우리가 알고 있는 상식적이거나 별로 가치가 없는 정보 문건들이 대부분이다. 이따금 우리를 긴장케 하는 부분도 있지만, 조금 집중하여 들어가면 다음의 문서를 봐야 하는데 대부분 없거나 공개치 않는 문서들이 대부분이다. 마치 우리의 작업이 알곡은 이미 곳간에 갈무리돼 있는데 북데기만 털고 있는 꼴 같다. 우리가 알곡을 달라면, 우리가 언제 너희를 오라고 했나? 불청객이 괜히 와서 남의 나랏일에 내정간섭한다고 하면 더 이상 할 말이 없다. 그나마 북데기라도 털게 하는 걸 감지덕지로 알고 열심히 털어 이삭이라도 주워 가는 수밖에.

오전 일을 마치고 점심을 먹으러 아카이브 카페(Archives Cafe, 구내식당)로 가자 조사반원들이 한자리에 다 모였다. 권헌열 씨가 부인이 손수 말았다는 김밥을 두 상자나 꺼냈다. 매일 느끼한 양식만 먹다가 정성이 담긴 김밥을 먹자 마치 학창시절 소풍을 온 것처럼 즐거웠다. 권 씨는 퇴근길에 우리 차에다가 미역국에다 쇠고기 장조림까지 한 보퉁이를 실어 줬다.

퇴근 무렵에는 머리가 빠개지듯 쑤셨다. 나만 그런 줄 알았더니 권중희 씨도 똑같은 증세라고 했다. 봉사자들도 이구동성이었다. 뭘 찾는 일이 뇌에 피로를 몹시 가중시키나 보다.

마침 저녁에는 NAKA(미주동포전국협회) 회원들이 사무실에다 음식을 마련해 놓고 나와 권중희 씨를 초대했다. 회원들이 손수 마련한 여러 가지 나물 반찬에다 시원한 배춧국을 끓여 놓았다. 고향 집에 돌아온 마음으로 먹은 뒤 숙소로 돌아왔다.

맥아더기념관
2004. 2. 25. 수

어제(24일)는 '김구 리서치' 팀원들이 야간작업까지 했다. 하루 종일 서류를 찾아 읽어 보고 번역하는 일이 보통 힘든 게 아닌 모양이다. 자원봉사자들의 눈에는 핏발까지 섰다. 그래서 오늘 하루 쉬기로 하였다.

며칠 전, 이도영 박사가 버지니아 주 남쪽 노퍽(Norfolk)이란 도시에 맥아더 기념관이 있는데 거기에도 사진자료와 우리나라 해방 정국에 관한 귀중한 자료가 있다고 하였다. 이 박사가 이른 아침에 숙소로 와 나와 권중희 씨를 노퍽으로 안내했다. 아침 9시에 출발하여 시속 70마일로 계속 달린 끝에 오후 1시 20분에 맥아더기념관에 도착했다. 기념관 자료실은 단층으로 조촐하게 꾸며져 있었다. 맥아더가 생전에 소장하였던 도서와 선물들(주로 일본 측에서 받은 것)이 진열돼 있었고, 자료실에는 수많은 파일들이 잘 갈무리되고 있었다.

맥아더 자료실에 비치된 비디오를 틀자 1950년 봄 한국전쟁 직전에 서울 근교에서 벌어진 좌익사범 처형 장면이 쏟아졌다. 군인들이 20여 명의 좌익사범을 나무기둥에 묶은 후 가리개로 눈을 가리고, 가슴에 사격 표지판을 붙인 다음, 20여 미터 거리에서 50여 명이 일제히 사격했다. 그런 뒤 군인들이 나무기둥으로 다가가 일일이 확인 사살하는 장면은 차마 볼 수 없어서 나는 그 장면에서는 눈을 감았다. 옆에서 함께 보던 권중희 씨의 눈에도 눈물이 글썽거렸다. 이도영 박사는 주로 김구 파일을 찾아보고 권 씨와 나는 앨범을 보면서 일부는 카메라에 담거나 스캔하여 노트북에 저장했다. 한 좌익사범의 목을 싹둑 자른 효수당한 머리 사진이 내 가슴을 아프게 했다. 그런데 사진 속에는 이 모든 일을 한국 군인과 경찰이 하고 있었다. 사진을 유심히 살피면 한쪽에는 미군이 이를 지켜보고 있었다. 우리가 이런 사진을 보며 눈시울을 붉히는 모습을 벽 한쪽에 걸려 있는 만년의 맥아더가 인자하게 내려다보고 있었다.

오후 4시 무렵, 맥아더기념관에서 무거운 발길을 돌렸다. 돌아오는 길은 체서피크 만 다리를 거쳐 왔다. 대서양을 가로지르는 다리에 이어진 해저 터널로 이 길을 자동차로 달리자 멋진 바다 풍경이 펼쳐졌다. 다시 뭍으로 나오자 고속도로가 펼쳐졌다. 길 양편에는 밀밭이 끝없이 이어졌다. 이런 광활한 땅과 드넓은 바다를 가진 부자의 나라 아메리카합중국이 천혜의 부존자원에 왜 만족치 못할까? 인간의 한없는 욕망이 마냥 밉기만 하다.

백범의 북행

1948년 3월 25일, 북한의 답신이 평양방송을 통해 전해졌다. 밤 10시 평양방송에서 "오는 4월 14일 전조선정당사회단체 대표자 연석회의를 평양에서 연다"는 뉴스가 나왔다. 그토록 기다리던 남북협상 제의에 대한 북한의 공식 반응이었다. 먼저 방송을 들은 김규식 박사 쪽에서 경교장으로 급하게 연락을 해왔다. 김 박사의 삼청장(三淸莊)과 경교장은 이 소식에 통일된 조국을 한 가닥 기대하게 했다. 다음날 김일성·김두봉 이름의 정식 서한이 경교장과 삼청장에 전달되었다. 남쪽 김구와 김규식이 밀서를 보낸 지 한 달 열흘 만에 보낸 답신이었다.

"남한에서 삼상회의의 결정을 반대하지 않았으면 통일과 독립이 가능했을 텐데 당신들이 남쪽에서 반대했기 때문에 파탄되었다. 그러나 지금이라도 늦지 않았다. 우리들이 한자리에 모여 단독선거·단독정부를 반대하고 통일조국을 건설하기 위해 4월 14일 모란봉극장에서 연석회의를 개최하오니 참석해 달라."

김일성·김두봉 이름의 답신 내용이었다. 김구·김규식은 북의 진의를 타진해 보고자 편지 내용을 놓고 거듭 고심한 끝에 북에 밀사를 보내기로 했다. 경교장 측은 안중근 의사의 사촌동생 안경근 씨를, 삼청장 측은 권태양 씨를 정했다. 그러나 두 밀사는 평양에서 아무런 수확도 얻지 못하고 내려왔다. 전조선정당사회단체 대표자 연석회의는 남쪽 양김의 제의로 일단 4월 19일로 연기했다. 연석회의를 나흘 앞둔 4월 15일 김구는 마침내 결단을 내렸다.

"나는 북을 다녀오기로 했소. 분단은 동족상잔의 비극밖에 부를 것이 없소. 남들이 갈라 놓은 38선에 동족끼리 말도 한 번 못해 보고 마는 미욱한 민족이란 말을 들을 수는 결코 없으며 적어도 노력은 했다는, 역사의 한 페이지는 남겨야 될 줄 아오."

김구가 북행을 선언하자 경교장은 긴장과 흥분에 휩싸였다. 조국 독립투쟁에 평생을 바친 김구의 마지막 독립운동이 시작된 것이다. 하지만 김구의 북행에는 경교장 측근들까지도 반대하고 나섰다. 경교장 앞에는 매일 김구의 북행 반대시위가 벌어졌다. 하지만 그 누구도 김구의 굳은 결심을 막을 수 없었다.

"가시면 못 돌아오십니다."

"공산당과 대화 절대 반대!"

이런 격문의 플래카드를 든 시위대가 연일 경교장 앞에서 소용돌이쳤다. 그 가운데는 북한 곳곳에는 '김구 이승만을 타도하자!'는 벽보가 나붙어 있는데 행여 돌아오지 못할까 걱정한 진심어린 충고도 있었다. 김구의 오랜 동지로 105인사건 때 함께 복역한 도인권 목사는 아예 경교장에서 침식을 같이하며 북행 중단을 호소했다. 아들 김신이 아버지에게 북행 연기를 거듭 권고했다.

"내가 '김구 타도'가 무서워 못 갈 것 같으냐. 쓸데없는 소리…. 김일성과 얘기할 사람은 나밖에 없다. 북행을 미루다니. 하루가 급한데 무슨 말이야!"

김신은 주변 사람들이 모두 만류해도 아버지의 결심을 꺾을 수 없다고 판단하자 비장한 각오로 말했다.

"그렇다면 제가 아버님을 모시고 가겠습니다."

"안 된다. 너는 최신 비행술을 배운 젊은이로 이 나라가 독립이 되면 공군을 창설해야 할 책임이 있다."

"저는 지금까지 효도 한 번 제대로 못했는데 이번에 아버님이 그 길을 열어 주십시오."

김구는 아들의 그 청을 받아들였다. 그리고 김구는 수행비서로 선우진을 지목했다.

내가 살면 얼마를 사느냐

다음은 1948년 4월 15일 경교장에서 남북연석회의 한독당 대표 환송연 자리에서 김구가 출입기자단에게 한 말이다.

내가 북조선에 가겠다고 하니 외국사람도 말릴 뿐 아니라 동포들이 매일같이 떼를 지어 울어 가면서 나의 북조선행을 말린다. 지금까지 나는 모스크바 삼상회담이니, 미소공동위원회니, UN위원단이니 하여 좋은 성과가 행여나 있지 않을까 하여 몇 해를 경과하였다. 그러나 점점 혼란만 더해졌다. 내가 이번 북조선행을 결연히 결정하게 된 이유는 이렇게 어려운 형편에 우리가 외국 사람들에게만 의뢰하는 것보다는 비록 주의(主義)가 다를지라도 내 동포가 낫다는 것을 느낀 때문이다. 우리가 과거 4천년 역사를 뒤져 보더라도 다른 민족에게 의뢰해서 우리 민족의 활로를 타개해 본 적이 있는가. 그런고로 다른 민족에게만 의뢰하는 것은 의미가 없다.

그러므로 남조선 총선거를 실시하여 정부를 수립하는 것이나 북조선에서 헌법을 통과시켜 정부를 세우는 것이 각각 중앙정부라고 할 것이로되, 단독정부임에는 틀림없다. UN한국임시위원단이 선거를 감시한다고 부채질해도 결국은 단독정부이니, 우리는 사랑하는 자손에게 무엇을 물려줄 것인가.

북조선에서 공산주의를 신봉하는 지도자들이라도 결국은 우리와 말이 같고, 조상이 같고, 마음이 같을 뿐 아니라, 같은 피가 끊임없이 흐르고 있지 않은가. 피와 피가 서로 부닥쳐 의논이라도 해서 자손만대에 회한이 없도록 해야 할 것이다.

어떠한 모략도, 여하한 짐승 같은 마음도 치열한 애국심 앞에서는 그 정체가 드러날 것을 나는 확신한다. 우선 동족끼리 해방 이후 3, 4년 동안이나 38선이라는 국경 아닌 국경으로 말미암아 외국인의 턱밑만 쳐다보고 말을 못할 이유가 무엇인가. 담판을 해 보아서 안 되면 차라리 38선을 베개 삼아 자살이라도 함이 마땅하다고 생각한다. …

나는 남조선에서 가만히 있으면 안락하게 지낼 수 있다는 것도 잘 안다. 그러나 일생을 바쳐서 오로지 자기 동족을 구하고 국가를 사랑한다는 내가 몇 해 남지 않은 여생을 안락하게 보내기 위하여 사랑하고 소중히 여기는 동포의 지옥행을 앞서서 보고만 있겠는가. …[98]

1948년 4월 19일 아침, 김구 일행이 경교장을 막 출발하려는데 돌발사태가 일어났다. 김구의 북행을 반대하는 학생들이 승용차 앞에 드러누웠다.

"백범 선생님, 정히 가시려면 우리 위로 차를 몰아 가십시오."

김구는 하는 수 없이 차에서 내렸다. 곧장 경교장 2층 베란다로 올라가 그들에게 말했다.

"내가 칠십 평생 잘하나 못하나 독립운동을 해왔다. 이제 마지막으로 독립운동을 하려는데 너희들은 왜 길을 막느냐. 내가 가려는 것은 바로 나라와 여러분들을 위해 가려는 것이다. 내가 가면 공산당에 붙들려서 오지 못할까 염려해서인 줄 안다. 그러나 내가 살면 얼마를 사느냐. 제발 나의 길을 막지 말라."

그럼에도 경교장 뜰에 모인 사람들은 고함을 지르며 막무가내였다.

"주석 선생님, 가시면 안 됩니다."

그날 오후 6시에 남북연석회의가 열린다고 했는데 큰 낭패였다. 여러 궁리 끝에 경교장 뒷담의 판자를 몰래 뜯었다. 그날 오후 김구 일행은 그곳을 통해 경교장을 벗어나 미리 대기해 둔 다른 승용차를 타고 북행길에 올랐다. 이날 김구는 평양 출발에 앞서 성명서를 남겼다.

내가 30년 동안 조국을 그리다가 겨우 이 반쪽에 들어온 지도 벌써 만 2개년 반에 가까워졌다. 그동안에 또다시 안타깝게 그리던 조국의 저 반쪽을 찾아 이제 38선을 넘게 되었다. 가슴속에서 즐거움과 슬픔이 교차하는 만 가지 정서야말로 표현한들 무엇하랴! 나를 사랑하고 아끼는 수많은 동지 동포 중에는 나의 실패를 위하여 과도히 염려하는 분도 있고, 나의 성공을 위하여 또한 과도히 기대를 하는 분도 있다. 그러나 이번 길에 실패가 있다면 그것은 전 민족의 실패일 것이요, 성공이 있다 하여도 그것은 전 민족의 성공일 것이다. …

이번 회담에 방책이 무엇이냐고 묻는 친구들이 많다. 그러나 우리는

미리부터 특별한 방안을 작성하지 않고, 피차 백지로 임하기로 약속
하였다. 왜 그러냐 하면 민주·통일·자주의 통일·독립을 쟁취하는 현
단계의 우리에게는 벌써 원칙과 노선이 명백히 규정되어 있는 까닭이
다. … [99]

'역사적 찰나'

그날 김구의 북행길에 언론인 유중열 씨가 취재기를 남겼다. 또한 그는 영문 '경고(Warning)' 표시가 뚜렷한 38선 말뚝 앞에 서 있는 김구 일행의 '역사적 찰나'라는 특종 사진도 남겼다.

… 여현 38선 경찰지서 앞에 닿은 때가 하오 6시 40분, 자동차는 여기서 비로소 머물렀다. 왼편에 아들 신, 그리고 오른편에 선우진 비서단 두 사람이 수행하는 역사적 38선 길에 오른 김구 씨는 달려간 기자의 출현에 놀란 듯, "아니! 어떻게들 오셨소?" 하며 자못 의아한 기색이다. 그러나 "어서 갑시다! 밤중이라도 빨리 가야지" 38선상의 감상을 묻는 기자에 대한 답변이다. 아침부터 경교장 앞에 모인 군중들 등쌀에 여장을 들고 나올 사이도 없이 손수건 하나 못 가지고 왔다는 것이다. 경찰서에서 형식적인 기록을 한 다음 차는 38선상에 섰다.
"이것이 바로 38선이다."
경계선 일보 직전 3개년 풍상에 글씨조차 흐릿한 고목 앞에서 근엄한 표정으로 김구 씨는 기어코 38선을 넘었다. 때는 하오 6시 45분. 너웃너웃 저물어 가는 황혼 속에 한 발 넘어서면 멀리 바라다보이는 곳이여. 역 정거장 녹슨 철로 위에 오지도 않는 기차를 기다리는 '시그널'의 붉은 등불이 눈물 속에 아롱거린다. … [100]

1948년 4월 19일 평양에 도착한 김구 일행은 이튿날 남북동포에게 성명서를 발표했다.

… 위도로서 38선은 영원히 존재할 것이지만, 조국을 분단하는 외국 군대들의 경계선으로서의 38선은 일각이라도 존속시킬 수 없는 것이다. 38선 때문에 우리에게 통일과 독립이 없고 자주와 민주도 없다. 어찌 그뿐이랴. 대중의 기아가 있고, 가정의 이산이 있고, 동족상잔까지 있게 되는 것이다. …

나는 이번에 꿈에도 그리던 이북의 땅을 밟았다. 내 고향의 부모 형제 자매를 만날 수 있게 된 것을 생각하면 미칠 듯이 기쁘다. 그러나 그보다도 우리들이 민주 자주의 통일 독립국가를 건설하기 위하여 의견을 교환할 수 있는 기회를 얻은 것을 기뻐한다. 조국은 분열에, 동포는 멸망에 직면한 이 위기에 우리의 이 모임은 자못 심장한 의의가 있으며, 우리의 임무도 중대하다. … [101]

김구·김규식 등의 남측 인사들과 김일성·김두봉 등의 북측 인사들이 수일간의 협상 끝에 1948년 4월 30일 남북조선 제정당사회단체 공동성명서에 합의하여 다음과 같이 4개항의 공동성명서를 발표했다.

1. 소련이 제의한 바와 같이 우리 강토에서 외국 군대가 즉시 철수하는 것은 우리 조국에서 조성된 곤란한 상태 하에서 조선 문제를 해결하는 가장 정당하고 유일한 방법이다. 미국은 이 정당한 제의를 수락하고 자기 군대를 남조선에서 철수시킴으로써 조선 독립을 실지로 원조하지 않으면 안 된다. 일제가 우리 조국에서 쫓겨난 이후 우리 조선 인민은 자력으로 외국의 간섭 없이 우리 문제를 우리 민족의 힘으로

능히 해결할 수 있을 만큼 성장하였으며, 우리 조국에는 이것을 해결하기에 충분한 간부들이 다수 있다.

2. 남북정당사회단체 지도자들은 우리 강토에서 외국 군대가 철수한 이후 내전이 발생할 수 없다는 것을 확인하며, 또한 통일에 대한 조선 인민의 열망에 배치하는 여하한 무질서의 발생도 허용하지 않을 것이다. 남북정당사회단체들 간에 성취된 확약은 우리 조국의 완전한 질서를 확보하는 튼튼한 담보이다.

3. 외국 군대가 철수한 이후 남북 제정당단체들은 공동명의로써 전조선정치회의를 소집하여, 조선 인민의 각층각계를 대표하는 민주주의 임시정부가 즉시 수립될 것이며, 국가의 모든 정당과 정치·경제·문화 생활의 모든 책임을 갖게 될 것이다. 이 정부는 그 첫 과업으로 일반적 직접적 평등적 비밀투표로써 통일적 조선 입법기관을 선거할 것이며, 선출된 입법기관은 조선헌법을 제정하여 통일적 민주정부를 수립해야 할 것이다.

4. 위의 사실에 의거하여 본 성명서에 서명한 제정당사회단체들은 남조선 단독선거의 결과를 결코 승인하지 않을 것이다. 또 이러한 선거로써 수립되는 단독정부를 결코 인정하지 않으며 지지하지 않을 것이다.[102]

김구 일행은 보름간의 북한 체재를 마치고 1948년 5월 4일 남행했다. 하지만 공동성명의 합의문은 끝내 지켜지지 않은 채 한갓 역사의 장식물로만 남게 되었다.

그가 디딘 발자국

1948년 5월 10일, 김구 진영과 중도파·좌파 들이 불참한 채 국회의원을 뽑는 총선거가 실시되었다. 5월 31일에는 최초의 국회가 열려 헌법안을 만들어 그해 7월 17일에 헌법을 공포하였다. 7월 20일, 국회에서 초대 대통령에 이승만을 선출하여 조각에 착수, 마침내 1948년 8월 15일 대한민국 정부를 수립하였다.

1948년 8월 25일, 북한에서도 조선 최고인민회의 대의원 선거를 실시한 뒤 9월 9일 김일성을 수상으로 하는 조선민주주의인민공화국을 탄생시켰다. 1948년 12월에는 소련군이, 1949년 6월에는 미군이 한반도에서 철수하였다. 마침내 한반도에는 두 개의 정부가 들어섰다. 남북 두 정부는 서로 상대를 '북한 괴뢰' '미제 앞잡이'로 비난하면서 통일을 위해서는 전쟁도 불사하려는 적대국으로 변했다.

1948년 4월 제주도에서는 5·10 총선거 앞두고 단독선거 반대투쟁이 벌어졌다. 후일 '4·3사건'으로 일컬어진 이 반대투쟁을 진압하고자 정부는 군인들에게 제주도로 출동명령을 내렸다. 하지만 이들 군인들이 여수에서 강제 진압에 반대하는 이른바 '여수·순천사건'을 일으켰다. 이 사건이 수습되고 군인들이 제주도로 출동하여 그해 11월부터 이듬해 4월까지 제주도 169개 마을 가운데 130개 마을이 불타고, 제주도민의 일할 정도인 약 3만에 이르는 주민들이 희생되었다. 신생 대한민국은 제주 4·3사건, 여수·순천사건 등으로 '친공이냐, 반공이냐'라는 흑백논리가 사회 전체에 휘몰아쳤다.

대한민국정부 수립 이후 김구는 현실 정치에서 한발 물러나 남한 곳곳을 순시하며 옛 동지들을 찾기도 하고, 선열 묘소에 참배했다. 김구는 가는 곳마다 지역 백성들로부터 열렬한 환영을 받았고, 대부분 지역에서는 김구에게 강연을 요청해 왔다. 그때마다 김구는 그 지역과 당신의 인연을 말씀하시곤 했다.

1948년 연말에 이르자 경교장에는 정치인들의 발걸음이 더욱 뜸해졌다. 김구는 서예로 소일하면서 지냈는데 특히 조선 후기 문인 이양연(李亮淵)의 오언절구를 즐겨 썼다.

눈 덮인 들판을 걸어갈 때(踏雪野中去)
함부로 어지럽게 걷지 말지어다(不須胡亂行)
오늘 내가 디딘 발자국은(今日我行跡)
언젠가 뒷사람의 길이 되나리(遂作後人程)

이 무렵 김구는 곧 다가올 죽음을 앞두고 당신의 생애를 스스로 정리하면서 이 시를 썼으리라 짐작된다.

이런 가운데 김구는 1949년 6월 26일 한낮, 육군 포병 소위 안두희가 쏜 권총 네 발로 일흔넷의 파란 많은 생애를 마감했다.

백범 선생 떠나시던 날

2004. 2. 27. 금

워싱턴에도 봄기운이 완연하다. 이번 주는 매우 바쁘게 보냈다. 조사반원들은 2층 문서열람실에서 미육군 정보문서(RG 319, Army-Intelligence Documents File)를 뒤지느라고 숨 가쁘게 보낸 한 주였다.

오늘도 나는 5층 사진자료실에서 한국전쟁 사진을 수집하고 있는데, 2층 문서자료실에서 조사반원 주태상 씨가 미육군 정보파일을 열람하던 중

김구 선생의 사진을 발견하였다고 연락이 왔다. 나는 하던 일을 멈추고 2층으로 내려가자 서류상자 안에 백범 장례식 날 스냅 사진 5장이 갈무리돼 있었다. 백범 선생의 장례는 서해 열흘 후인 1949년 7월 5일 국민장으로 엄숙히 거행되었다. 이 사진은 백범 선생의 운구가 소공동 한국은행 본점 앞을 지날 때 미육군 정보팀에서 촬영하여 본국에 보낸 것으로 기록돼 있었다.

1949년 6월 26일, 김구 선생이 서거하자 '고 백범김구선생국민장위원회'가 조직되어 장례를 국민장으로 결정했다. 장례위원장에는 오세창[103] 선생이, 부위원장에는 김규식 박사와 조완구 선생이, 그리고 정부 측에서는 이범석 국무총리가 선임되었다. 장례는 10일장으로, 효창원 서쪽 기슭에 안장하기로 했다.

1949년 7월 5일 하오 2시 30분, 서울운동장에서 선생의 서거를 슬퍼하는 백성들의 통곡 속에 영결식이 거행되었다. 유림[104] 선생의 약력 보고에 이어 남녀학생 연합합창단의 조가가 있었다.

이날 서울 장안의 모든 집에는 조기가 게양되었고, 중국인촌 수표동에도 조기로 덮였으며, 남대문·동대문 상가도 모두 철시했다. 하오 6시 30분, 마침내 효창원에서 김구 선생의 하관이 엄숙히 거행되었다.

아키비스트 보이런이 NARA의 서고를 안내하고 있다. 왼쪽부터 보이런, 이도영, 권중희, 이선옥, 이재수 씨. 2004. 2.

11. 국립문서기록관리청

> 비록 우리 '김구 리서치 팀'은 백범 암살배후 세력의 단서를 찾는 데는 실패했다. 하지만 적어도 한국에서 왜곡되고 감추어진 현대사를 재조명하여 바로잡을 수 있는 1차 사료가 이곳 미 국립문서기록관리청에 보관되어 있다는 것만은 분명히 확인할 수 있었다. - 2004. 3. 10. Kim Koo Research 팀장 이선옥

미국에서 맞은 3·1절

2004. 3. 1. 월

새로운 한 주가 시작되는 월요일이고 날씨도 풀려 옷을 가볍게 차려입고 NARA로 향했다. 오늘도 권중희 씨는 조사반원들과 2층으로 가고, 나는 박유종 씨와 함께 5층 사진자료실에서 사진을 수집했다.

오늘 저녁은 메릴랜드 주 한인회에서 3·1절 기념식이 있다고 초청을 받았다. 오후 5시에 NARA에서 일을 끝내고 이재수 씨의 안내로 주태상·박유종·권중희 씨 등 넷이 행사장인 빌립보 교회로 갔다. 메릴랜드 주 한인회에서 교회 교육관에다 아담한 3·1절 기념식장을 만들었다.

오후 7시 30분, 40여 명의 메릴랜드 주 동포들이 모인 가운데 3·1절 기념식이 열렸다. 대통령 경축사(김철만 한인회 부회장 대독)에 이어, 김혜일 한인회장의 기념사, 신필영 재미동포협의회 의장의 축사, 이재수 재미동포협의회 사무국장의 독립선언서 낭독, 소프라노 김정자 씨의 선창으로 3·1절의 노래를 부르는 등, 감동적인 3·1절 기념식이었다.

2004. 3. 3. 수

"세월은 흐르는 물과 같다"고 하더니, 이곳에 온 지 벌써 한 달이 지났다. 전 일정 중에 삼분의 이가 지난 셈이다. 조사반원들은 연일 강행군이

다. 그분들의 열정에 새삼 고개가 숙여진다. 이 일을 처음 시작할 때 미국에 있는 동포들 중, 여러분이 자원봉사하겠다고 나섰으나 거리나 시간으로 잘 맞지 않아서 몇 분만 지속적으로 도와주고 있다. 그분들의 단면을 소개한다.

이선옥(28) 씨, 이번 김구 리서치 팀 팀장이다. 충북 옥천 출신으로 전공은 서양사다. 한국 현대사에 늘 부족함을 느끼던 차, 이번 조사활동이 그것을 메울 수 있는 계기가 되었다고 한다. 이번 기회에 만난 조사반원들이 훌륭한 분들이라서 조사활동이 피로는 하지만 자긍심을 느낀다고 말했다.

박유종(64) 씨, 임시정부 박은식 대통령의 손자다. 1970년 공부를 하기 위해 미국으로 건너왔다. 미국 철도회사에서 근무하다가 지금은 은퇴하여 부인과 함께 조용히 노후를 보내고 있다. 백범 선생과는 선대부터 친가 외가 모두 깊은 인연으로, 백범 선생에게 많은 신세도 졌다고 한다. 이번 일에 선대의 은혜를 조금이나마 갚는다는 마음으로 흔쾌히 참여하여 열정적으로 도와주고 있다.

주태상(33) 씨, 서울 대방동에서 살다가 1995년 군에서 제대 후 미국 버지니아 리버티 대학에서 경영정보학을 공부했다. 우리 일행이 미국에 온다는 보도를 보고 뭔가 돕고자 문을 두드렸다고 했다. 조사활동뿐 아니라 영어와 미국 생활에 서툰 두 노인을 전천후로 돕고 있다.

정희수(36) 씨, 서울에서 고교를 졸업한 후 가족과 함께 1987년에 미국으로 이민을 왔다. 현재 조지 메이슨 대학에서 정치학을 공부하고 있으며 틈틈이 '우리 문화 나눔터'에서 자원봉사를 하고 있다. 평소 한국의 현대사를 좀더 깊이 알고 싶던 차에 이재수 선배의 권유로 조사반에 참여했다. NARA 문서를 들추면서 느낀 점은 지금의 한반도를 에워싼 정세가 100년 전과 너무나 비슷하다고 했다.

권헌열(40) 씨, 조지 메이슨 대학에서 환경정책 박사과정을 공부하고 있다. 일찍부터 백범 선생 암살배후 진상을 밝히는 데 관심을 가지고 나에게 많은 조언을 해주었다. 그의 조언대로 지금 김구 팀이 움직이고 있는 브레인이다. 당신의 학업으로 주 1~2일 정도밖에 시간을 내지 못해 늘 미안해한다. 박학다식하며 냉철한 분석력과 판단력이 뛰어나다. 부인과 두 아들을 둔 단란한 가정을 이루고 있다. 부인이 이따금 북어국·육개장이나 밑반찬을 우리 숙소로 보내 주고 있다.

이분들 외에도 이도영 박사는 이번 일이 이루어지도록 물꼬를 터 주신 분이고, 이재수·김만식·서혁교·허용 씨 등이 우리 일행을 돕고 있으며, 그밖에도 수많은 동포들이 직간접으로 성원해 주고 있다.

낯설고 물선 머나 먼 미국 땅에서 영어도 모르는 두 사람이 미 국립문서기록관리청에서 백범 암살 진상규명 문서를 찾는 일은 불가능한 일이었다. 그런데 여러 동포들의 헌신적인 도움으로 그 불가능한 일이 기적처럼 이루어지고 있다.

오늘 이선옥 팀장이 미육군성 1군사령부 자료상자에서 '김구의 암살에 관련된 배경자료(Kim Koo; Background Information Concerning Assassination)'를 발굴하여 우리 모두를 흥분시켰다.

미육군성(War Department) 1군사령부 1949년 6월 29일
제목 : 김구의 암살에 관련된 배경자료
정보평가 ; "A"- of Source Reliable 2 of Information
정보요약 ; CIC 요원으로 한국에서 근무하는 동안 공작의 매개체로 한국인들을 접촉했다. 그 가운데서 흥미 있는 그리고 반정부적인 사

람은 한국 이름으로 '염동진(Lyum Tong Chin)', 한국에서는 '장님 장군(Blind General)', 이 사람은 중국 공산당의 정보기관에서 고문으로 장님이 되었는데 당시 그의 강력한 적이자 같은 한국사람의 배신에 의해 그들의 손에 넘겨지게 된 것이다. …

염은 규모나 구성을 어림짐작할 수밖에 없는 조직의 두목이다. 그는 자신의 노출을 최소화하고 그의 추종자들의 구성을 최소화하는 것을 원칙으로 삼았다. 사실 그는 고용살인자, 암살자. 그리고 국수주의자 등으로 구성된 조직의 두목으로 특권을 광범위한 사람들로부터 용인받았다. 염은 이미 보고된 바와 같이 여러 가지 흥미 있는 첩보사항들을 나에게 알려줬으며, 또한 아직 입증이 안 되거나 민감하기 때문에 보고 할 수 없는, 또 다른 많은 첩보 사항들을 나에게 알려줬다.

그는 공산주의에 반대하는 지하조직을 창설했는데 그 성격은 파시스트적인 것이다. 대부분 그의 추종자는 김구 추종자이기도 하다. 이 지하조직은 남한과 북한, 만주 그리고 전 중국에 퍼져 있다. 이번 사건에서 볼 때 어느 정도까지 염의 작전이 실행되었는지 그리고 어느 정도까지 그의 지휘통제가 가능했는지 알려지지 않았다. 이 지하조직의 주요 목표는 공산주의자와 반정부 정치인의 암살이다. 이 조직은 한국의 각 분야의 인물들을 망라하고 있는데 군인·해안경비대·세관원·경찰·소방관·각급 공무원·정치인·상공인·밀수범·농부·평범한 시민 등 상당수의 조직원들은 한국 좌우익을 망라한 한국청년조직(Korean Youth Organizations)의 요원들이기도 했다.

그 조직 안에는 혁명그룹(Revolutionary Group)이라고 불리는 '특공대(Special Attack Corps)'가 있었다. 이 그룹은 한 분대에 4명씩 편성된 5

개 분대가 있다. 각 분대의 요원들은, 한국의 국수주의나 민주정부의 재탄생에 방해가 되는 사람을 살해하도록 명령을 받았을 때 애국자로서 죽는다는 '피의 선서(Blood Oath)'를 했다. 젊은 한국인 안두희(Ahn Tok Hi)는 이 지하조직의 조직원으로 혁명그룹의 조직원이며, 1분대 요원이었다. 나는 그를 정보원으로 알았으며 나중에는 CIC 한국 요원이 되었다. 그 역시 암살을 하겠다는 피의 선서를 했으며, 염동진에 의해서 암살명령을 받았다. 비록 확인되거나 부인하는 보고서는 없지만, 한국의 두 유력 정치인인 장덕수와 여운형의 암살범은 이 지하조직의 요원으로 알려져 있다. …
작성자 : CIC 광주지역 사무실 AP0235 작성일 1948년 11월 11일

이선옥 팀장의 번역을 다 들은 권중희 씨는 이 문서는 이미 정병준 박사가 발굴하여 『말』지 2000년 10월호에 "안두희는 미군 방첩대 요원이자 백의사 자살특공대원"이라는 글로 발표한 바가 있다고 하여, 애초의 흥분을 반감시켰다. 아무튼 안두희가 미군 CIC 요원이었다는 사실과 백의사 자살특공대원이었다는 사실을 확인할 수 있는 문서라는 점에 의의가 있었다.

지난 3월 1일 EBS에서 '마지막 추적자'라는 프로그램이 낮과 밤 두 차례나 방영된 모양이다. 김봉렬 PD가 우리와 함께 머물면서 만들었는데 많은 사람들이 메일함과 내 기사 댓글로 잘 보았다는 인사와 함께 이미 폐쇄한 권 선생의 통장으로 성금을 보내주었다.

워싱턴에 씨앗을 심다
2004. 3. 4. 목
날마다 조사반원들은 문서상자를 쌓아 두고 서류더미 속에 묻혀 산다.

서류를 들춰 본다는 것이 여간 피로한 게 아니다. 퇴근할 때 조사반원을 만나면 눈이 새빨갛게 충혈되어 미안한 마음 금할 수 없다.

저녁에 미주동포전국협의회(NAKA)에서 열리는 한반도 평화와 통일을 위한 모임에 참석했다. 초청 연사는 미국 상원의원 조셉 바이든의 보좌관이자 한반도 전문위원인 프랭크 자누치라고 했다. 그는 미국 의회 내에 몇 안 되는 한반도 전문가라고 한다.

지난 1월에 미 의회민간조사단으로 북한을 다녀온 그는 오늘 간담회에서 그때 방북한 얘기와 2차 6자회담 결과 분석, 북핵문제 그리고 앞으로 한반도에 대한 통일전망 등에 대해 참석자와 진지한 대화를 나누었다. 세 시간 동안 열띤 간담회가 진행되었지만 나는 유감스럽게 알아듣지 못하고 NAKA 총무 서혁교 씨가 필담으로 중계해 주는 내용으로 무슨 말이 오가는지 짐작했다. 아무튼 해외에 사는 동포들이 조국의 평화와 통일을 위해 여러 각도에서 노력하고 있는 현장을 봐서 마음이 흐뭇했다.

며칠 전에는 내가 연재중인 한 잡지(『전원생활』)에 신고자 소설 『상록수』의 작가 심훈 선생 아드님 심재호 씨를 인터뷰하면서 큰 감동을 받은 바 있었다. 그분은 1987년부터 1993년까지 북한을 20차례 가까이 오가면서 일천여 명의 남북이산가족들이 만나거나 생사 여부의 소식을 전하는 일을 하셨다고 했다. 나는 이번 미국 방문에서 해외에 사는 동포들이 국내에 사는 통일운동가 못지않게, 아니 더 적극적으로 한반도의 평화와 통일에 주춧돌이 되거나, 언 땅에다 통일의 씨앗을 뿌리는 선구자 역할을 하고 있음을 알게 되었다.

2004. 3. 5. 금

NARA로 출근하는 마지막 날이다. 우리는 다음주 12일까지 워싱턴에 머물지만 조사반원들이 그동안 복사해 둔 서류를 꼼꼼히 읽고, 평가분석 및 보고서를 쓰려면 며칠의 시간이 필요하다고 하여 NARA에서 문서를 찾는 일은 오늘로 마무리하기로 했다.

오늘은 그동안 수고해 준 자원봉사자가 모두 다 왔다. 점심을 나누면서 그동안의 일에 대한 자체평가와 남은 일정에 대한 얘기하고 NARA를 떠났다.

2004. 3. 7. 일

워싱턴에서 보내는 마지막 주말이다. 우리가 묵고 있는 숙소는 외진 곳에 있는 비교적 값이 싼 모텔이다. 시내버스나 지하철을 타고 어디에도 갈 수 없는 교통의 사각지대이기도 하다. 어제는 비가 내려 하루 종일 객실에서 보냈다. 오늘도 별 수 없이 숙소 일대를 맴돌아야 할 판이다.

오전에 볼티모어에 사는 김인철(45) 씨라는 동포가 숙소로 찾아왔다. 현지 신문으로 우리가 이곳에 묵고 있는 숙소를 알고 수소문해서 찾아왔다고 했다. 이런저런 이민생활의 애환을 들려준 뒤 200불이 든 봉투를 내 손에 꼭 쥐어 주고 떠났다.

2004. 3. 8. 월

이곳에 와서 두 번째 이삿짐을 꾸렸다. 이제 NARA로 출근하지 않기에 굳이 외진 곳에 있기보다는 이웃에 동포들이 많이 사는 미주동포전국협의회 사무실에서 지내라는 이재수 씨의 배려였다. 게다가 숙박료까지 아낄 수 있어 더욱 좋았다. 지난번 이사 날에는 진눈개비가 내리더니 오늘은 이른 아침부터 주룩주룩 비가 내렸다. 오늘도 주태상 씨가 와서 이사를 도와주었다.

11:00, 그동안 지내던 숙소에서 체크아웃을 하고, 승용차에다 짐을 실은 뒤 버지니아 주 페어팩스에 있는 NAKA 사무실로 달렸다. 그대로 고국에 가고 싶었다. 차장을 두들기는 빗줄기는 더욱 향수를 북돋았다. 사무실에 도착하자 이재수·정희수·이선옥·권헌열 씨 그리고 잠시 후에는 서혁교 씨까지 일부러 찾아왔다. 그들을 만나자 울적했던 마음이 금세 사라졌다.

2004. 3. 10. 수

오후 5시부터 마무리 평가회 및 송별회가 NAKA 사무실에서 있었다. 그동안 수고했던 자원봉사자들이 모두 참석했다. 그밖에 우리가 워싱턴에 머무는 동안 돌보아 준 이재수 씨 내외, 김만식·서혁교·전재헌·정희수 씨 부인과 처형, 그리고 현지 언론인 이종국·박성균·김재순·김옥채 씨 등이 참석하여 진지하고도 즐거운 시간을 보냈다. 조사반원들은 5권의 자료철과 보고서를 만들었다.

한 동포가 이곳에다 씨앗 한 알을 하나 심고 가라고 긴급 발의하자 참석자 전원이 모두 찬동하여 가칭 '백범을 사랑하는 모임'을 조직했다. 대표로 박유종 씨를 추대하였고, 공동간사는 김만식·이선옥 씨가 맡았다. 이 모임은 이후 백범 암살배후 진상에 관한 자료뿐 아니라, 굴절된 우리나라 현대사를 밝히는데도 힘쓰겠다고 했다. 현지 언론인까지 흔쾌히 참여하면서 발기 기금까지 현장에서 모았다. 아무튼 워싱턴에 뿌린 이 씨앗이 무럭무럭 자라기를 빈다.

2004. 3. 12. 금

워싱턴을 떠나는 날이다. 모두들 바쁜데도 자원봉사자들이 모두 왔다. 강의 때문에 못 온다고 하였던 권헌열 씨가 아들까지 데리고 공항으로 나왔다. 모두들 그동안 열심히 일했기에 더욱 만남이 소중했고, 또 작별이 아쉬운가 보다. 낯설고 물선 미지의 땅에서 귀머거리 말더듬이가 42일 동안 큰 불편 없이 조사활동을 마치고 돌아갈 수 있는 것은 오로지 동포들의 보살핌 때문이었다.

그들의 환송을 받으며 LA행 UA 193편에 올랐다. 낮 12시 30분에 이륙한 비행기는 정확하게 2시 58분에 LA 공항에 닿았다. 두 지역 시차가 세 시간이기에 5시간 28분의 긴 비행이었다.

워싱턴과는 달리 LA는 초여름 날씨였다. 옷을 가볍게 입었는데도 진땀이 났다. 대합실에 이르자 우리를 초대한 동포 노길남·이용식 씨, 그리고 현지 언론인이 손을 흔들며 카메라 플래시를 터뜨렸다. 입국 때 잠시 머문 곳이라 낯설지 않았다. 공항 대합실에서 간단한 기자회견을 마치고 이용식 씨의 승용차에 올랐다.

숙소로 가는 길에 노길남 씨가 상하이 임시정부에서 김구 선생을 끝까지 모셨던 정명(84) 씨가 병원에 요양중이라는 얘기를 듣고 한 재활병원(Alcott)으로 갔다. 정 씨는 하반신이 불편해 요양중이지만 아직도 정신은 맑으셨다. 돌아가시기 전에 늘 한 번 보고 싶었던 권중희 씨를 오늘에야 만났다고 하면서 반가움에 두 분이 손을 잡고 눈시울을 적셨다.

우리 숙소는 할리우드가 가까운 메트로폴리탄 호텔이었다. 권중희 씨가 좀 허름한 숙소로 가겠다고 간청하자 숙박비는 염려마시고 그동안의 피로를 푹 풀고 귀국하라고 노길남 씨가 활짝 웃으며 답했다. 내가 짐을 풀자 그새 오산학교 제자 진천규·박정헌 씨 그리고 이대부고 제자 전영록 씨에게서 전화가 왔다. 박 군은 내일, 이대부고 제자들은 모레 만나기로 했고, 진천규 군은 곧장 숙소로 달려왔다. 밤에 LA의 한 한식집에서 우리 일행을 환영하는 저녁 모임이 있었다.

로스앤젤레스
2004. 3. 14. 일

이대부고 21기 졸업생 강영수 씨가 숙소 문을 두드렸다. 그의 승용차를 타고 한 한식점으로 가자 전영록·김재훈·정종옥 씨가 반갑게 맞았다. 곧 동료였던 김순세 선생님이 옛 모습 그대로 나타났다.

우리는 밥 먹는 일보다 25년 전의 학교 이야기가 주 메뉴였다. 식사 후에도 헤어지기가 섭섭한 듯 굳이 나를 산타모니카 바닷가로 안내한 뒤 못 다한 얘기를 나누었다. 동창들 중 누가 누구를 좋아했던 이야기, 커플 동창 이야기, 모교 선생님 추억담이 파도 소리와 화음을 이루었다. 그들은 나를 통해서 고국과 모교의 향수에 흠뻑 취했다.

헤어질 때 그들은 굳이 내게 200불이 든 봉투를 여비에 보태 쓰라고 전했다. 그들과 나는 언제 다시 만날지 모르는 이별이라 악수만으로 부족하여 깊은 포옹을 했다. 내가 떠나오면서 뒤돌아보자 내가 사라질 때까지 주차장에서 두 손을 높이 흔들고 있었다.

늦은 밤, 강영수 군은 나를 숙소까지 태워다 주면서 미국에 흩어져 있는 안두희 가족들의 근황을 전했다. 그들은 국내에서 안두희 사건이 터질 때마다 이사를 하거나 직업을 바꾸는 등 여론의 추적을 피하며 살고 있다고 했다.

"이 문명사회에 아버지 일로 자식들까지 피해를 받는 건 좀 그렇지요."

그는 미국 곳곳에 있는 여러 친구들의 안부를 일일이 다 전하면서도 굳이 그들의 동기요, 내가 담임까지 했던 안두희의 조카 안 아무개만의 안부는 전하지 않았고, 나 역시 그의 안부를 묻지 않았다.

늦은 밤 숙소 앞에서 강영수 군과 깊은 포옹을 하고, 그는 내가 엘리베이터에 오른 뒤 떠나겠다고 하여 하는 수 없이 그의 청을 따랐다. 마침 내가 탄 엘리베이터는 투명유리이기에 그의 승용차가 사라지는 모습을 볼 수 있었다. 나는 해외에 사는 제자들을 위해 고개를 숙이며 눈을 감았다. 나는 그날 밤 이내 잠을 이룰 수 없었다. 유난히 똑똑했던 제자 안 아무개의 얼굴이 떠올랐기 때문이다.

미국 국립문서기록관리청 조사를 마치며

우리(권중희, 필자)는 2004년 1월 31일, 미국에 사는 동포들만 믿고 비행기에 올랐다. 곧 재미 유학생과 동포로 'Kim Koo Research Team'을 구성하여 본격적으로 각종 문서와 자료를 열람했다.

조사반원들은 매일 아침 NARA에 출근하여 팀장 이선옥 씨의 작업 지시에 따라 두세 개 파트로 나눠서 문서나 사진을 열람하거나 마이크로 필름을 보면서 '김구' 자만 나오면 복사했다. 퇴근 후에는 늦은 밤까지 이 문서를 번역했다.

매일 점심시간에는 아카이브 카페에서 함께 모여 식사를 하면서 토론하는 시간으로 활용했다. 아무래도 우리 조사팀이 전문성이 부족한 듯하여 KISON 연구소의 이흥한 박사를 찾아가서 효과적인 검색기술 지도도 받았다. 일주일 정도 지나자 조사원들은 전문가 못지않게 자료를 검색할 수 있었다.

하지만 가장 안타까운 것은 어떤 실마리를 찾았을 때, 곧바로 암초에 걸린다는 점이었다. 예를 들면, "김구와 이승만이 언쟁이 있었다"라는 문서를 간신히 찾아 긴장해 다음 내용을 찾으면 국무성이나 CIA 같은 곳에서 수거해 갔거나, 'DESTROYED(파기)' 되었다고 나왔다.

그곳에서 오랫동안 문서 열람을 한 전문가의 얘기를 빌리면, 이들 기관에서 수거된 문서를 문서공개법에 따라 신청하면 보통 1–2년이 걸리고, 배달된 문서를 받아 보면 중요부분은 검정색으로 뒤덮여서 도저히 읽을 수 없다고 하니, 우리는 가는 곳마다 벽이 가로 막혀 있는 꼴이었다.

이런 악조건 속에서도 조사반원은 주어진 여건에 최선을 다했다. 우리 조사반원들은 언제 통보 받을지는 모르지만 문서공개 신청서를 만들어 NARA에 제출했다.

현지 동포와 유학생들의 열정과 노고는 눈물겨웠다. 2004년 3월 5일 NARA에서 조사활동을 마무리하고 이제까지 모은 자료를 평가분석하는 시간을 가졌다. 2월 2일부터 3월 10일까지 37일간 1일 평균 7명의 인원(연인원 189명, 공휴 제외)이 검색한 자료는 19,600여 건에 달했다. 3월 10일 종합평가를 거친 후 나름의 보고서를 만들었다.

…

(다음 글은 조사반 팀장 이선옥 씨의 보고서입니다. 뒷날 다음 조사자를 위하여 여기에 올립니다.)

[조사보고서]

한 밀알이 되기를

NARA(미국 국립문서기록관리청)에서 문서찾기 작업을 마치며

1. 기간 : 2004. 1. 31. ~ 2004. 3. 17. (47일)

2. 조사 장소 : 미국 국립문서기록관리청

3. 조사반 : 지도, 이도영(재미 사학자)

팀장, 이선옥(재미 유학생)

반원, 박유종(재미동포) 권헌열(재미 유학생) 정희수(재미동포) 주태상(재미동포)

지원, 이재수 김만식 서혁교(재미동포)

"한국의 왜곡된 역사를 바로잡고 묻혀 버린 역사의 진실을 바로 찾는 작업에 동참함으로써 제가 꿈꿔 온 행동하는 지식인상에 한 발짝 다가서고 싶었습니다."

이러한 취지의 자기소개서를 오마이뉴스 편집부에 보낸 것이 바로 엊그제 일인 것 같다. 그 작업 속에서 작업 팀원들과 함께 느끼고 경험했던 즐거움과 슬픔, 희망과 좌절 등은 거의 한달 반이라는 시간을 너무도 짧게 만들어 버렸다.

그러한 경험들을 고스란히 이곳에 옮겨 놓아 더 많은 분들과 공유하고 싶으나, 본 보고서에서는 작업팀이 열람한 자료들을 정리하고 그동안의 작업 활동을 간략하게 언급하는 데 중점을 두고자 한다. 또한 열람자료 중, 주요 문서들은 정리하여 별첨 형식으로 첨부하였다.

2004년 2월 5일 조사반원이 결성되고 NARA(미 국립문서기록관리청)에서 본격적인 작업이 시작된 첫날, 우리가 맨 먼저 찾은 사람은 아키비스트 리차드 보이런 씨였다. 한정된 시간과 인력으로 최대한의 효과를 얻기 위해서는 우리가 찾아야 할 문서가 무엇인지, 그리고 무엇을 먼저 찾아봐야 하는지에 대한 상담은 절대적이었다. 자칫 아키비스트의 역할과 중요성을 과소평가한다면 그 방대한 자료와 문서더미에 묻혀 방향을 잃고 소정의 목적을 효과적으로 달성할 수 있는 기회를 놓치게 된다.

그는 우선 RG(Record Group) 319인 군부 문서철과 RG 59인 국무성 문서철을 먼저 찾아볼 것을 제안하였다. 특히 RG 319 문서철 중에서 정보를 다루고 있는 G-2 문서들을 볼 것을 권장하였다. 일반적으로 미육군 편제에서 일반 참모부는 주로 G-1(인사, 서무), G-2(정보), G-3(작전), G-4(병참)의 네 부서로 구성된다. 그중에서 G-2는 첩보 수집, 정보 분석 등의 업무를 담당하였다. 또한 우리는 작업 첫날 미국 국립문서기록관리청 4층에 있는 마이크로필름 자료실에서 한국 관련자료들을 찾았다. 따라서 작업을 두 파트로 나누어야 했다. 다시 말해, 마이크로필름실에서 찾은 한국 관련 필름 중에서 김구 관련문서들을 찾아 선별하는 작업이 4층 필름실에서 이뤄졌다. 그리고 2층 연구 자료실에서는 아키비스트의 조언에 기초한 한국 관련문서들을 신청하는 작업이 진행되었다.

우리 팀이 2월 5일 작업 첫날부터 2월 13일까지 4층에서 열람한 마이크로필름은 1945년부터 1949년까지의 한국 국내문제 관련 미 국무성 문서(Records of the U.S. Department of State Relating to the Internal Affairs of Korea 1945-1949)였다. Reel No.1에서부터 Reel No. 12까지 총 12개의 필름으로 구성되어 있다.

이 자료에서는 한국이 일본으로부터 해방된 직후 미국의 한국 점령과 더불어 실시되는 약 3년(1945~1948)간의 주한미군사령부 문서들을 주로 다루고 있었다.

한국의 국내 상황을 총괄적으로 미 국무성에 보고하는 미군 G-2문서들뿐만 아니라, 대한민국정부 수립 이후부터 한국전쟁(1950) 발발 이

전까지 한국 정치 및 경제, 사회의 상황 등을 미 국무성으로 보고한 주한 미 대사관발(發) 다수 전문들을 살펴볼 수 있었다.

대한민국정부 수립 이후 한국 정치사의 격동기를 연구할 수 있는 좋은 사료로 보였다. 하지만 김구 암살배후 세력을 찾을 수 있는 단서가 될 만한 문서는 나오지 않았다. 정황의 가치상으로 또는 시기적으로 볼 때, 조금이라도 중요하다고 사료되는 관련 문서들은 '비공개문서(Access Restricted)'라는 문구가 적혀 있었다. 그러나 당시 김구 암살의 정황과 김구 선생의 정치활동을 알 수 있는 몇몇의 문서들은 비교적 쉽게 찾을 수 있었다.

이밖에도 미 국무성 특별 기밀파일(Confidential US State Department Special File: Northeast Asia, 1943-1956)을 훑어보았으나 김구 관련자료는 거의 나오지 않았다.

또한 1950년부터 1952년까지의 한국전쟁 관련 미 국무성 자료 (Records of the U.S. Department of State Relating to Korean War 1950-1952)도 찾을 수 있었다. 그러나 이 자료는 우리의 작업 범위를 벗어난다는 판단하에 일단 열람을 보류하였다.

2004년 2월 17일(화)부터는 4층 마이크로필름실 작업을 마감하고 2층 자료실에서 본격적인 문서찾기 작업에 착수했다. 먼저 우리들이 신청한 자료들은 RG 319 (Records of Army Staff) 내의 1943년부터 1959년까지의 일급기밀 정보문서(Formerly Top Secret Intelligence Document, 1943-1959(Special Distribution[SD]and Top Secret[TSC])로 총 258 박스였다.

평균 세 명이 모여 박스 하나하나씩을 훑어나갔다. 이 자료에는 제2차 세계대전중 독일·이탈리아·터키·일본과의 선생 관련문서와 제2차 세계대전 종결 이후, 미국·소련·영국·프랑스 등을 위시한 연합국의 점령지에 대한 분석 및 점령 정책을 다루고 있는 문서들이 발견되었다. 또한 소련의 공산주의 확산, 동유럽과 아시아의 점령지, 더 나아가 중동지역에까지 확산되는 소련의 위성국 수립에 예의 주시하는 미국과 영국의 다수 정보 문서들을 발견할 수 있었다.

그 가운데 드문드문 연합군과 일본과의 전쟁, 그리고 전후, 소련과 미국의 아시아 점령지 정책을 망라하는 문서들이 나왔다. 특히 'Intelligence Research Project' 혹은 'Daily Intelligence Briefing'이라는 문서 등에서 간혹 한국 관련 내용이 등장하였다. 그러나 그중에서 김구 관련 문서를 찾기란 거의 요원해 보였다.

작업 종료를 2주 앞둔 2월 23일 월요일, 그동안의 작업과정에서 경험한 몇 차례의 좌절과 어려움을 뒤로하고 다시 문서 찾는 작업에 열을 올렸다. 우리가 두드린 문은 바로 RG 319 내의 1944년부터 1951년까지의 군 정보문서의 인덱스(Geographical Index to Numerical Series of Army Intelligence Documents (ID File) 1944-51)였다. 그중 한국 관련 인덱스인 박스 번호 83부터 87까지를 신청하였다.

이 인덱스에 적혀 있는 문서 제목을 통해 김구 관련 문서와 당시 정황을 알 수 있는 문서들을 선별하는 작업이 그 뒤를 이었다. 그 다음, 선별된 문서의 문서번호와 소장위치를 알아내어 그 문서가 들어 있는 박스를 다시 신청해야 하는 이중의 작업을 거쳐야 했다. 이중의 작업이라는 측면에서는 시간이 더 걸렸지만, 선별된 가능성 있는 문서들과 박스를 여는 동시에 우리들이 보고자 하는 문서들을 찾을 수 있다는 점에서 한결 수월했던 것 같다.

미군 정보문서(Army Intelligence Documents)에서 김구 관련자료는 상당수 발견되었지만, 암살의 배후세력을 알 수 있는 단서는 역시 찾을 수 없었다. 몇몇 문서들이 CIA에 의해 수거된 상태였다. 그럼에도 우리 작업 팀원들은 미국의 정보공개요구법(Freedom of Information Act)에 따라 비공개 자료들에 대한 공개 신청을 하기로 결정했다. 이는 우리의 작업 뒤를 잇는 사람들을 위해, 숨겨진 왜곡된 한국의 역사를 연구하고자 하는 소장 학자들의 짐을 덜어 주기 위해 우리들이 이바지할 수 있는 작은 일이라 생각했다.

NARA에서 작업 마지막 날인 3월 5일, 총 16건의 비공개 문건에 대한 공개신청서를 작성하여 제출하였다. 공개 신청은 하였으나, 그 공개 여부의 결과는 언제 나올지 아무도 모른다. 또한 다수의 문서가 공개 거부 당할 수도 있다. 1퍼센트의 가능성만이 존재한다 할지라도 그 가능성을 목전에 두고 작업을 철수할 수는 없었다.

우리는 문서를 찾는 작업과 병행하여, 작업에 도움을 주실 만한 분들을 찾아 조언을 들었다. 그들에 따르면, 이미 기밀해제된 많은 문서들이 2001년 다시 해제되어 묶어 버렸다고 한다. 미국에 민감한 내용을 담고 있는 문서들은 아예 해제되지도 않을뿐더러, 지금도 계속해서 스크린(검색)된 후 수거되고 있다고 한다.

비록 우리 '김구 리서치 팀'은 백범 암살 배후세력의 단서를 찾는 데는 실패했다. 하지만 적어도 한국에서 왜곡되고 감추어진 현대사를 재조명하여 바로잡을 수 있는 1차사료가 이곳 미 국립문서기록관리청에 보관되어 있다는 것만은 분명히 확인할 수 있었다. 앞으로도 많은 한국의 연구자들이 이곳의 1차사료를 바탕으로 한국 현대사를 바로 잡는 데 이바지해 주기를 기대한다.

미국에서 조국을 사랑하고 아끼는 자원봉사 조사팀원들을 만나 그들의 열정으로 한 달 반 남짓의 시간을 깨알 같은 글씨들과 문서 먼지 알레르기와 씨름하며 보내왔다.

이러한 우리의 열정과 노력이 우리 민족의 왜곡된 역사, 묻혀 버린 역사의 진실을 올바로 잡는 데 한 밀알이 될 수만 있다면 헛된 수고는 아닐 듯싶다. 이 작업에 참여해 주신 모든 분들에게 감사드린다.

2004년 3월 10일
작성자 Kim Koo Research 팀장
이선옥

응징의 한계

이로써 김구 선생의 암살배후를 규명할 수 있는 문서를 찾고자 미 국립문서기록관리청을 방문했던 일은 일단 끝났다. 권중희 씨는 나에게 앞으로도 민족정기를 선양하는 일과 법과 상식을 뛰어넘어 사회에 비리를 저지르는 특권층들을 정의봉으로 혼내 주는 일을 함께 하자고 여러 차례 제의를 했다. 권 씨는 특히 전직 대통령들이 지위를 이용하여 재직 동안 기업가들에게 수천억 원의 돈을 강탈하거나 사취한 뒤 대법원의 추징금 선고를 받고 아직도 완납치 않은 채 배 째라 식으로 버젓이 살고 있는데, 이들을 그대로 두고 우리 사회에 무슨 정의와 양심이 살아나겠느냐고 귀국 후 우선 그들부터 혼내 주는 일을 시작하겠다고 했다.

"두 전직 대통령 머리에 정의봉을 한 방만 내리치면 아마도 그들 베갯잇

속에 꼬불쳐 놓은 돈까지 다 꺼내놓을 겁니다. 또 영부인들 엉덩이에다 안두희에게 놓은 대침 한 방씩만 꽂으면 사돈팔촌까지 장롱 속 깊이 꼬불쳐 감춰 놓은 돈은 물론이고, 그들 고쟁이 속에 숨겨둔 퀴퀴한 돈까지 다 게워내며 제발 살려달라고 싹싹 빌 겁니다. 이 일이 성공하면 비로소 대한민국에 부정부패가 사라지기 시작하는 첫날이 될 겁니다. 보세요, 그들이 거들먹거리고 잘살아 가니까 그 다음 후임자들이나 그 친인척들이 죄다 그대로 답습치 않습니까. 그 일을 나와 같이 합시다."

권중희 씨는 그동안 혼자 여러 차례 전직 대통령이 사는 동네를 사전 답사한 뒤 침투할 수 있는 기발한 계획을 은밀히 말하기도 했다. 하지만 나는 권 씨의 청을 끝내 사양했다. 나는 그 일이 성공하기도 힘들뿐더러 설사 성공한다 치더라도 한때의 효과는 있을지라도 근본적인 치유방법이 아니기 때문이었다. 또 나는 솔직히 그들을 응징하거나 그들의 부패와 비리에 침을 뱉을 만큼 청렴하게 살아오지 못했다. 어쩌면 나는 그런 기회가 없었기 때문에 대문도 없는 집에서 청렴한 척 가난하게 살아온 못난이일 것이다. 그동안 내가 살아오면서 느낀 바로는 대부분 사람들이 자기 잘못은 잘 모른 채 남의 잘못만 침소봉대하거나 비난·징벌하려는 경향이 심했다. 그야말로 성경 말씀처럼 남의 눈 속에 있는 티는 보고, 자기 눈 속에 있는 들보는 깨닫지 못하는 세태다.

지난 세기 우리는 나라를 일본에게 빼앗겼고, 백성들은 나라 안팎에서 온갖 고초를 다 겪었다. 다행히 연합국의 덕분으로 빼앗긴 나라는 찾았지만 국토는 분단되었고, 두 개의 이질적 정부는 마침내 충돌하여 동족상잔의 참담한 비극을 남겼다.

이러한 비극의 단초는 우리 조상들이 저지른 부정부패와 비리, 탐관오리들의 수탈, 남녀와 반상의 차별, 인권침해, 특권 의식… 등 우리 사회의 수백 년 동안 쌓여 온 숱한 모순과 갈등 때문이었다.

우리가 이미 경험했지만 일제강점기 때 안중근 의사, 윤봉길 의사, 이봉창 의사들이 침략의 원흉들을 개별로 응징하는 일은 민족정기 수호 면에서 장한 일이었다. 하지만 나라를 되찾는 근본적인 대책은 되지 못했다. 이제라도 우리는 망국과 분단의 원인을 깊이 자각 자성하면서 우리 내부에 있는 몹쓸 부정부패 비리, 권위의식 등 뿌리 깊은 온갖 잡균을 과감히 도려내야 한다. 그러지 못한다면 지금의 대한민국도 모래 위에 성으로 장차 또 다시 이민족에게 나라를 빼앗기는 환난을 맞을 것이다.

나는 미국으로 떠나기 전에 정년 5년을 남긴 채 학교에 미리 사표를 냈다. 주변사람들은 모두 조기 퇴직을 만류했지만 가족들은 모두 찬성했다. 아마도 내 자리는 후배에게 양보하고 새로운 환경에서 인생 이모작을 시작하라는 뜻일 게다. 나는 2004년 3월 20일 이대 강당에서 뒤늦은 퇴임식을 마치고 서울 살림을 모두 정리한 뒤 강원도 안흥 두메산골로 내려왔다.

곰곰이 생각해 보면 나의 지난 삶도 오점으로 얼룩졌다. 애초는 시골학교 교사로 시작하여 서울로, 서울 언저리 중학교에서 도심 고등학교로, 옮겨 다니면서 가난한 학부모의 자녀보다 부자 학부모의 자녀 등을 더 많이 두드려 준 개념 없는 교사였을 것이다.

나는 강원 산골 두메마을에서 얼치기 농사꾼으로 몸과 마음을 닦으면서 그동안 무지 무명(無明, 잘못된 집착으로 진리를 깨닫지 못한 마음 상태)하게 살아온 것을 크게 깨우치며 다음 세대에게 미처 못다 한 얘기를 들려주는 한 작가의 길을 걷기로 했다. 후일 내 말에 공감한 젊은이가 장차 이 나라를 바로 이끌어 간다면 나는 한 작가로 소명을 다하는 일일 것이다.

사실 이 세상에 무지 무명한 자에게는 그동안 많은 의인들이 채찍질을 하거나 징벌을 해도 일시적인 효과는 있을지언정 그 근원적인 치료방법이 되지 못했다. 그동안 우리 사회에서 숱한 고위 공직자가 교도소에 가거나 스스로 자기가 저지른 비리에 괴로워 목숨을 끊기도 했다. 어떤 전직 대통령은 대국민 사과를 하면서 대통령을 한 것을 부끄럽다고 고개 숙였다. 그래도 이 나라에 망국적인 부정부패 비리가 사라지지 않는 것은 스스로 깊이 깨닫지 못하는 우매함과 누천년 동안 축적된 우리 사회 부조리에 그 원인이 있을 것이다.

지금 우리나라는 전직 대통령들이 존경은커녕 비리의 주범으로 조롱의 대상이 되고 있다. 그런 모습을 보고도 다음 대통령은 자기만은 예외라고 근신치 못하고 똑같은 비리를 반복하고 있다. 그들은 역사의식이 전혀 없는 하등동물로, 마치 불나방이 제 동족이 불에 뛰어들다가 타죽는 것을 보고도 자기는 예외라고 뛰어드는 버리지 같은 무지무명한 사람들이다.

우리는 진리나 진실에 무지 무명하다. 자기 나름대로 주관도, 생활철학도 없이 살아가는 사람이 매우 많은 듯하다. 모두들 탁류에 휩쓸려 가는 쓰레기처럼 둥둥 떠내려 가고 있다. 우선 나부터 무지 무명하게 살아온 지난 삶을 깊은 산골 외진 곳에서 깊이 성찰한 뒤 내 이웃이나 후세에게 내가 깨우친 바를 전하며 나의 남은 삶을 조용히 마무리하고 싶었다. 그래서 나는 권중희 씨의 간곡한 제의를 극구 뿌리치고 강원 산골로 내려왔다.

경기도 연천 장단면 고랑포의 경순왕릉을 참배한 백범, 1946. 11.
사진제공 백범기념관.

12. 마지막 추적자

> 안두희 씨 피살. 김구 선생 암살범 안두희(79) 씨가 23일 오전 11시 30분께 인천시 중구 신영동 한 아파트 자택에서 버스회사 운전사인 박기서(46·부천시 원미구 도당동) 씨에 의해 피살됐다. 이로써 안씨를 시켜 백범 김구 선생을 암살케 한 배후세력을 밝히는 문제는 영원히 미궁에 빠지게 됐다. 박씨는 안씨를 살해한 뒤 도피했다 8시간 뒤인 이날 저녁 7시 10분께 부천시 심곡본동 성당에서 고해성사를 하고 자수했으며, 경찰은 살인혐의로 긴급 구속했다. 박씨는 이날 오전 '정의봉'이라고 쓰인 …
> - 1996. 10. 24. 한겨레신문

나는 강원도 산골로 내려온 뒤 텃밭의 농사를 지으면서 이따금 의롭게 살았거나 살고 있는 사람을 여러 곳으로 찾아다녔다. 먼저 대한제국 시절 망해 가는 나라를 빼앗기지 않으려고 목숨을 지푸라기처럼 가장 많은 희생자를 남긴 호남의병 전적지를 답사한 뒤 근대사의 가장 뛰어난 영웅 안중근 의사의 발자취를 뒤따랐다. 그런 가운데 마침 한 모임에서 안두희를 정의봉으로 두들겨 패 저승으로 보낸 박기서 씨를 만났다.

인간 쓰레기를 청소하다

"백범 선생님을 시해한 안두희 그자는 인간 쓰레기입니다. 배운 게 부족한 제가 이 나라를 위해 할 수 있는 일은 그런 인간 쓰레기를 치우는 거라고 생각했습니다. 그래서 진작부터 청소부 심정으로 그를 처치할 날을 손꼽아 기다렸습니다. 만고역적 안두희, 그런 자가 호의호식하면서 천수를 다 누린다면 이 땅에서는 교육이 안 되지요. 또 후손을 볼 낯도 없어지고요. 사실은 그런 자와 같은 하늘 아래서 공기를 마시는 것조차 부끄러운 일이기도 하고요. 저는 천주님을 믿는 사람입니다. 십계명에도 살인을 하지 말라고 했습니다. 저도 왜 종교적으로나 인간적으로 갈등이 없었겠습니까? 하지만 우리 사회의 도덕성이랄까, 대의랄까, 국가 정의를 위해 그를 처단하는 게 옳다는 신념에서 모든 벌을 받을 각오하고 그를 단죄하였습니다."

　백범 선생 56돌 기일을 아흐레 앞둔 2005년 6월 17일 오후 2시, 박기서 씨가 효창동 김구 선생 묘소를 참배한 뒤 나무 그늘 의자에서 나에게 말한 대목이다. 박기서 씨는 1996년 10월 23일 안두희를 인천시 중구 신흥동 자택에서 정의봉 몽둥이로 흠씬 두들겨 패 그 자리에서 절명시켰다고 했다.

　나는 일찍이 박기서 씨와 만나기로 했지만 서로 사는 곳이 강원도 횡성과 경기도 부천으로 멀고, 그는 개인택시 기사로 일하고 있기에 날짜 맞추기가 쉽지 않았다. 하지만 서로 백범 선생의 기일을 넘길 수 없다는 데 공감하여 그날을 잡았다. 우리는 기왕이면 효창원 백범 묘소에서 만나기로 했다. 나는 그를 만나기 전에 한 출판인과 점심을 나누면서 안두희를 처단한 박기서 씨에 대한 견해를 물었다.

　"백범 암살범 안두희가 그동안 잘 먹고 잘사는 꼴은 이해할 수 없지만 그렇다고 법치국가에서 개인이 사형으로 보복하는 것은 잘못이지요."

　그와 헤어진 뒤 백범 묘소로 가기 위해 신촌에서 택시를 탔다.

　"효창동 백범 묘소로 갑시다."

　"거기는 무슨 일로 가십니까?"

　"오늘 백범 암살범 안두희를 저세상으로 보낸 박기서 씨를 만나러 갑니다. 기사님은 박기서 씨를 어떻게 생각하십니까?"

　"나도 안(安) 가이지만 그놈을 제 명대로 다 못 살게 한 것은 아주 잘한 일이지요. 안두희가 제 명대로 다 살고 죽었다면 말이 안 되지요. 저는 박기서 씨를 같은 택시기사로 아주 자랑스럽게 여깁니다. 그런 분이 국가유공자가 돼야 합니다. 우리나라에는 별 쓸데없는 유공자도 많잖아요. 아마도 국립묘지에는 가짜도 많이 묻혀 있을 겁니다."

 기사는 효창원에 이르기까지 이런저런 세상 민심을 많이 들려줬다. 내가 백범기념관 앞에서 택시에서 내리자 곧 박기서 씨도 택시를 몰고 도착했다. 그는 그곳에 여러 번 온 듯 주저하지 않고 백범기념관 주차장에 당신 차를 대고는 나에게 왔다. 그는 나에게 인사를 한 뒤 대담에 앞서 먼저 묘소에 참배부터 하자면서 앞장섰다.

 백범 묘소에 이르자 박기서 씨는 참배에 앞서 묘소 어귀 잔디밭에서 잡풀을 뽑았다. 마치 당신 부모의 무덤을 찾은 양. 그런데 그 모습이 아주 자연스러웠다. 아마도 매번 참배 때마다 주변 청소를 하거나 잡풀부터 뽑는 모양이었다.

 "여기만 오면 마음이 아주 편해요."

 박기서 씨가 묘소 앞에서 절을 두 번 드리고 난 뒤 나에게 한 첫 마디였다.

 "제가 지난번 백범 선생 관련기사를 연재할 때, 몇몇 독자들이 '박기서는 미 정보부 끄나풀이 아니냐?'라는 독자 댓글도 있었습니다. 혹시 그쪽의 사주를 받아 안두희가 더 이상 입을 열지 못하게 하려고 미리 저세상으로 보낸 거 아닙니까? 마치 케네디를 암살한 오즈월드를 다른 자객들이 죽여 버린 것이나 아키노를 암살한 하수인들을 또 다른 총잡이들이 사살해 버린 거와 같이 말입니다."

 그는 내 말에 너무 어이가 없는 듯 나를 한동안 빤히 쳐다보며 한동안 입을 다물지 못했다.

"우와! 정말, 정반대 생각이네요. 아, 참! 저는 안두희가 미국 정보부 사람으로 알고 있는데…. 진실이 왜곡된 데는 어이가 없습니다. 제가 판단하기에는 그때 안두희는 살려둬 봤자 더 이상 입을 열 사람이 아니었어요. 안두희를 그대로 살려뒀다 자연사하면 우리의 민족정기는 깡그리 사라집니다. 그리고 뒷날 우리 후손들이 뭐라고 말할 것이며, 나중에 하늘에 가서 백범 선생을 어찌 뵐 수 있겠습니까? 저는 그자를 인간 쓰레기로 보고 청소하는 심정으로 처단했습니다."

"네에?"

"사람이면 다 사람입니까? 그는 사람의 탈을 쓴 악마요, 한갓 쓰레기일 뿐입니다. 이 세상에 쓰레기를 치우는 사람이 있어야 사람들이 제대로 숨 쉬고 물도 마실 테지요. 못 배우고 무식한 내가 이 세상을 위해 할 일은 쓰레기를, 그것도 가장 더러운 인간 쓰레기를 치우는 일이라고 생각했습니다."

감옥에 있을 때가 더 행복

- 그날(1996년 10월 23일) 이야기를 좀더 자세히 들려주십시오.

"그때 저는 버스기사였습니다. 기사들은 대체로 밤 12시 30분에서 1시 사이에 일과를 마칩니다. 나는 일찌감치 그날 안두희를 저승으로 보내기로 작정해 뒀습니다. 그날 새벽에 일과를 마친 뒤 집에 들어가 잠깐 눈을 붙이고 미리 준비해 둔 정의봉을 품속에 넣고 안두희 집으로 갔습니다. 그때가 새벽 3시 무렵이더군요. 안두희 처가 일찍 운동하러 간다고 하기에 그 순간을 노렸습니다. 그런데 그날은 오랫동안 기다려도 내내 문이 안 열려요. 그래서 틀렸나 보다고 생각하고 있는데 오전 11시 무렵에야 문이 열려요. 무려 일곱 시간 남짓 기다린 셈이지요. 저는 그 순간을 놓치지 않고 안두희 처를 밀치고 집안으로 뛰어 들어갔습니다."

- 안두희와 무슨 얘기를 나눴습니까?

"'네가 백범 선생을 돌아가시게 한 안두희냐!'고 하자 누워 있던 안두희가 비스듬이 일어나 나를 노려보더라고요. '네가 백범 선생님을 암살했느냐?'라고 다시 다그쳐 묻자 안두희가 뭐라고 말하는데 말이 분명치가 않더군요. 사실 그때 저도 무척 흥분돼 있었기 때문에 안두희의 말이 제대로 들릴 리도 없었지요. '내가 오늘 너를 처단하러 왔다'고 하는데, 안두희 처가 저를 쳐다보는 게 아니라 제 뒤를 보더라고요. 그래서 저도 뒤를 돌아봤더니 방문이 열려 있었어요. 제가 얼른 방문을 잠그고 돌아서자 그 순간 안두희가 저를 어떻게 해 볼 양으로 성큼 다가오는 거예요. 안두희는 키도, 주먹도 엄청 크더라고요. 나는 그의 덩치와 큰 주먹을 보는 순간 위압감이 느껴지고, 저 손으로 김구 선생님에게 방아쇠를 당겼다는 생각이 들자 즉각 적개심이 불타올랐어요. 그래서 저는 정의봉으로 젖 먹던 힘까지 다하여 힘껏 그의 머리를 내리쳤습니다. 그러자 그자가 '으악!' 비명을 지르며 퍽 쓰러지더군요. 안두희 처가 왜 말로 하지 사람을 치느냐고 나에게 고래고래 달려들더라고요. 그래서 그를 그대로 둬서는 안 되겠다는 생각이 들어 준비해 간 끈으로 안두희 처의 손을 묶고 '조용히 하지 않으면 당신도 다친다'고 위협한 뒤 다른 방으로 데려갔어요. 그제야 안두희 처가 제 눈에서 살기를 눈치 채고는 벌벌 떨더라고요. 그때부터 그는 저에게 살려 달라고 싹싹 빌더군요. 다시 안두희가 있는 방으로 돌아오자 그 순간부터는 보이는 게 없었어요. 그냥 안두희를 복날 개 패듯 두들겼습니다. 애초부터 적당히 혼내 줄 게 아니라 아예 끝장을 내려고 작정하고 갔었지요."

― 그 뒤 안두희가 꿈에 보이거나 응징에 대한 죄의식은 없는지요?

"안두희가 나타난 꿈은 한 번도 꾸지 않았어요. 저도 피와 눈물이 있는 사람인데…. 하지만 그제나 이제나 저는 안두희를 사람으로 보지 않습니다. 그자는 우리 민족의 철천지원수입니다. 김구 선생님이 살아계셨더라면 한국전쟁은 일어나지 않았을 겁니다. '단독정부'를 세웠던 이승만 일파가 김구 선생님을 암살하자 백성들의 민심이 7할 이상은 돌아버린 거예요. 북한의 김일성이 바로 그 반이(反李, 반이승만) 정서를 자기 지지로 오판하여 탱크를 앞세워 밀고 내려온 거지요. 설사 한국전쟁이 일어났더라도 김구 선생님이 살아계셨더라면 아마 전선으로 달려가 온몸으로 남으로 내려오는 탱크를 막았을 겁니다. 그랬다면 인민군들이 김구 선생님을 깔아뭉개고 남하하지는 못했을 겁니다. 그런 면에서 안두희와 그 배후 일당은 우리 민족에게 천추에 죄를 진 반역자들이요, 역사의 죄인입니다."

― 그 일로 형을 얼마나 받았습니까?

"1심에서 7년 구형에 5년 언도를 받았습니다. 2심에서는 5년 구형에 3년으로 감형 받았습니다. 그래서 안양교도소에서 1년 남짓 살았고, 청주교도소에서 6개월 정도 사니까 3·1절 특사로 풀어 주더군요. 그런데 저는 교도소에 있을 때가 더 행복하더라고요."

그는 외람되지만 이는 일제강점기에 마치 얼어 죽고, 굶어 죽고, 맞아 죽은 독립전사들이 감옥이나 형장에서 느끼는 행복과 같을 거라고 했다. 일찍이 시인 이육사는 「절정」이라는 시에서 "겨울은 강철로 된 무지갠가 보다"고 일제강점기의 감옥과 같은 극한의 상황에서도 희망과 기쁨을 누리는 그런 경지를 읊었다. 내가 의병전적지에서 만난 기산도 의사, 백낙구 맹인 의병장, 김태원·김율·김원국·김원범 형제 의병장 등, 여러 순국선열

들은 일제의 개가 되고 권력의 하수인이 된 자들을 사람으로 보지 않았다. 그 어른들은 일제강점기는 감옥 바깥세상보다 오히려 감옥 안이 더 마음이 편안하다는 정신으로 옥살이를 감내했다. 사실 그런 정신무장 없이는 독립운동을 할 수가 없다. 그래서 진짜 독립운동가들은 형장에서도 대한독립만세를 부르고 애국가를 노래하면서 순국한다.

"제 마음을 이해해 주셔서 고맙습니다."

"수년간 의병 전적지나 항일유적지를 더듬으며 주워들은 풍월이지요."

마침 유치원 교사들이 원생들을 데리고 효창원으로 현장학습을 왔다. 우리는 언저리가 소란하여 나무 의자에서 일어나 함께 묘소 언저리 숲을 거닐며 대담을 나눴다.

내 삶의 나침판

박기서. 그의 고향은 전북 정읍시 산외면 참시내(진계리) 마을이다. 이 마을은 일찍이 전봉준 장군이 머물기도 했고, 마을 뒷산에는 동학농민전쟁의 김개남 장군 묘소도 있다. 그는 가난한 농사꾼의 자식으로 태어났다. 초등학교를 졸업하자 남들은 전주로 유학 갔지만 그는 책가방 대신 지게를 지고 산에 오르내렸다고 했다.

"저도 정읍 산내면 종성리 회문산 기슭까지 답사한 적이 있지요."

"네, 어떻게 거기를?"

"거기는 김개남 장군의 활동무대요, 임병찬 의병장의 무덤이 있는 곳이지요."

"우와, 그 산골짜기까지 갔다고요."

"옥정호 경치가 아주 끝내주더군요."

"전라도가 개발이 안 된 탓으로 자연보존은 잘돼 있을 겁니다."
"세상만사 얻는 게 있으면 잃는 것도 있지요."
"그러게요. 그래 의병 후손들 만나 보니 어땠어요?"
"어떤 후손은 지리산 까마귀로 살았다고 하더구먼요."
"먹을 것도 의지할 곳도 없는 고아로 자랐다는 말이구먼요."
"어째 잘 아시오."
"아, 우리 고향말 아녀요."

나는 뒤늦게 독립운동사에 관심을 가지고 국내외 항일유적지를 두루 답사했다. 그러면서 독립운동 관련 책을 펼쳐 보거나 도서관에서 독립운동 자료를 찾아보면 독립전사로 앞장서거나 독립운동자금을 보낸 이들은 대부분 가난하고 못 배운 무지렁이들이었다. 상해 임시정부에 독립운동자금을 보낸 이는 하와이나 멕시코의 사탕수수밭에서 일한 노동자들이 태반이었다. 그분들은 주급을 받으면 먼저 1~5달러를 독립운동자금으로 보냈다. 이 돈으로 김구 선생은 임시정부를 꾸려 가고 이봉창·윤봉길 의사의 거사자금으로 썼다. 내가 백범 암살배후를 밝히고자 미국 국립문서기록관리청으로 가는 성금을 모을 때도 대부분 서민들이 쌈짓돈을 보내 주었다. 독립전선의 선봉장에 선 이도 예외가 아니었다. 포수에서 독립운동의 전설적인 영웅이 된 홍범도 장군, 담살이(머슴살이)에서 의병장이 된 안규홍 장군, 소작농에서 조선혁명군총사령이 된 양세봉 장군, 신돌석 장군 등…. 단군 이래 이 나라를 지켜온 이는 기층민중들이었다.

임진왜란 때도 선조 임금이나 지배계층은 도망 다니기에 바빴다. 한 역사학자는 나라를 지킨 이는 결코 임금이나 지배계층이 아니었다고 말하고 있다.

- 출감 뒤 전과자로서 어려움은 없었습니까?

"교도소에서 나온 뒤 한동안 취직이 잘 안 되더라고요. 아마도 '박기서'라는 사람은 엉뚱한 짓을 하는 사람으로 여러 버스회사에서 낙인을 찍은 모양이에요. 그래서 배운 도둑질이라는 말처럼 운전대로 먹고살려니까 오너가 되는 수밖에 없대요. 하는 수 없이 좀 무리하여 개인택시를 샀습니다. 여태 그 빚을 갚는다고 허리가 휘어집니다."

- 가족 관계는?

"처와 두 딸과 아들입니다. 제가 안두희를 처단할 때가 맏딸이 대입 수능을 20일 앞두고 있었습니다. 아버지가 도와주지는 못할망정 유치장이다 교도소다 들락거리며 재판을 받았으니 걔가 마음고생이 많았나 봐요. 늘 그 점을 미안케 생각합니다. 지금은 출가했고 네 식구가 살고 있어요."

- 택시 손님들 가운데 알아보는 사람이 있나요?

"하루에 쉰 분 정도 손님을 모십니다. 개중에는 앞좌석에 내 이름도 있으니까 알아보는 이도 더러 있습니다. 그분들 가운데는 격려해 주시는 분도 있고, 간혹 밥이라도 한 끼 대접하고 싶다는 분도 있습니다."

- 바람직한 삶의 자세라고 한다면.

"사람은 잘못을 저지를 수 있습니다. 자신의 잘못을 뉘우치면서 회개하고, 반성하는 삶이 바른 삶의 자세라고 생각합니다."

박기서, 그는 『백범일지』를 줄줄 외웠다. "백범(白凡)은 '백정(白丁), 범부(凡夫)'의 준말로 이보다 자신을 더 낮출 수 있느냐"고 나에게 반문하면서 백범을 알고부터는 당신이 못 배운 것을 조금도 후회하지 않고, 못 배워도 훌륭한 인물이 될 수 있다는 걸 알게 되었다고 했다. 그러면서 당신은 늘 백범 선생의 나라사랑 겨레사랑에 대한 진정성과 역사관, 겨레와 나라에 대한 헌신적인 정신에 감격한다고 말했다. 또 백범을 통해 의로운 삶이 무엇인지 알았다고 하면서 백범은 우리 겨레의 스승이요, 우리나라 현대사에서 가장 뛰어난 인물이라고 추앙했다.

- 마무리 말씀을 부탁드립니다.

"동학농민혁명이 성공했더라면 아마 나라가 달라졌을 겁니다. 그랬더라면 백성들이 깨어 있어서 민족반역의 무리나 그 후손들이 나라의 지도자가 되지는 못하였을 겁니다. 이제 다시는 외세에 빌붙는 이들이나 그 후손들이 이 땅에 지도자로 발붙일 수 없게 해야 합니다. 백범 선생은 내 삶의 나침판이었습니다. 그 어른을 위하는 일이라면 저는 남은 목숨도 기꺼이 바치겠습니다."

- 다시 그런 기회가 와도 안두희를 정의봉으로 내리치겠습니까?

"그러면요. 마음먹었던 것을 행동으로 옮기는 일인데, 제 행위는 확실한 신념을 가지고 실천에 옮긴 겁니다. 저는 그를 처단하고 내 발로 경찰서로 갔지만 복역 기간 내내 내 행동을 한 번도 후회한 적은 없었어요."

그는 대담 내내 자기 손에 피는 좀 묻혔지만 민족정기를 말살한 인간 쓰레기를 자기 손으로 처치했다는 자부심으로 꽉 차 있었다. 나는 그때 문득 박기서 씨가 아프리카 세렝게티 초원의 독수리처럼 느껴졌다. 그 독수리들은 하늘을 날아다니면서 초원에 썩어 가는 동물들의 사체를 말끔히 처리해 준다. 그래서 그 초원이 깨끗하고 고약한 냄새도 없는 뭇 생명들이 싱싱하게 살아 숨 쉬는 들판이 되는 것이다. 그는 우리 사회의 인간 쓰레기 청소부였다. 우리 사회에 이나마 민족정기가 살아 움직이는 것도 그와 같은 의인 때문일 것이다.

그는 나에게 한 끼 밥을 꼭 대접하고 싶다고 소매를 끌었지만 굳이 사양하자 다음 행선지를 물었다. 남영동 전철역에서 1호선을 타고 청량리역으로 간다고 하자 주차장에서 얼른 택시를 몰고 온 뒤 옆문을 열었다.

"제 차로 남영동 전철역까지 태워 드리지요."

그마저도 거절하기에는 너무 야박해 보여 나는 평생 처음 공짜 택시를 탄 염치없는 사람이 되었다.

나는 이 대목을 쓴 뒤 6년 만에 박기서 선생에게 전화를 연결했다. 마침 당신은 택시로 손님을 모시는 중이라고 하면서 단 한 마디만 전했다.

"요즘 우리 정치지도자들 가운데 백범 선생님처럼 조국통일에 천착하시는 분이 없네요. 그 점이 매우 안타깝습니다."

『지울 수 없는 이미지』

나는 2004년 6월, 눈빛출판사에서 『지울 수 없는 이미지』라는 제목으로 한국전쟁 사진집을 펴냈다. 그 뒤 NARA에서 미처 보지 못한 사진을 보고자 2005년 11월에 다시 사비를 들여 미국행 비행기에 올랐다. NARA에서 보름간 제2차 한국전쟁 사진을 수집한 뒤 귀국하여 눈빛출판사에서 『지울 수 없는 이미지·2』와 『나를 울린 한국전쟁 100장면』을 펴냈다. 그래도 직성이 풀리지 않아 2007년 2월에 제3차로 한국전쟁 사진을 수집하는 작업 길에 올랐다.

나는 세 차례에 걸쳐 NARA 자료실에 소장된 문서상자를 신청하여 숱한 자료를 훑었다. 영어에 어둔한 내가 감히 이 일을 할 수 있었던 것은 줄곧 곁에서 도와준 재미동포 박유종 씨 덕분이었다. 제3차 한국전쟁 사진 수집 작업 때 우리는 다시 버지니아 남쪽 항구 노퍽(Norfolk)의 맥아더기념관을 찾아갔다. 그곳에서 맥아더 장군의 전 생애, 특히 한국전쟁에서 유엔군측이 대역전 전환점이 된 맥아더 장군의 인천상륙작전, 전선 시찰, 그리고 만주 폭격 주장과 원자탄 사용 건의로 트루먼 대통령에게 해임되어 마침내 맥아더 장군이 "노병은 죽지 않고 다만 사라지는 장면"까지 사진들을 일목요연하게 볼 수 있었다. 그 가운데 중앙청에서 열린 9·28 서울수복 기념식장에서 맥아더 장군의 손을 잡고 감사를 표하는 이승만 대통령의 눈에는 눈물이 서린 사진도 있었다.

나는 그 사진을 한참 들여다본 뒤 스캐너 위에 올렸다. 사실 그 이전까지 나는 자료상자에서 이승만 대통령 사진을 발견할 때마다 그냥 지나쳐 버렸다. 해방 후 이승만 대통령의 독선과 무리한 장기집권, 부정선거 등 나쁜 이미지가 내 머릿속에 뿌리 깊이 남아 있었기 때문이다.

사실 이승만 없는 대한민국의 건국은 상상할 수도 없을 만큼, 그분은 신생 대한민국에 절대적으로 공헌을 했다. 그렇다면 이승만 대통령의 허물이 크다고 마냥 부정만 해야 할 것인가? 부모의 허물이 크다고 그 부모를 깡그리 부정해 버리면 부모 없는 자식이 되는 것과 마찬가지로 대한민국의 역사와 정통성을 전면 부정하면 남녘의 백성들은 모두 정체성을 잃어버리게 된다. 그래서 한 시인(김수영)은 '거대한 뿌리'라는 시에서 "역사는 아무리 더러운 역사라도 좋다. 진창은 아무리 더러운 진창이라도 좋다"고 노래했나 보다. 우리는 정치지도자들의 선정과 악정, 시시비비와 과오, 시행착오 등을 정확히 기록하고, 그분들의 잘한 점은 권장하고 잘못된 점은 비판하며 이를 반면교사로 삼아 올곧게 고쳐 나가는 풍토를 마련해야 역사 발전을 이룰 수 있을 것이다. 사실 선(善)뿐 아니라 악(惡)에서도 배울 게 있다. 서양 사람들이 오욕의 역사도 그대로 두고 기념하는 것은 거기서 역사의 교훈을 배워 시행착오를 되풀이하지 않기 위함이다.

미국에서 만난 한 제자는 나에게 하소연했다. 그는 시궁창 같은 대한민국이 싫어 도망치듯 미국으로 이민 왔다. 김포공항에서 비행기에 오르면서 "다시는 대한민국 쪽을 돌아보면 성(姓)을 갈겠다"고 몇 번이나 다짐했다. 그런데 얼마 지나지 않아 수시로 태평양 바다인 LA 산타모니카 해변을 찾아와 고국 쪽을 바라보는 자신을 발견하고 조국 대한민국은 자기에게 멍에요, 그야말로 '어머니의 나라'라고 말했다.

역사에 가정은 부질없는 일이지만 해방 후 나는 우리나라 정치지도자들이 모스크바 삼상회의의 신탁통치를 받아들였다면 최소한 분단을 막았을까 하는 생각도 해보았다. 하지만 그것은 미·소 강대국들이 그들의 야욕을 감추기 위해 우리나라 백성들에게 던진 하나의 미끼였을 것이다. 그들은 이미 일본의 패망 전부터 일본이 통째로 삼키고 있는 한반도를 그들의 전리품으로 염두에 둔 채 지구본을 바라보며 침을 흘렸다. 이들 강대국들은 전쟁의 승세가 보이기 시작하자 곧장 지구본에서 북위 38도선으로 한반도를 두 토막을 낸 뒤 자기네끼리 흥정하여 땅 따먹기를 마쳤다. 그리고는 각자 자기네들의 마음에 드는 친미, 친소 국가 건설계획을 세워 두고 있었다. 그들은 이미 이승만, 김일성을 친미 정부, 친소 정부의 우두머리로 점지해 뒀다. 그렇다면 단독정부를 끝내 거부한 김구는 미국에게도, 소련에게도 환영받지 못할 고집이 센 골치 아픈 민족주의자로 그들로서는 제거해야 할 첫 번째 인물이었을 것이다.

김구는 그 모든 것을 이미 꿰뚫고 있었다. 그래서 김구는 당신이 죽는 길인 줄 알면서도 마지막 독립운동인 북행을 감행했다. 하지만 실낱 같은 당신의 소망은 끝내 이루어지지 않았다. 김구는 현실정치의 패자였다. 당신에게는 뒷받침해 줄 외세의 힘이 없었기 때문이다. 김구는 그 다음 당신이 어떻게 되는지도 이미 알고 있었다. 해외에서 산전수전을 다 겪고 풍찬노숙으로 온갖 쓴 맛을 다 아는 독립운동의 선봉장 대한민국임시정부 김구 주석이 어찌 그 정도 모르겠는가. 측근들이, 심지어는 당신 아들조차도 죽음의 그림자가 구름처럼 몰려오니 몸을 피하라고 당부했지만 김구는 끝내 그들의 말을 듣지 않았다.

김구는 국토가 두 조각난 38선 위에 누군가 제물이 되어야 한다는 것을 이미 알고 있었다. 그래서 당신이 기꺼이 그 제물이 되기를 주저하지 않았다. 누군가 분단의 제물로 장엄하게 피를 흘려야 이 나라에 그나마 민족혼이 살아 남을 거라고 김구는 진작부터 헤아리고 있었다.

김구는 망명지 중국에서 환국 후 늘 이봉창·윤봉길 등 젊은 한인애국단원 동지들을 사지로 보낸 것이 쇠스러웠다. 김구는 환국 후 남도 순회길에 나서 1946년 4월 26일에는 예산 윤봉길 의사 생가를 찾아 부인에게 큰절을 올리며 사죄했다. 당신이 죽고 젊은 그들이 살아 돌아와야 했는데 당신이 살아오고 그들을 사지에 보낸 게 늘 미안하다고 했다. 그런 가운데 안두희의 권총이 당신의 심장을 겨누었다. 예로부터 영웅은 죽을 자리를 알았다. 김구는 그 총알을 피하지 않고 기꺼이 온몸으로 받아들였다. 당신은 이 나라와 겨레, 그리고 후세 역사를 위하여 희생양이 된 것이다.

첫 번째 총알로 흘린 피는 조국의 수호신에게 바쳤다.

두 번째 총알로 흘린 피는 당신이 사지로 보낸 동지들에게 바쳤다.

세 번째 총알로 흘린 피는 남아 있는 백성들에게 바쳤다.

네 번째 총알로 흘린 피는 이 나라 후세들에게 바쳤다.

김구는 분단의 상징인 38선 위에 당신을 느꺼이 제물로 바쳤다. 그러면서 당신은 한 알의 씨앗을 조국 분단선상에 뿌렸다. 언젠가 그 씨앗의 싹이 돋아 무럭무럭 자란 뒤 그 곡식은 열매를 맺을 것이다. 그 곡식의 열매를 먹고 자란 후세들이 힘을 길러 언젠가는 제 힘으로 38선 철조망을, 휴전선 철조망을 걷어 낼 것이다. 그때 김구 당신은 겨레의 구원자로 진전한 통일의 지도자로 이 땅에 우뚝 부활할 것이다.

한 우국지사의 못다 이룬 꿈

2007학년도, 나는 횡성고등학교에서 논술교사로 위촉받았다. 수강료를 학생들에게 부담시키지 않고 교육청에서 직접 지급하였기에 수락했다. 그날(11월 17일) 오전 수업을 마치고 안흥행 버스를 타고 마을 앞 정류장에 내린 뒤 1킬로미터 남짓한 길을 걸어오는데 손전화가 울렸다. 전화를 건 이는 한 기자(오마이뉴스 구영식)로, 권중희 선생의 부음을 전했다. 그러면서 그는 나에게 추모 기사 한 꼭지를 부탁했다.

나는 10여 분 터벅터벅 걸어오면서 고인과 지낸 추억을 되새기며 집으로 돌아왔다. 곧장 컴퓨터를 켰으나 자판을 두드릴 수가 없었다. 너무 많은 장면과 생각들이 떠오른 탓이었다. 그런데다가 그날 첫 추위에 몸을 너무 많이 움츠린 탓으로 따뜻한 방에 들어오자 눈이 저절로 감겼다. 두어 시간 눈을 붙이자 그제야 몸도 펴지고 정신도 맑아졌다. 내 글방 책상에 앉아 그때의 기사를 가제본해 놓은 '감동과 좌절, 150일의 기록'을 펼쳤다. 거기에는 그 시절 이야기들이 고스란히 담겨 있었다. 나는 그 글들을 훑은 뒤 '한 우국지사의 못다 이룬 꿈'이라는 기사를 쓴 뒤 곧장 송고했다.

이튿날 아침 안흥농협 앞 버스정류장에서 서울행 시외버스 첫차에 올랐다. 권중희 선생의 빈소는 강남성모병원 영안실이었다. 호상을 맡은 분(박해진)이 나에게 한길 권중희 선생을 민주사회장으로 모시기로 하였다고 하면서 굳이 장의위원으로 위촉하는데 정중히 사양했다. 그냥 한 문상객으로 고인을 추모하고 싶었기 때문이다. 마침 권 선생의 미국행 항공권을 마련해 준 김명원 씨가 내 계좌로 조의금을 보낸다고 하면서 그 전달을 부탁하기에 그 일을 들어준 뒤 잠시 빈소에 머물렀다.

권 선생과 함께 미국에 머물고 있을 때 일이다. 우리보다 먼저 미국 국립문서기록관리청에 도착하여 한국전쟁 당시 양민학살 관련문서를 찾고 있었던 한 기자(부산일보 김기진)가 우리에게 미국 정부가 NARA에서 보관중인 문서 가운데 9·11테러 사건 이후 반미를 불러일으킬 문서는 관계기관에서 모두 수거해 갔다는 이야기를 전했다. 그 순간 권 선생은 화를 벌컥 내면서 나에게 당장 그날 저녁에 플래카드를 만들어 다음날 아침에 백악관 앞에서 시위를 하고자 제의했다. 그래서 그날 퇴근하는 길에 우리는 백악관으로 사전 답사를 갔다. 그랬더니 백악관 상공에는 해가 질 무렵인데도 무장 헬리콥터가 계속 돌고 있었고, 백악관 앞에는 무장경찰들이 쫙 깔려 있었다. 우리를 안내하는 동포 유학생은 은밀히 나에게 말했다.

"선생님, 여기는 대한민국과 달라요. 신고하지 않고 시위를 하면, 특히 백악관 앞에서는 그대로 발포합니다. 시위 신고를 하려면 시일도 걸리고 허가가 나오지도 않을 겁니다. 저기를 보십시오."

그가 가리킨 곳에는 선글라스를 낀 무장경찰이 한 손에는 셰퍼드를 몰고 다른 한 손에는 기관단총에 겨누면서 서치라이트처럼 사주를 경계하고 있었다.

"이들은 불법 시위 관련자를 철저히 조사하여 외국인들은 모조리 본국으로 추방시킵니다. 9·11테러 사건 후 지금 미국은 잔뜩 독이 올라 있어요. 백악관 상공에 헬기를 보십시오. 이즈음은 24시간 교대로 돌고 있어요. 성난 독사를 건드리는 것은 현명치 못해요."

 우리가 시위를 하려면 동포나 유학생의 손을 빌리지 않을 수 없다. 영어에 까막눈인 우리가 어떻게 플래카드 문안을 쓸 것이며, 또 플래카드 재료는 어떻게 구하고 만들 것인가.

 그날 나는 백악관에서 돌아온 뒤 권 선생에게 우리는 추방되면 그만이지만, 우리를 도와준 재미동포와 유학생들이 추방당하는 일은 해서는 안 된다고, 나는 권 선생의 막무가내 청을 끝내 묵살했다. 그 일로 권 선생과 나는 한방에서 지내면서 한동안 매우 불편했다.

 강남성모병원 빈소에서 유족을 만나 고인에 대한 이런저런 얘기를 들으며 지난 추억을 떠올리고 있는데 뜻밖에도 미국 체류중에 자원봉사를 해준 주태상·이선옥 씨가 조문을 하러 왔다. 내가 깜짝 놀라자 그들은 마침 딸의 돌잔치로 잠시 귀국길에 권 선생의 부음을 듣고 달려왔다고 했다. 그새 그들은 부부로 결혼하여 예쁜 딸 민지를 두고 있었다. 그들은 우리의 미국 방문으로 맺어진 인연으로 결국 백범 선생님이 이들을 부부로 맺어준 셈이다. 아마도 저승의 권 선생님이 이들 부부의 조문에 가장 기뻐하셨을 것이다.

 그날 하오 2시에 입관식이 있다고 하여 자리를 뜨지 않고 기다린 뒤 참례했다. 입관을 지켜보는데 고인은 살아생전 모습 그대로 입을 굳게 다물고 계셨다. 당신의 얼굴은 그때까지도 이승의 한을 다 못 푸신 듯 어떤 결의가 보였다. 곧 빈소에 고인을 줄곧 후원해 준 황영구 치과원장이 오셨다. 권 선생은 늘 나에게 당신은 그분에게 너무 많은 신세를 졌다고 말씀했다. 이따금 용돈은 물론 당신 틀니까지도 그분에게 신세졌다고 몹시 염치없는 사람이라고 나에게 신신당부했다. 황영구 원장은 호상을 맡은 이

12. 마지막 추적자 293

에게 권 선생 마지막 가는 길에도 모란공원묘지를 살 돈이 부족하다는 얘기를 듣고 즉석에서 이를 해결해 주었다.

"누군가 의로운 일을 하는 분을 도와줘야 우리 사회에 이나마의 정의라도 살아 있을 테지요."

그분은 내가 미국으로 출발할 때 익명으로 거액을 보내 주시면서 해외에서는 차마 공개할 수 없는 돈도 필요할 거라고 그때 쓰라고 했다. 하지만 나는 그 돈을 한 푼도 쓰지 않고 귀국 후 모두 권 선생에게 전해 드렸다.

"나는 만나는 사람들에게 폐만 끼칩니다."

고인의 음성이 저만치서 들리는 듯했다. 나는 끝내 그분의 마지막 청을 못내 들어드리지 못한 미안한 마음을 안고 강원 산골로 내려왔다.

2004년 귀국길에 권 선생은 독자들에게 암살배후의 알맹이를 찾지 못해 면목이 없다고 "태평양 바다에 투신하고 싶다"는 것을 내가 곁에서 극구 만류했다.

"우리는 미국 땅에 씨를 뿌리고 갑니다. 언젠가는 그 씨가 열매를 맺을 겁니다."

나는 이 글을 쓰기 전에 권중희 선생이 보관하고 있는 미 국립문서기록관리청(NARA)에서 백범 암살 진상규명 보고서류철 5권을 참고하고자 고인의 부인에게 연락했다. 부인 김영자 씨는 권 선생이 돌아가신 뒤 집을 줄여 이사를 하느라 고인의 유품은 이삿짐센터에 모두 맡겨 두었는데 너무 오래돼 지금도 보관하고 있을지 모르겠다고 대답했다. 나는 그만 됐다고 말하고는 하는 수 없이 미국 메릴랜드 주에 있는 이선옥 씨에게 부탁하여 그가 다시 NARA에서 자료를 찾는 번거로움을 거쳐야 했다. 다시 한

번 권중희 선생의 음성이 들려오는 듯하다.

"나는 만나는 사람들에게 폐만 끼칩니다."

한 시대를 풍미했던 한 의인의 말로가 이러함을 보고 어찌 이 시대에 의로운 인물이 나타나기를 바랄 것인가. 대통령 한 것을 부끄럽게 여긴다고 한 전직 대통령이 눈물을 흘리는 것을 보고도, 어느 한 전직 대통령이 퇴임 후 바위에서 뛰어내린 것을 보고도, 그 대통령이 되고자 사생결단을 하고 있지 않은가. 그래야 수백 수천 개의 벼슬자리를 입맛대로 나눠 주고 기업인들이 청와대로 찾아와 그저 분부만 내려달라고 조아릴 테다. 그래야 영부인에게 자식들에게 형제친지들에게 한자리 주거나 뭉칫돈을 안겨 주나 보다. 그게 이 시대 가장 큰 출세가 아닌가.

"조국, 민족? 미친 놈 그게 밥 먹여 주나. 우리 근현대사에 그것 찾다가 패가망신에 멸문당한 집이 얼만 줄 알아. 야, 박도! 너 10여간 나라 안팎 천지사방으로 의병이나 독립운동가들, 그리고 그 후손들을 만나 그들이 어떻게 살아온 지를 너는 누구보다 잘 알게 아냐?"

"네, 잘 압니다."

의병 전적지 답사길에 만난 한 의병 후손(김원국 의병장 손자 김복현)은 나에게 말했다.

"국가와 민족을 위해 살려면 자식을 낳지 말라."

또 다른 의병 후손(전해산 의병장의 아들 전진규)은 돌아가시기 전에 나에게 유언처럼 말했다.

"그동안 산 이야기 말도 마시오. 그저 목숨 하나 이어 온 것만도 다행이었어요."

그분은 낫 놓고 기역 자도 모르는 일자무식꾼으로 평생 고향에서 남의 집 머슴살이를 했다.

언젠가 미국 체류중 숙소에서 권중희 씨가 고국의 부인과 전화 통화를 하다 울먹였다. 아마도 부인이 당시 살고 있는 집을 집주인이 비워 달라고 하는데 어쩌면 좋으냐고 하소연한 모양이었다.

"집 앞 쓰레기를 치우는 환경미화원에게도 수고비를 주는데, 대한민국은 민족반역자를 응징한 나에게 수고비는커녕 수갑과 가난을 줍디다. 내 인생은 안두희 때문에 삐끗했지만 그래도 힘이 자라는 한 후대를 위해서라도 정의와 양심이 살아나는 나라를 만들고 싶습니다."

권중희 씨는 미국으로 출국하면서 인천공항 쓰레기통에 태우던 담배와 라이터를 모두 버렸는데 그날 밤 숙소 구내매점으로 가서 담배를 사와 불에 붙였다. 그분은 자존심이 무척 강한 분이라 결코 눈물을 보인 적이 없었다.

"박 선생, 사내자식으로 일구이언을 해 볼 낯이 없소."

"아닙니다. 태우세요. 저도 집사람한테 그런 전화를 받았으면 끊었던 담배를 입에 물 겁니다."

"진짜로 민족정기와 정의, 양심이 펄펄 살아 있는 나라에 단 하루라도 살고 싶어요."

그분은 혼잣말처럼 중얼거렸다.

후기
겨레의 성인 백범 김구

백범 선생님!

저는 일선 교단에서 물러난 뒤부터 다음 세대들에게 우리 역사를 바르고 알기 쉽게 들려주는 책을 쓰고 있습니다. 지난해 초 오대산 전나무 숲 빙판에서 넘어져 오른손 엄지손가락 뼈에 금이 갔습니다. 그 부위에 깁스를 하고 지내면서 다시는 컴퓨터의 자판을 두드리지 못할까 깊은 고뇌에 빠졌습니다. 그런데 다행히 하늘은 저에게 한 번 더 기회를 주었습니다. 아마도 선생님의 마지막 가신 길과 그 뒷이야기를 쓰라는 계시였는가 봅니다.

"세월은 사람을 기다리지 않는다"고 하더니 선생님 가슴에 흉탄을 쏜 암살범 안두희에게 자연사(自然死) 시켜서 안 된다는 의인 박기서 씨의 불타오르는 집념으로 저세상 사람이 되었습니다. 그를 뒤쫓았던 김용희·곽태영·권중희 등 세 의인도 하늘나라로 가셨고, 저 역시도 내일을 기약할 수 없는 일입니다. 그래서 저는 그동안 그 어른들에게 들은 얘기들과 몇 해 전, 백성들의 뜨거운 성금으로 선생의 암살배후 진상을 밝히고자 미국 국립문서기록관리청에 간 일, 그리고 미주동포들의 눈물겨운 선생에 대한 추모의 마음 등을 기록으로 남기기 위하여 붓을 들었습니다. 저는 붓을 든 이 시간이 선생님을 뵙는 때로 매우 행복하고 즐거웠습니다.

저는 이제 이 마무리 글을 쓰면서 우리말 사전에서 '성인(聖人)'이라는 낱말을 찾아보았습니다. 사전에 성인은 "지혜와 덕이 매우 뛰어나 길이 우러러 본받을 만한 사람"이라고 풀이하고 있습니다. 그렇다면 백범 선생님은 '성인'으로 조금도 부족함이 없는 분이십니다.

백범 선생님!

불초한 제가 선생님이 걸어오신 거룩한 인생역정을 쓰면서 감동하거나 감읍한 때가 한두 번이 아니었습니다. 선생이 17세 되던 해 과거장의 부패상을 본 뒤 과거로 출세할 것을 포기하고 관상학을 공부하여 거울 앞에서 당신의 얼굴을 살폈던 대목입니다. 당신의 얼굴이 마마자국 듬성듬성한 천격이었지만 "얼굴 좋은 것이 몸 좋은 것만 못하고, 몸 좋은 것이 마음 좋은 것만 못하다"라는 글을 보고, 얼굴 좋은 사람보다 마음 좋은 사람이 되어야겠다고 결심한 대목이었습니다. 그리고 고능선 스승으로부터 "사람이 행하는 모든 것은 마땅히 의리를 바탕에 두어야 한다"는 말씀과 "가지를 잡고 나무를 오르는 것은 대단한 일이 아니지만, 벼랑에 매달려 잡은 손을 놓는 것이 가히 장부라 할 수 있다"는 그 말씀을 가슴에 새긴 뒤, 평생 위기의 순간마다 그 말씀을 실천하며 사신 대목입니다.

그리고 남북연석회의에 참석하고자 북으로 떠나기 전에 기자들과 앞길을 막는 이들에게 말씀하신 대목입니다.

"나는 남조선에서 가만히 있으면 안락하게 지낼 수 있다는 것도 잘 안다. 그러나 일생을 바쳐서 오로지 자기 동족을 구하고 국가를 사랑한다는 내가, 몇 해 남지 않은 여생을 안락하게 보내기 위하여 사랑하고 소중히 여기는 동포의 지옥행을 앉아서 보고만 있겠는가."

"내가 가면 공산당에 붙들려서 오지 못할까 염려해서인 줄 안다. 그러나 내가 살면 얼마를 사느냐. 제발 나의 길을 막지 말라."

이 말씀에 묻어난 진정성으로 저는 가슴이 먹먹하였습니다.

백범 선생님!

우리 후세들이 역사를 배우다가 나라가 두 조각이 나고 형제자매가 서로 총부리를 겨누며 원수지간이 되는 처지에서 이 나라 정치지도자들이 강대국이나 시대를 탓하면서 어느 한 사람 조국분단을 몸으로라도 막지 않았다면 그들이 얼마나 절망하고 비탄에 빠지겠습니까? 그런데 역사의 책장을 넘기다가 선생님의 거룩한 발자취를 알게 되면 얼마나 감동하며 뿌듯함을 느끼겠습니까? 선생님이 평생 걸어가신 길은 그들에게 한 등대요, 한 줄기 빛일 것입니다.

백범 선생님!

선생님이 남기신 발자국은 두고두고 뒷사람의 본으로 이 겨레와 함께 영원히 남을 것입니다. 백범, 당신은 이 겨레의 성인이십니다. 불초한 제가 2009년 안중근 의사 의거 100주기를 맞아 그 어른 발자취를 고스란히 더듬고 쓴 『영웅 안중근』에 이어, 이 책을 쓰게 된 것은 제 평생에 가장 보람된 일로 가슴이 너무나 꽉 찹니다. 이 책을 읽은 어린 영혼들이 반드시 이 나라를 굳건히 지켜 갈 것으로 믿습니다. 그동안 선생님을 통해 나라와 겨레를 사랑한 많은 어르신과 젊은이들을 만나 매우 행복했습니다. 저는 이제 죽어도 바람이 없습니다. 우리 근현대사에 절세의 애국자 영웅 안중근, 성인 김구, 두 분의 마지막 발자취를 그린 제가 더 무슨 여한이 있겠습니까.

  제가 이 글을 쓸 수 있게 단초를 제공해 준 곽태영·권중희·박기서 선생과 미국 국립문서기록관리청으로 갈 수 있게 성금을 보내 준 1천여 독자와 미국에서 자원봉사를 해 준 재미동포와 유학생 여러분, 그리고 늘 물심양면으로 후원해 준 황영구 치과원장님, 이영기(전 전주지검 검사장) 변호사님, 유무상통마을의 방구들장 신부님, 자료에 적극 협조해 준 백범기념관 홍소연 자료실장님, 평안도 방언을 지도해 준 고교 은사 김영배(동국대 명예교수) 선생님, 피격 당시 의료지식을 자문해 준 중동 동문 이관세(삼성의료원) 박사, NARA 자료를 매끄럽게 번역해 준 딸 박소현, 그밖에 도움을 준 여러분에게도 머리 숙여 고마운 말씀을 드립니다.

  아울러 늘 깨어 있는 눈빛으로 저자를 담금질하며 부족한 글을 엮어 주는 눈빛출판사 가족에게도 감사의 말씀을 드립니다.

  저자와 출판사가 10년째 벌써 열두 번이나 책을 펴내는 일도 아마 보통 인연은 아닐 것이다. 우리가 펴내는 이 책이 한 알의 씨앗으로 어린 영혼의 가슴에 심겨져 숱한 나라사랑 겨레사랑의 열매를 맺어 그들이 통일의 역군으로 자란다면 하늘에 계신 백범 선생께서 당신이 흘리신 피가 결코 헛되지 않았다고 흐뭇하게 느껴워하실 것이다.

2013. 3. 1.

원주 치악산 기슭 '박도글방'에서

박도

주

1. 임시정부정무위원 비서부 차장, 사건 당시 대광고등학교 교감
2. 1947년 김구가 인재 양성을 목적으로 설립한 단체
3. 우남(雩南), 이승만 대통령의 호
4. 독립운동가 겸 정치가. 김구와 같이 한국독립당을 창당했다. 본명 용은(鏞殷), 호 소앙(素昻)
5. 김구의 측근, 독립운동가
6. 육군 소령, 박동엽의 제자
7. 백범 암살단 중심인물로 한독당 김학규 조직부장을 회유하여 안두희를 한독당에 입당시켰다.
8. 중국 혁명의 선도자. 중화민국 임시 대총통
9. 청나라 함풍제 후궁으로 청나라 말 최고통치자
10. 전 광복군 제2지대장. 사건 당시 한독당 조직부장
11. 백범의 측근으로 고대 교우회장 역임
12. 김구와 동향인. 임정 시절 김구가 그의 중국군 정규사관학교인 성도군관학교 입학에 후견인 역할을 했다.
13. 독립운동가. 임시정부 내무장
14. 독립운동가. 한국독립당 선전부장
15. Special Investigation Section의 준말. 육군 정보국 직속 특수정보대로 이후 육군 방첩부대, 육군 특무대로 개편
16. 1949. 6. 27. 경향신문
17. 청산리대첩을 이끈 독립운동가, 정치가
18. 1949. 6. 28. 경향신문
19. 1949. 6. 28. 조선일보, 경향신문
20. 1949. 6. 29. 경향신문
21. 1949. 7. 1. 경향신문
22. 1949. 7. 4. 서울신문
23. 안두희 수기, 『시역의 고민』 184~185쪽

24. 1949. 7. 2. 경향신문
25. 1949. 7. 21. 경향신문
26. 안두희 수기, 『시역의 고민』 226쪽
27. 조선경비사관학교 교장, 헌병사령관, 계엄사령관 역임
28. 1948년 10월 19일 전남 여수 주둔 국방경비대 제14연대 일부 군인들이 일으킨 사건
29. 1949년 5월 5일 춘천에 주둔한 8연대 2개 대대 병력이 월북한 사건
30. 독립운동가, 정치가. 한국민주당 창당. 1947. 12. 2. 현직 경찰관에게 암살당함
31. 『백범김구전집』 12권 459~473쪽 오소백, '백범 살인범 안두희 공판기' 축약
32. 전 내무부장관, 국회부의장 역임
33. 전 국회의원, 재무부장관 역임
34. 전 국회의원, 국회부의장 역임
35. 전 국회의원, 자유당 원내총무, 자유당 대표최고위원 역임
36. 전 언론인, 민사당 당수
37. 백범 암살 당시 서북청년회 단장
38. 1960. 5. 24. 연합신문, 조선일보
39. 김삼웅 엮음, 『패배한 암살』 148쪽
40. 사건 당시 포병 소위로 행동대원의 한 사람
41. 이 기록은 1995년 12월 국회법제사법위원회 백범암살진상조사위원회에서 증거로 채택하였다.
42. 1949년 3월 제헌국회 내 공산당과 일맥상통하는 주장을 한다는 혐의로 국회부의장 김약수 등 13명을 3차에 걸쳐 검거한 사건
43. 일제강점기 때 고등계 형사
44. 독립운동가, 정치가. 조선건국준비위원회 조직. 1947년 암살
45. 『백범김구전집』 12권 228~234쪽 '김용희에 의한 증언'
46. 1966. 3. 3. 동아일보
47. 장덕수 암살사건의 주범
48. 장덕수 암살사건 당시 한독당 중앙위원
49. 1992. 4. 17. 중앙일보
50. 1981. 12. 12. 동아일보
51. 1981. 12. 18. 중앙일보
52. 안두희 수기, 『시역의 고민』 서문; 1~2쪽

53. 언론인, 독립운동가. 한국민주당 창당. 1945. 12. 암살
54. 안두희 수기, 『시역의 고민』 56~58쪽
55. 위의 책 83~84쪽
56. 위의 책 88~89쪽
57. 위의 책 225~226쪽
58. 권중희 지음, 『역사의 심판에는 시효가 없다』 45쪽
59. 위의 책 60~61쪽
60. 위의 책 62~65쪽
61. 수도경찰청장, 외무부장관 역임
62. 일제강점기 고등계 형사, 수도경찰청 수사과장
63. 일제강점기 고등계 형사, 수도경찰청 사찰과장
64. 1992. 4. 15. 경향신문
65. 안두희는 월남 후 한때 미군 정보요원으로 활동하였다고 알려졌다.
66. 기호열 지음 『박정희 암살공작』 청맥 11쪽
67. 황현 지음, 『매천야록』 제4권 광무 9년 을사 615쪽
68. 1948. 4. 22. 조선일보. 평양에서 남북동포에게 드리는 성명
69. Office of Straegic Service, 미국 전략사무국
70. 일본과 미국을 주축으로 하는 연합국 사이에 서태평양을 중심으로 벌어졌던 전쟁. 일본은 '대동아전쟁'이라고 불렀다.
71. 독립운동가, 사학자, 언론인
72. 교육자, 언론인. 한국민주당 창당
73. 김기협, 『해방일기』 363쪽
74. 1945. 10. 17. 매일신보
75. 정병준, 『우남 이승만 연구』 457쪽
76. 도진순 엮음, 『백범어록』 32쪽
77. 선우진 지음, 『백범 선생과 함께한 나날들』
78. 도진순 엮음, 『백범어록』 33~35쪽 축약
79. 1945. 11. 24. 중앙신문
80. 1945. 11. 24. 신조선보
81. 1945. 11. 25. 자유신문
82. 소설가, 언론인

83. 1945. 12. 20. 동아일보, 조선일보
84. 임영태 지음, 『북한 50년사』 44쪽
85. 강준만 지음, 『한국현대사산책』 1940년대 편 1권 123~124쪽
86. 1950년 7월, 미군이 충북 영동군 황간면 노근리 철교 밑에서 마을 피난민 3백여 명을 사살한 사건
87. 독립운동가, 정치인. 미군정청 경무국장. 한국민주당 창당
88. 2004. 3. 9. 미주 한국일보 워싱턴판 '삼한 칼럼'에 보도
89. 독립운동가, 정치가
90. 1948. 2. 12. 조선일보
91. 독립운동가, 한글학자
92. 『백범김구전집』 8권 721~726쪽
93. 1948. 2. 29. 대동신문·조선중앙일보
94. 독립운동가, 정치인
95. 독립운동가
96. 1948. 3. 13. 동아일보, 조선일보
97. 도진순 엮음, 『백범어록』 239쪽
98. 1948. 4. 17. 자유신문
99. 1948. 4. 20. 서울신문
100. 1948. 4. 21. 우리신문
101. 1948. 4. 22. 조선일보
102. 1949. 5. 3. 조선일보
103. 독립운동가, 언론인
104. 독립운동가, 정치인

참고문헌

강만길 지음, 『한국현대사』 창작과비평사
강만길 외, 『한국사연표』 한길사
강준만 저, 『한국현대사산책』 1권 인물과사상사
권중희 지음, 『역사의 심판에는 시효가 없다』 돌베개
근현대사 네트워크 지음, 『우리현대사노트』 서해문집
기호열 지음, 『CIA 박정희 암살공작』 청맥
김구 지음, 도진순 주해, 『백범일지』 돌베개
_____, 도진순 엮고보탬, 『백범어록』
_____, 도진순 엮어옮김, 『쉽게 읽는 백범일지』 돌베개
김기협 지음, 『해방일기』 1, 2 너머북스
김봉환 지음, 『김구』 금성출판사
김삼웅 엮음, 『패배한 암살』 학민사
박도 지음, 『항일유적답사기』 눈빛
_____, 『누가 이 나라를 지켰을까』 눈빛
_____, 『일제강점기』 눈빛
백범김구선생전집편찬위원회, 『백범전집』 8권, 12권 대한매일신보사
서중석 지음, 『한국현대사 60년』 역사비평사
_____, 『한국현대사』 웅진지식하우스
선우진 지음, 『백범 선생과 함께한 나날들』 푸른역사
신경림 지음, 『김구』 창작과비평사
안두희 수기, 『시역의 고민』 시사통신사
이영준 지음, 『김구』 삼성당
임영태 지음, 『북한 50년사』 들녘
전국역사교사모임, 『살아 있는 한국사 교과서』 휴머니스트
황현 지음 김준 역, 『매천야록』 교문사
국사편찬위원회, 한국사 데이터베이스
네이버 뉴스 라이브러리 등

박도

호 설송(雪松), 1945년 경북 구미에서 태어나 고려대 국문학과를 졸업했다.
33년간 교단생활을 마무리한 뒤, 지금은 원주에서 글쓰기에 전념하고 있다.
작품집으로 장편소설 『사람은 누군가를 그리며 산다』 『제비꽃』과
산문집 『비어 있는 자리』 『일본기행』 『안흥 산골에서 띄우는 편지』 등이 있고,
역사유적답사기 『항일유적답사기』 『누가 이 나라를 지켰을까』 『영웅 안중근』
등을 펴냈다. 이밖에 엮어 펴낸 사진집으로 『지울 수 없는 이미지』(전3권)
『나를 울린 한국전쟁 100 장면』 『개화기와 대한제국』
『일제강점기』 등이 있다.

백범 김구
암살자와 추적자
박도 지음

초판 2쇄 발행일 —— 2013년 4월 20일
발행인 —— 이규상
편집인 —— 안미숙
발행처 —— 눈빛출판사
　　　　　서울시 마포구 상암동 1653 이안상암 2단지 506호
　　　　　전화 336-2167 팩스 324-8273
등록번호 —— 제1-839호
등록일 —— 1988년 11월 16일
편집 —— 김보령·성윤미
출력 —— DTP하우스
인쇄 —— 예림인쇄
제책 —— 일광문화사
값 13,000원

Copyright ⓒ 2013, 박도
ISBN 978-89-7409-611-3　03910